Gisela Zeller-Steinbrich

*Wenn Paare
ohne Kinder bleiben*

Für die Ursachen ungewollter Kinderlosigkeit spielt der seelische Entwicklungsprozess des Kinderwunschs eine wichtige Rolle, für ihre Bewältigung ist er entscheidend. Wie mit der Erkenntnis, keine Kinder bekommen zu können, umgegangen werden kann, wie sie verkraftet und ins Leben integriert werden kann, das alles hängt entscheidend davon ab, welche seelischen Gründe und Hintergründe dieser Kinderwunsch hat. Diese Überzeugung leitete mich beim Schreiben dieses Buches und sie wird durch die Forschung bestätigt.

Es geht in diesem Buch darum, dem Kinderwunsch nachzuspüren, die individuelle Entwicklung dieses Wunsches besser zu verstehen sowie im gesellschaftlichen und privaten Bereich seine »Wege und Irrwege« nachzuzeichnen, damit neue befriedigende Perspektiven für ein Leben ohne Kinder entwickelt werden können.

Die Autorin:

Gisela Zeller-Steinbrich, Psychoanalytikerin in eigener Praxis für Kinder, Jugendliche und Erwachsene. Paar- und Familientherapeutin. Dozentin und Supervisorin an verschiedenen Ausbildungsinstituten in Deutschland und der Schweiz. Zahlreiche Buch- und Zeitschriftenbeiträge zu Kinderwunsch, Sexualität, Generativität und Psychoanalyse. Vortragstätigkeit und Rundfunkbeiträge.

Gisela Zeller-Steinbrich

Wenn Paare ohne Kinder bleiben

Kinderwunsch
zwischen Reproduktionsmedizin
und psychosozialem Verständnis

Brandes & Apsel

Sie finden unser Gesamtverzeichnis mit aktuellen Informationen im Internet unter: www.brandes-apsel-verlag.de
Wenn Sie unser Gesamtverzeichnis in gedruckter Form wünschen, senden Sie uns eine E-Mail an: *info@brandes-apsel-verlag.de* oder eine Postkarte an: *Brandes & Apsel Verlag, Scheidswaldstr. 22, 60385 Frankfurt a. M., Deutschland*

Für W. St.

Erweiterte und vollständig überarbeitete Neuausgabe 2006
© Brandes & Apsel Verlag GmbH, Frankfurt a. M.
Alle Rechte vorbehalten, insbesondere das Recht der Vervielfältigung und Verbreitung sowie der Übersetzung, Mikroverfilmung, Einspeicherung und Verarbeitung in elektronischen oder optischen Systemen, der öffentlichen Wiedergabe durch Hörfunk-, Fernsehsendungen und Multimedia sowie der Bereithaltung in einer Online-Datenbank oder im Internet zur Nutzung durch Dritte.
Lektorat: Roland Apsel/Josefine Schubert, Frankfurt a. M.
DTP: Franziska Gumprecht, Brandes & Apsel Verlag GmbH, Frankfurt a. M.
Druck: Tiskarna Ljubljana d. d., Ljubljana, Printed in Slovenia
Gedruckt auf säurefreiem, alterungsbeständigem und
chlorfrei gebleichtem Papier.

Bibliografische Information *Der Deutschen Nationalbibliothek:*
Die Deutsche Nationalbibliothek verzeichnet diese Publikation in der Deutschen Nationalbibliografie; detaillierte bibliografische Daten sind im Internet über http://dnb.ddb.de abrufbar.

ISBN-10: 3-86099-826-9
ISBN-13: 978-3-86099-826-7

Inhalt

Vorbemerkungen 9

Kinder – wozu? 13

Ist Kinderkriegen natürlich? 17

Wie sich das Kind im Kopf entwickelt 23

   Was geschieht mit kleinen Mädchen? 23

      Kinderwunsch aus Neid? 24
      Neugierige Mädchen 25
      Stolpersteine 27
      Mutter spielen, wenn Mutter fehlt 29
      Sexualität bringt Unabhängigkeit 30
      Weiblichkeit und innerer Raum 30
      Das Kind mit der Puppe 31

   Gebärwünsche und Männlichkeit beim Jungen 32

      Mütterliche Jungen 32
      Der »Marlboro-Mann« als Stütze 33
      Vom kleinen Hans bis Zeus 33

   Der Schrei nach dem Kind als Schrei nach der Mutter – Kinderwünsche bei Jugendlichen 35

      Jetzt wird es ernst! 35
      Abschied von der Kindheit 36
      Teenager als Mütter 37

Eine Phantasie kommt zur Welt – Kinderwunsch und Wirklichkeit 41

   Wann ist der Mann ein Mann? 41

   Wenn ER nicht will 43

   Wenn ER nicht kann 45

   Von der Phantasie zum Kinderwunsch – Eine weibliche Entwicklungslinie 47

Im Bann der Triebe   48
Wie die eigene Mutter   49

Unbeschreiblich weiblich   51

Frühe Lücken   53

Ein Bild von einem Mann – Höhenflug und Absturz   53
Bild der Frau – Unvollständig und auf der Suche?   55

Das eigene Kind als Heilungsversuch   58

Ganz normaler Irrsinn   59
Schwanger sein oder nichts sein   61
Endlich etwas wert sein!   62
Körper und Selbstbild   63

Unbewohnbar wie der Mond – Kinderlosigkeit als Krankheit?   67

Die Sicht der Mediziner   67

Körperliche Ursachen   69
Umweltfaktoren   69
Außergenitale Krankheitsursachen   70
Sexualstörungen   70
Seelische Ursachen   71

Wissen um jeden Preis?   72

Dem Unbewussten eine Chance   74

Signale aus dem Innenraum   76
Stress   77
Wenn der Bauch es besser weiß   77

Nachhilfe für das Glück – Zauberlehrlings Dilemma   80

Die Kunst der Befruchtung   81
Nicht ohne Risiko   82
Behandlung oder Experiment?   84
Elternschaft als Keimzell-Lieferung?   88

Die Hypothek der Wunschkinder   92

Unaussprechliches   92
Licht- und Schattenseiten   94
Wunschkind – Glückskind?   96
Ja und Nein: Ambivalenz zulassen   98

Paare ohne Kinder im Legitimationsdruck   101

   Der Egoismus-Vorwurf   102

   Gib mir ein Kind, wenn nicht, dann sterbe ich!   104

   Die neue Mütterlichkeit – Idealisierung in guter Absicht   107

Kinder in der Paarbeziehung – Paarbeziehung ohne Kind   111

   Gemeinsam ein Drittes   112

      Beziehungswünsche   115
      Absturzgefahr: Gleichberechtigung als
      Drahtseilakt mit Kind   117
      Elternschaft als Überforderung   119

   Zwischen Wunsch und Angst   121

      Aufschub   122
      Lustvolle Tatsachen   123
      Anfänger oder Erwachsene   125

   Alles klar, alles im Griff?   127

      Gespenstergeschichten   127
      Produktive Verwirrung   129

Paare in der Lebensmitte   133

   Späte Mütter: Höhenflug statt Niederkunft?   134

   Wendezeit   136

   Sinnfragen   138

      Sich im Leben wiederfinden   138
      Ich muss nicht beweisen, dass das verkorkste Leben
      meiner Eltern doch hätte gelingen können   139

   Eigen-Sinn   140

   Das heikle Thema: Schuld, Scham und Trauer   142

      Wenigstens habe ich das alles nicht weitergegeben   142
      Getrennt von Möglichkeiten   143
      Die Sprache finden   145

   Lebensformen ohne Kinder   147

Leben in ganzheitlicher Sicht 151

   Kinderlosigkeit ist eine Chance   151

   Adoption als Wahlverwandtschaft   156

      Alte Loyalitäten   157
      Die subjektive Macht der Gene   158
      Richtige Eltern oder doch nicht?   159

   Kind der Liebe – Wenn's sein muss,
   geht's auch ohne dich   162

      Generativität als Entwicklungsaufgabe   163
      Elterliche Fähigkeiten   164
      Kinder gibt es überall:
      Wahlverwandtschaft
      noch mal anders   167
      Lieben – sich selbst und andere   168

Ethik der Reproduktion   173

   Was wird eigentlich behandelt beim Versuch,
   ungewollte Kinderlosigkeit zu behandeln?   174

   Pragmatik statt Ursachenforschung   176

   Wie geht es den Kindern?   179

      Elternschaft, Abstammung und Identität   179
      Who's baby is it? Die Aufklärung der Kinder   180
      »Die Spermien meines Vaters waren zu schwach«   181
      Design-Baby – Retterbaby?   182
      Mehrlingsschwangerschaften   184
      Auswahl für das irdische Paradies?   186
      Brauchen wir liberalere Gesetze?   189

*Kleine Checkliste für ein Leben ohne Kinder:
17 Vorurteile*   193

Glossar   197

Literatur   201

Vorbemerkungen

Menschen, die sich Kinder wünschen und keine bekommen, stehen in einem Dilemma: Das Thema ist noch immer schambesetzt, und viele würden gerne darüber sprechen, wagen aber nicht, sich mit dieser Schwierigkeit zu zeigen, weil sie es sich als Schwäche auslegen. Andererseits müssen sie, wenn sie sich mitteilen, damit rechnen, dass sie auf Unverständnis stoßen und ihnen vorgehalten wird, sie könnten ja jederzeit etwas dagegen tun. In den letzten zehn Jahren ist die Anwendung fertilitätstechnologischer Methoden zur Selbstverständlichkeit geworden und wird als Behandlung für die ungewollte Kinderlosigkeit empfohlen. Für die Betroffenen bedeutet dies Schweigen oder Handeln. Raum für Nachdenklichkeit entsteht in vielen Fällen nicht. Dabei wäre es wichtig und hilfreich, die Fortpflanzung nicht als quasi-technische Funktion des Körpers zu begreifen, sondern als Teil einer körperlichen und seelischen Entwicklung, die in der Kindheit beginnt und mit der wir uns lebenslang auseinandersetzen.

Waren die 1970er Jahre geprägt von familienkritischen Sozialisationstheorien und die 1980er bis 1990er Jahre von der Frage: »Kinder oder keine«, ging es bis zur Jahrtausendwende um Fragen der Selbstverwirklichung, um die Vereinbarkeit von Beruf und Elternschaft im individuellen Lebensentwurf und um die Frage, wer welche Belastungen zu tragen hat. Inzwischen leistet die besorgte Diskussion um die Effekte des Geburtenrückgangs (z. B. auf die Altersrenten) einer neuerlichen biologistisch eingefärbten Elternschaftsideologie Vorschub.

Aufgrund der gesellschaftlichen Rahmenbedingungen mit unsicheren Arbeitsplätzen und erhöhten Mobilitätsanforderungen ist es schwieriger geworden, Kinder großzuziehen. Speziell im Scheidungsfall kommen Eltern an ihre ökonomischen Grenzen. Kinder gelten als Armutsrisiko. Die Geburtenrate ist gesunken. Immer weniger Frauen und Männer wollen Kinder. Gleichzeitig – und vielleicht nicht zuletzt gerade wegen der schwierigen äußeren Bedingungen – steigt die individuelle Bedeutung des einzelnen Kindes. Ungewollte

Kinderlosigkeit scheint immer weniger akzeptabel zu sein. Da die Familie wieder als »soziale Überlebensmaschine« und »evolutionsbiologische Urgewalt« gepriesen wird, richtet sich die Kritik der Öffentlichkeit an den Fertilitätsbehandlungen heute allenfalls auf die gesetzlichen Restriktionen, denen die Methoden selbst unterworfen sind.

Was bei der Geburt des ersten »Retortenbabys« 1978 ein Skandal war und bis in die 1990er Jahre immerhin kontrovers diskutiert wurde, gehört heute zu den Alltäglichkeiten einer Gynäkologie, die den Wurzeln der ungewollten Kinderlosigkeit im Biologischen zu Leibe rückt. Es ist aber nur scheinbar logisch, den Teufelskreis von Leiden, Diagnostik, Krankheitsdefinition und dadurch wieder verstärktem Leiden durch nicht unproblematische Behandlungsmethoden zu bekämpfen.

Die gesetzlichen Grenzen für Fortpflanzungsmediziner sind alles andere als einheitlich. In Deutschland und der Schweiz sind sie relativ eng gesteckt, anderenorts, z. B. in den USA, außerordentlich großzügig. In manchen europäischen Ländern dürfen Embryos nach »Qualität« vorselektioniert oder mehr als zwei Embryos eingepflanzt werden. Das erhöht die Aussicht, dass einer oder mehrere sich einnisten. Hier werden Mehrlingsschwangerschaften bewusst in Kauf genommen. Frau kommt dann schwanger, mit »Baby on Board«, wie es eine Schweizer Fertilitätstouristin ausdrückte, aus dem Urlaub zurück und plant dabei schon, sich das nächste Kind später auf die gleiche Weise »zu holen«.[1]

Fertilitätsmediziner in zahllosen Zentren versuchen unter hohem Konkurrenzdruck, ihre Erfolgszahlen, die so genannte »Baby-Take-Home-Rate« zu steigern. Die Untersuchung von in vitro gezeugten Embryos und die Auswahl der genetisch »besten« mittels Präimplantationsdiagnostik dürfte deshalb auch hierzulande langfristig kaum aufzuhalten sein. Dabei geht es um bedeutende Forschungsinteressen – auch die Stammzellforschung fußt überwiegend auf den so genannten »überzähligen« Embryonen aus der In-vitro-Fertilisation[2] (IVF) und wäre ohne diese wohl nicht denkbar – und nicht zuletzt auch um Geld.

In den letzten zehn Jahren hat sich die Erfolgsrate – die Zahl der

---

[1] Rumpelstilzchen lässt grüßen: Heute back ich, morgen brau ich, übermorgen hol ich mir der Königin ihr Kind.
[2] Siehe auch Fachbegriffe im Glossar.

Schwangerschaften und Geburten nach einer Fertilitätsbehandlung gleichwohl weniger positiv verändert, als dies erwartet wurde. Nach wie vor beträgt die Erfolgsrate (»Lebendgeburtrate«) bei der doch erheblich belastenden Behandlung pro Versuch etwa 20 Prozent. Bei weiteren Versuchen sinkt die Wahrscheinlichkeit. Die Gefahr psychischer Erkrankungen vor allem bei Erfolglosigkeit mehrerer Befruchtungs- und Implantationsversuche oder bei entsprechender Vulnerabilität ist hoch. Auch die Folgen für die so gezeugten Kinder sind vor allem bei Frühgeburten nach Mehrlingsschwangerschaften erheblich. Psychische Folgen bei den Kindern können wohl angesichts der Komplexität der Identitätsproblematik als bisher nicht ausreichend untersucht gelten.

Die Geburt des Klon-Schafs Dolly löste 1997 eine lebhafte Debatte um genetische Manipulationsmöglichkeiten an Embryonen aus. Durch den Arzt S. Antinori, der auch Frauen nach den Wechseljahren mittels Eizellspenden zu Babys verhalf, durch Sektenmitglieder wie B. Boisselier oder unseriöse Forscher wie W. S. Hwang gerieten in den letzten zehn Jahren zwar immer wieder missbräuchliche Praktiken in die Schlagzeilen, ohne dass jedoch die alltägliche Anwendung der zugrunde liegenden Technologien grundsätzlich in Frage gestellt worden wäre. Vielfach wird gar ein »Recht auf das eigene Kind« propagiert – Eizell- oder Samenspende, PID, Leihmutterschaft und gleichgeschlechtliche Elternschaft durchaus eingeschlossen.

Der Psychoanalytiker H. J. Busch (2003, S. 58) spricht in einer Randbemerkung von der Reproduktionstechnologie als der »forschen diskursiven Machtergreifung von Postbiologismus und Posthumanismus«, als Teil einer Tragödie, die mit der übermäßigen Kontrolle und Steuerung, ja Auslöschung der inneren Natur des Menschen im Gange sei. Die Auseinandersetzung um diese Technologie sei eine »derzeit anthropologisch zentrale Debatte«.

Dass diese Debatte im Grunde gar nicht stattfindet, ist in meinen Augen die eigentliche Tragödie – und ein wichtiger Beweggrund dafür, dieses Buch erweitert und aktualisiert sowie ergänzt um ein Kapitel zu ethischen Fragen der Reproduktion neu aufzulegen.

KINDER – WOZU?

Eine 15-Jährige fragt, warum die Freundin ihrer Mutter eigentlich keine Kinder habe: »Die wäre doch so eine gute Mutter!« Ihre Eltern antworten vorsichtig: »Es hat sich vielleicht einfach nicht so ergeben.« Die Tochter ist interessiert an der Frage, weshalb es Frauen gibt, die keine Mütter sind. Aber sie hat zugleich das Gefühl, es könnte etwas sein, nach dem man die Betreffenden nicht einfach direkt fragen kann. Über so etwas wird ja nicht gesprochen.

Als sie aufschnappt, dass ich ein Buch schreibe, will sie wissen, worüber. Und ist gleich höchst interessiert: »Über Kinderlosigkeit? Dann kann man ja doch etwas darüber erfahren!«

Manche Paare haben sich früh gegen Kinder entschieden und stellen im mittleren Alter fest, dass diese Entscheidung sie vor unerwartete Situationen stellt. Andere haben den Wunsch nach Kindern – aber es stellen sich keine ein. Die Anzahl ungewollt kinderloser Paare wird in einer großen Bandbreite angegeben: Ungeprüfte Schätzungen von 20 Prozent stehen wissenschaftlichen Publikationen gegenüber, die (z. B. in Großbritannien) auf lediglich drei Prozent kommen. Sicher leidet ein Viertel aller Paare zeitweilig unter verminderter Fruchtbarkeit. Tatsächlich keine Kinder bekommen können wohl etwa zehn Prozent. Für die Betroffenen und die Gesellschaft, die den Geburtenrückgang beklagt, hat die Frage der Fertilität trotzdem eine große Bedeutung.

Könnte offen und nicht nur unter dem Eindruck eines Defizits besprochen werden, weshalb viele Paare ohne Kinder bleiben, auch wenn sie das nicht so geplant hatten, es wäre für die Betroffenen wesentlich leichter. Sie müssten sich weniger unvollständig und unvollkommen fühlen und könnten eher passende Formen der Bewältigung entwickeln.

Durch die sexuelle Revolution und die Möglichkeit zuverlässiger Verhütung ist die Frage »Kinder oder keine?« zu einer scheinbar selbstverständlichen Entscheidungsnotwendigkeit geworden. Heute will es kaum ein Paar dem Zufall überlassen, ob es sein Leben als vielfache Eltern oder ganz ohne Kinder verbringt. Gesellschaftliche Voraussetzungen und soziale Zuschreibungen wirken auf diese Entscheidung ein, Wünsche und Ängste innerhalb der Paarbeziehung in Bezug auf Kinder machen die Frage kompliziert. Finanzielle Faktoren und die Frage, wie Beruf und Elternschaft zu vereinbaren sind, führen oft zu einem Aufschub und im Laufe der Zeit zu immer geringeren Aussichten auf leibliche Kinder.

Auch die Möglichkeiten der modernen Fertilitätsmedizin mit ihren nach wie vor eher niedrigen Erfolgsraten bei künstlicher Befruchtung (etwa zehn bis 20 Prozent Geburten je nach der Anzahl der Implantationsversuche) können daran nicht prinzipiell etwas ändern.

Viele Menschen haben aber das Gefühl, dass sie ohne ein Kind ihrem eigenen Bild von Mann oder Frau nicht entsprechen können. Hilfreicher als ein wohlmeinender Aufruf zur Akzeptanz der Kinderlosigkeit scheint es mir deshalb, wesentliche Elemente und Entwicklungsmerkmale dieses Bildes von Männlichkeit und Weiblichkeit und des Kinderwunschs nachzuzeichnen. Sind es überwiegend soziale Erwartungen? Ist es ein verbliebener Wunsch aus der Kindheit, der Drang, eine schmerzliche Lücke zu füllen? Soll eine Lebensunzufriedenheit mit dem Kind gemildert werden? Handelt es sich um die Einhaltung eines Partnerschaftsversprechens oder um einen Liebesbeweis, oder geht es beim Schwangerschaftswunsch um eine körperliche Selbsterfahrung? Soll die sexuelle Potenz unter Beweis gestellt werden? Steht das eigene Kind für Erwachsensein? Wer sich klarer ist über die zugrunde liegenden Motive, dem wird es leichter fallen, eine Lösung zu finden, die nicht wieder neues unvorhergesehenes Leiden mit sich bringt, sondern tatsächlich zu einem erfüllteren Leben führt.

Eine akzeptierende Haltung zu entwickeln zur ungewünschten Kinderlosigkeit heißt für die betroffenen Paare, ihren Weg zu suchen zwischen der Idealisierung eines »kinderfreien« Lebens und dem Selbstmitleid über die Kinderlosigkeit. Für ihre Umgebung bedeutet das, ungebetene Ratschläge zurückzuhalten und eine Haltung zu finden jenseits von Neid und von Mitleid.

Ungewollte Kinderlosigkeit ist eine heikle Angelegenheit, die in die Nähe eines Tabus gerückt wird. Wo früher Sprachlosigkeit herrschte, wird heute der Druck auf Kinderlose verstärkt durch die selbstverständlich gewordenen Reproduktionstechnologien. Anstatt auf Anteilnahme zu stoßen, kommt häufig nur die lapidare Frage, warum man nichts dagegen tue. Das führt zu Rechtfertigungszwängen und erschwert die Entscheidung wie auch die Bewältigung einer nicht gerade seltenen Tatsache.

Eine Lebensform wird zum Makel, wo es zunächst um eine Enttäuschung geht. Enttäuschungen können tief gehen und sind dann schwer zu verarbeiten. Das enorme Leidenspotential durch gewünschte, aber nicht verwirklichte Elternschaft ist gleichwohl für Außenstehende manchmal kaum nachvollziehbar. Die Betroffenen fühlen sich zumeist allein damit. Wodurch bekommt der unerfüllte Kinderwunsch seinen oft so quälenden Charakter? Die Schmerzlichkeit des unerfüllten Kinderwunschs hängt zum Teil damit zusammen, dass das Streben nach Nachwuchs als natürlich, quasi kreatürlich betrachtet wird und dann als individuelle Wunschgeschichte nicht mehr verstanden werden kann.

Für die Ursachen ungewollter Kinderlosigkeit spielt der seelische Entwicklungsprozess des Kinderwunsches eine wichtige Rolle, für ihre Bewältigung ist er entscheidend. Wie mit der Erkenntnis, keine Kinder bekommen zu können, umgegangen werden kann, wie sie verkraftet und ins Leben integriert werden kann, das alles hängt entscheidend davon ab, welche seelischen Gründe und Hintergründe dieser Kinderwunsch hat. Diese Überzeugung leitete mich beim Schreiben dieses Buches und sie wird durch die Forschung bestätigt.

Wer nicht weiß (und vielleicht nicht wissen will), was ihn zum Kind treibt, was das Ausbleiben eines Kindes so schmerzlich für ihn macht, kann dauerhaft unter seelischer Belastung stehen und mindert dadurch zusätzlich seine Aussichten auf eine Schwangerschaft. Wer am Ende einem notwendigen Trauerprozess über das Nicht-Kommen des Kindes ausweicht, wird über zudeckenden und letztlich unbefriedigenden »Ersatz« nicht hinausfinden. Vermeintlicher Trost kann dann schnell zur einengenden und frustrierenden Falle werden: An die Stelle aktiver Lebensgestaltung treten hilfloses Leiden und Depression.

Auf der rein körperlichen Ebene sind die möglichen Gründe für dieses Scheitern schnell aufgezählt. Kompliziert wird die Sache dadurch, dass seelische Prozesse an den entsprechenden Körpervorgängen selbst dort noch beteiligt sein können, wo scheinbar eindeutig eine körperliche Ursache gefunden wird. Und auch das ist längst nicht immer der Fall. Bei zehn bis 15 Prozent der untersuchten Betroffenen ist überhaupt keine Ursache auszumachen. Manchmal scheint es einfach keinen Grund zu geben... Jedenfalls keinen sichtbaren, keinen benennbaren.

Es soll in diesem Buch[3] also auch darum gehen, dem Kinderwunsch nachzuspüren, die individuelle Entwicklung dieses Wunsches besser zu verstehen sowie im gesellschaftlichen und privaten Bereich seine »Wege und Irrwege« nachzuzeichnen, damit neue befriedigende Perspektiven für ein Leben ohne Kinder entwickelt werden können.

---

[3] Die im Buch aufgeführten Beispiele sind authentisch. Namen und wichtige Daten wurden zur Wahrung der Anonymität verändert. Ich danke allen meinen PatientInnen und GesprächspartnerInnen, dass sie mich an ihren Erfahrungen teilhaben ließen!

Ist Kinderkriegen natürlich?

Wir alle haben für unser Leben Wünsche, die uns wichtig sind. Die Neigung, ihre Erfüllung als selbstverständlich anzusehen, ist umso größer, je »natürlicher« sie uns vorkommen. Diese Täuschung über die Selbstverständlichkeit der Wunscherfüllung trägt zum Ausmaß der Ent-Täuschung bei, wenn sich unerwartet keine Kinder einstellen.

In der menschlichen Entwicklung spielen Kultur und Erfahrung im Zusammenspiel mit biologischen Voraussetzungen ihre eigene große Rolle. Niemand braucht das heute noch zu betonen. Oder doch? Beim Thema Kinderkriegen scheinen Rückfälle in biologistische Sichtweisen immer wieder nahe zu liegen. Angeblich sind wir auf der Welt, um unsere Gene zu verbreiten. Frauen wird unter Verweis auf ihre biologisch angelegte monatliche Fruchtbarkeitsphase eine natürliche Bereitschaft fürs Kinderkriegen unterstellt. Ist es unnatürlich und unnormal, keine Kinder zu bekommen? Sind kinderlose Frauen männlich identifiziert? Sind sie gar unbewusst bisexuell, weil sie ihre Mütter zu sehr lieben, und können sich deshalb mit dem Vater und später mit dem Ehemann kein Kind wünschen? Sind ungewollt kinderlose Männer unmännlich oder gar impotent?

So schrill derlei in aufgeklärten Ohren klingen mag, die kulturellen Einschreibungen und Rollenvorgaben über die »Normalität« des Kinderkriegens tun ihre Wirkung: Überraschend viele Menschen bekommen Kinder – oftmals ohne sich im Geringsten darüber im Klaren zu sein, was das bedeutet.

»Aber das ist doch natürlich!« Wir berufen uns gerne auf den natürlichen Charakter einer Handlung, um einem Anspruch Geltung zu verschaffen. Der Verweis auf Natürlichkeit ist heute – wo wir doch seit langem nicht mehr im Stande eines »Naturvolkes« sind, und da ohnehin jedes Volk eine Kultur hat –, dieser Verweis ist also nichts als der Versuch, Dinge, die uns selbstverständlich erscheinen, zu bekräftigen oder zu erzwingen.

Die Berufung auf »die Natürlichkeit« des Kinderwunschs verstellt vor allem den Zugang zum Verständnis seiner Entstehung und seiner individuellen Ausprägung. Diese Sicht legt nahe, auf die Erfüllung dieses Wunsches zu pochen, und erschwert es, zu akzeptieren, dass es befriedigende Lebensformen ohne »eigene« Kinder gibt.

Individuelle wirtschaftliche Gründe für das Kinderkriegen, z. B. die Erhaltung des Namens und des Familienvermögens, haben ihre Bedeutung verloren, die tatkräftige Unterstützung durch Kinder im Alter wird zwar oft noch erhofft, meist treten aber eher Pflegedienste an ihre Stelle. Soziale und politische Unterstützung von Kinderreichtum fehlen weitgehend, auch wenn die leeren Rentenkassen beklagt werden. Menschen werden auf ihren wirtschaftlichen Wert reduziert und auch Kinder sind ein Kostenfaktor geworden, mit dem kalkuliert wird. Wenn heute eine Frau durch ein ärztliches Versehen nicht sterilisiert und daher ungewollt schwanger wird, hat sie Anspruch auf Schadenersatzzahlung, weil Nachwuchs die Eltern teuer zu stehen kommt. Das Kind als Schadensfall. »Meine Kinder sind mein Reichtum«, hörte ich früher öfter von Frauen der Kriegsgeneration, die aufgrund ihrer Kinderzahl in bescheidenen Verhältnissen leben mussten. Dass aber »Kinderreichtum« mit materiellem Wohlstand zuallerletzt zu tun hat, ist heute jedem Kind klar. Kinderreiche Ehen galten immerhin lange als »gesegnet«. Wenn heute außerhalb der Kanzel von »Kindersegen« gesprochen wird, dann eher in einem übertragenen Sinn und oft sogar mit leicht spöttischem Unterton.

> Früher war ich stolz auf meine Kinder. Es gehörte ja auch dazu und man wurde überall, vor allem auch durch die Kirche, darin bestätigt. Rückblickend würde ich sagen, zwei Kinder hätten bei weitem genügt. Ehrlich gesagt hatte ich mir schon nach dem ersten geschworen, das willst du nie wieder durchmachen!

Diese Aussage einer knapp 80-jährigen Mutter von vier Kindern zeigt, dass die sozialen und religiösen Triftigkeiten für Kinder geschwunden sind. Die persönliche Lebensgestaltung und der Wunsch, dem einzelnen Kind gerecht zu werden, stehen heute im Vordergrund. Wenn 30 Prozent aller Frauen (unter Akademikerinnen sollen es sogar 40 Prozent sein) freiwillig kinderlos bleiben, dann wirft dies kein gutes Licht auf die gesellschaftlichen Rahmenbedingungen, um mit Kindern ein befriedigendes Leben zu führen.

Die Tatsache, dass Zeugung mit Sexualität verbunden ist, gibt Anlass, das Kinderkriegen als triebmotiviert zu betrachten. Dass es beim Kinderwunsch einen Bereich jenseits rationaler Begründungen gibt, steht für mich außer Frage. Deshalb geben Fragebogenuntersuchungen auch keine Auskunft über die tatsächlichen Motive für gewollte Kinderlosigkeit, geschweige denn über die tieferen Gründe für ungewollte. Was die Fortpflanzung so attraktiv macht, was uns zum Kinderkriegen motiviert, wie wir überhaupt auf die Idee kommen, uns dieser energiezehrenden und kostspieligen Tätigkeit über Jahrzehnte widmen zu wollen, die Gründe dafür erschöpfen sich jedoch kaum im Triebhaften. Wäre das Kinderkriegen nur triebmotiviert, bestünde wohl für alle Menschen permanent und lebenslang, auch nach dem zweiten und dritten Kind weiterhin ein mächtiger Kinderwunsch. Stattdessen hat die Mehrzahl der Eltern dann das Gefühl, dass »es reicht«.

Wenn die Frage nach den triftigen Gründen für den Wunsch nach einem Kind so oft unbefriedigend verläuft, liegt das weniger daran, dass dieser Wunsch eine Spielart unergründlichen, aber naturhaft sexuellen Erlebens wäre. Das sexuelle Begehren allein führt ja nicht notwendigerweise zum Kinderwunsch. Ebenso entscheidend ist die Geschichte unserer bedeutsamen Beziehungserfahrungen von Kind an. Und wer kennt die schon so genau? Die meisten Kindheitserfahrungen haben wir vergessen. Stattdessen haben wir gewisse Vorstellungen darüber entwickelt, wie es ist, erwachsen zu sein. Die Frage, Kinder oder keine, hängt also wesentlich mit unserer Sicht von uns selbst, unserer Persönlichkeit im Wechselspiel mit anderen, mit unserer ganz persönlich entwickelten Identität als Frau oder als Mann zusammen.

Elsa entspricht dem Typ, der gerne als »Karrierefrau« bezeichnet wird: Schön, erfolgreich, aber manchmal etwas erschöpft. Sie erzählt:

> Das Thema wurde für mich akut, als meine Schwester ein Kind bekam. Es ist meine jüngere Schwester, das Kind sah meiner Schwester unglaublich ähnlich – ich vermute, dass da so etwas wie die Frage noch einmal auftauchte: Warum lebt sie anders als ich? Nach welchem Familienmuster lebt sie? Warum lebe ich nach einem ganz anderen Muster? Warum kriegt sie jetzt ein Kind? Und wir sind sehr, sehr unterschiedlich. Ich bin die älteste Tochter. Ich bin sozusagen diejenige, die die Tabus der Familie alle auf einmal durchbrochen hat. Ich bin ausgebrochen, ich bin die Unkonventionelle. Meine Schwester ist die Mittlere, die in die

Konventionen der Familie eingebettet ist. Und die hat jetzt das Kind bekommen. Das Kind ist unglaublich niedlich. Alle Kinder sind niedlich, aber dieses Kind habe ich gesehen, und da war ich wie vom Donner gerührt. Also ich war wie erschlagen, als ich das Kind sah. Von dem Zeitpunkt an war das eigentlich akut für mich. Da fing es an, in mir zu arbeiten. Sie ist nicht so die Person, die mir als Frau am nächsten steht. Wir sind sehr verschieden, äußerlich, wir leben völlig anders, aber wir sind eben doch Schwestern. Und dieses kleine Mädchen sieht meiner Schwester sehr ähnlich. Ich kann mich noch erinnern, als ich sechs Jahre war, wie meine Schwester geboren wurde und später auf mich zugerannt kam. Und nun ist es das gleiche Gefühl – ein ganz intensives Gefühl! (...)

Und ich bin natürlich auch beruflich an einem Punkt, der sehr entscheidend ist für mich. Ich habe irgendwie alles erreicht, was ich erreichen konnte, und jetzt kippts irgendwie um ins andere: So, das war's jetzt? Das kann nicht alles gewesen sein! Und jetzt kommt der Kinderwunsch. Und das ist sehr, sehr schwer für mich. (...)

Ich habe, glaube ich, ein sehr männliches Leben gelebt und habe dabei immer wieder außer Acht gelassen, dass ich eigentlich eine Frau bin. Ich fand immer, ich habe zu wenig lustbetont gesucht. Ich habe mich irgendwann entschieden, aber auch gewaltsam. Ich habe in diesen sieben Jahren auch Gewalt gegen mich angewandt. Ich wollte einfach nicht mehr abhängig sein. Ich wollte was erreichen. Und ich habe es auch erreicht. Und jetzt fängt es wieder an zu kippen, in die andere Richtung, weil ich gemerkt habe, was das heißt, wenn man an die Spitze geht, wie der Preis ist, was man bezahlt. (...) Das ist jetzt auch viel besser, ich mache einen anderen Job. Und jetzt, wo ich so Ruhe habe, da denke ich auf einmal, ja, ich bin ja doch eine Frau. Und jetzt kommen so meine Wünsche nach Normalität auf, so Kinderbrei und Kochen und Kuchen backen und so. Alles das, was ich abgelehnt habe, gehasst habe. Kinderwagen – grässlich! Kinderspielzeug! Und auf einmal habe ich aber das Gefühl: Ach, das wär' doch alles ganz Klasse! (Lachen) Es ist so ein Wunsch so nach Normalität, ich verbinde damit erst mal so die Möglichkeit, aussteigen zu können aus dem Beruf. Also ich sage das so, das gäbe mir mal die Gelegenheit zu sagen, ich arbeite mal drei Jahre nicht, ich strenge mich mal nicht mehr an. Ich versuche nicht mehr, immer eine Superfrau zu sein. Ich bin einfach mal Mutter. Ich weiß, dass es das nicht ist, einfach, aber es ist so eine Phantasie. Wie ich das dann aushalten würde, weiß ich nicht. Und ich verbinde damit auch, dass alles so ein bisschen dreckig ist – die Kinder machen ja alles so dreckig, was ich auch bei der Malerei übrigens finde, so dies Schmutzige und so – und so was Bodenständiges einfach, was ich nie

hatte. Und ich denke mir auch, so eine kleine Zweitausgabe von mir und meinem Partner, das könnte auch ganz niedlich ausgehen, ganz süß und putzig. (...)
Es ist so der Wunsch, normal sein zu können. Was alle machen – warum nicht auch ich? Ich habe da einfach so ein paar Erlebnisse gehabt, wo ich nie gedacht habe, dass sie mich so verletzen würden und so aus der Bahn werfen würden und so tief berühren würden. Ich bin vor ein paar Wochen zu einer Schulfreundin eingeladen worden, die ich vielleicht zehn Jahre nicht gesehen habe. Und ich wusste, die hat vier Kinder bekommen, vier Mädchen. Und ich ahnte nicht, was mich da erwartet. Ich bin einfach hingegangen, und es war also das vollendete, perfekte bürgerliche Familienleben. (...)
Und dann kam die Mutter meiner Freundin auf mich zu und sagte: »Ah, Elsa, Sie haben sich ja überhaupt nicht verändert. Sie haben doch bestimmt Kinder und einen Mann. Was machen die denn?« Ich habe gesagt: »Ich bin weder verheiratet, noch habe ich Kinder.« »Ah ja«, hieß es dann – und das Gespräch war beendet. Später kam die Schwester dieser Freundin und fragte, was ich beruflich mache. Und auf einmal merkte ich, ich war das Besondere, weil ich ein anderes Leben gewählt hatte. Und irgendwie fingen die alle an, sich bei mir zu entschuldigen: »Ja, ich bin leider nur Lehrerin geworden.« Und ich wollte sagen, ich habe einen interessanten Beruf, dafür habe ich keine Kinder. Irgendwann habe ich es nicht mehr ausgehalten und habe mich aus dem Hof geschlichen durch so eine Hintertür. Und dann reihten die sich alle noch zu so einem kleinen Kinderchor auf mit Blumen im Haar! Und das war mir echt... das hat mich fertig gemacht! Und da war's auf einmal so, dass ich dachte: Aha, so hätte ich auch leben können. Warum habe ich's nicht gemacht? Warum habe ich's mir immer so anstrengend gemacht?

An diesen Punkt kommen viele Frauen, die sich sehr engagiert haben beruflich und nicht gut das Gleichgewicht gefunden haben zwischen dem Regressiven und dem Progressiven, dem Leistungsbereich. Elsa möchte das Schmutzige einerseits und das Sich-Schmücken und Zeigen andererseits in ihr Leben integrieren. Zunächst glaubt sie, wie viele Menschen, die Kinder müssten das Regressive verkörpern – man möchte alles hinwerfen und es sich mit Kindern schön machen. Harmonisierende Bilder vom idyllischen Familienleben nähren solche Phantasien. Die Familie erscheint dann als letzter Hort eines nicht entfremdeten Lebens.

Bei realistischer Betrachtung spiegeln aber die eigenen schwierigen Kindheitserfahrungen auch das wider, was im Leben der Eltern schwierig war und nur auf Kosten der Kinder zu bewältigen war. Wer es besser machen will, muss selber mit dieser Last umgehen. Was man als Kind nicht gekriegt hat, den eigenen Kindern zur Verfügung zu stellen, bedeutet eine doppelte Anstrengung und ist weit weniger idyllisch als eine Gartenparty.

WIE SICH DAS KIND IM KOPF ENTWICKELT

Was geschieht mit kleinen Mädchen?

Wie kommt es, dass aus dem einen Mädchen eine engagierte Mutter und Ehefrau wird, die in einer relativ traditionellen Rollenverteilung Zufriedenheit und Erfüllung findet und der dann noch die schwierige Lebensaufgabe gelingt, ihr Leben nach der Kinderphase mit neuen Inhalten zu füllen? Und wie kommt es andererseits, dass aus einem anderen kleinen Mädchen eine Frau wird, die ihren ausdrücklichen Wunsch, *keine* Kinder bekommen zu wollen und keine Kinder großziehen zu wollen nie ernstlich in Frage stellt? Und wie kommt es schließlich zu der großen Anzahl von Frauen, die aus dem Wunsch heraus, Beruf und Kinder zu vereinbaren, mit einem »Kinder ja, aber später« die Entscheidung aufschieben, und die sagen, mein Beruf ist mir wichtiger, er kommt zuerst?

> Das kommt ganz klar aus meiner Familiengeschichte, dass ich kein Kind habe. Da bin ich mir ganz, ganz sicher. Ich bin die älteste Tochter in der Familie und das erste Enkelkind. Ich bin mit Übererwartungen geboren worden. Ich bin das erste Mädchen in einer sehr männlich geprägten Familienstruktur, auf beiden Seiten. Mein Vater ist das älteste Kind, meine Mutter ist das älteste Kind. Und als ich geboren wurde, lebte meine Familie in einer wirtschaftlich sehr schlechten Situation: Mein Vater kommt aus einer Arbeiterfamilie, ein unheimlich intelligenter Kopf. Meine Mutter ist sehr romantisch, sehr sensibel, hat ihn unterstützt, ist arbeiten gegangen, mein Vater hat studiert. Und ich hatte keinen Platz. Dann wurde ich zur Oma gegeben, die gleichzeitig vier Söhne aufgezogen hat. Ich war zwar ihr Traumkind, die Tochter, die sie immer hatte haben wollen. Aber ich habe überhaupt keine Geborgenheit gehabt als Kind: Meine Mutter war nicht da, mein Vater war nicht da. Es war immer ein unglaublicher Terror, da wo ich war, durch diese vier Jungs und weil meine Eltern nicht da waren. Ich bin dann sehr früh sehr krank geworden. Ich war eine Vatertochter, war sehr an meinem Vater orientiert. Ich wusste immer, ich will niemals, niemals, niemals ein

Kind ohne Vater haben, das kommt für mich nicht in Frage, das hielt ich auch aus dem Anblick von Freundinnen für vollkommen überheblich: also so was schaffen zu wollen, schaffen zu können, das einem Kind zumuten zu können. Das wollte ich nie machen, ich empfand das als Zumutung für die Kinder. Ich empfand das als völlig unverantwortlich und auch ganz egoistisch. Ich war damals in einer starken Abhängigkeitsbeziehung zu einem Mann, und als ich es geschafft hatte, mich von ihm zu trennen, habe ich mir gesagt, ich ändere mein Leben komplett, ich setze voll auf den Beruf. Diese Abhängigkeit will ich von keinem Mann mehr, nie mehr wieder, erleben. Und habe dann zwischen 33 und 40 Karriere gemacht. Ich habe dann noch mal alles auf eine Karte gesetzt. Für mich war mein Fixpunkt dann der Beruf. Und ich glaube, dass da eine ganz große Angst dahinter stand.

Elsa ist dabei, sich mit ihrem Wunsch nach einem Kind auseinander zu setzen. Wer verstehen will, weshalb ihm ein Kind unverzichtbar erscheint oder wer für sich verarbeiten möchte, dass er keine Kinder bekommen wird, dem kann ein Nachvollziehen der Entstehungsgeschichte des eigenen Wünschens helfen, mit den ganz persönlichen Wurzeln des Kinderwunschs auch die eigene Not mit dessen Unerfülltheit besser zu bewältigen. Der folgende Abriss zeichnet die Vorläufer des erwachsenen Kinderwunschs an den bedeutsamen Stationen der kindlichen Entwicklung nach.

Kinderwunsch aus Neid?

Es war einmal: Im Schock über den fehlenden Penis und in der Einsicht des kleinen Mädchens in eine mangelhafte biologische Ausstattung lag die zentrale Wurzel des weiblichen Wunsches nach einem Kind. Dieser Schock brachte das kleine Mädchen dazu, sich von der diesbezüglich enttäuschenden Mutter ab- und dem anatomisch besser ausgestatteten Vater zuzuwenden, der folglich heftig umworben wurde. Diese Flucht mit dem auch später weiter fortdauernden Wunsch nach bergender Liebe zum Vater mündete ins Puppenmutterglück an Heim und Herd. Die Geburt eines Sohnes verschaffte der Frau (mit einem kleinen Umweg) dann doch noch den begehrten Phallus.

Was ich hier wie ein Märchen zusammenfasse, war der frühe Versuch Sigmund Freuds, den weiblichen Kinderwunsch zu erklären. Frauen, die nur Mädchen hatten, konnten ihren »Kastrationsschock« diesem Konzept gemäß also nicht recht bewältigen, und solche, die keine Kinder hatten, schon gar nicht. Die Idee vom Kinderwunsch aus Neid und als Ersatz für den gewünschten Penis ließ, wie Freud selber wusste, viele Fragen offen, die Psychoanalytikerinnen nach ihm zunächst vereinzelt, in den letzten Jahren aber immer systematischer aufgegriffen und neu beantwortet haben.

Dass in der Mädchenerziehung die Sorge für andere, Geben und Rücksicht-Nehmen eine große Rolle spielen, ist ein wichtiger Punkt bei der Entstehung des weiblichen Kinderwunschs. Andererseits reicht die Feststellung, dass Mädchen von Geburt an anders behandelt werden als Jungen, dass ihnen andere Spiele und anderes Spielzeug angeboten werden, nicht als Begründung dafür aus, weshalb der Kinderwunsch im Leben der meisten Frauen eine bedeutsamere Rolle spielt als im Leben vieler Männer.

Identität kann verstanden werden als Bild seiner selbst, wie man geworden ist und weiter werden kann. Sie ist abhängig von den Erwartungen der Umwelt und schließt neben der Sicht der anderen auch die Sicht von sich selbst ein. Dieses Selbstbild ist kein Abziehbild äußerer Erwartungen, sondern hängt komplizierter mit der innerseelischen Verarbeitung der individuellen Beziehungserfahrungen zusammen. Wolfgang Mertens hat den gegenwärtigen Kenntnisstand zur Geschlechtsidentität in unserer Kultur zusammengetragen (Mertens 1992, 1994). Neben meinen eigenen therapeutischen Erfahrungen beziehe ich mich im folgenden Abschnitt auf seine Skizzierung von Entwicklung, von der bislang ein überwiegend spekulativ-vergröberndes, z. T. auch ideologisches Bild herrschte.

Die Bedeutung, die ein Kind im Leben einer Frau oder auch eines Mannes einnimmt, kann letztlich genau nur im Nachvollziehen der jeweiligen Lebensgeschichte geklärt werden. Ich will aber doch im Folgenden versuchen, einige allgemeine Grundzüge der Kinderwunsch-Entwicklung zu schildern.

Neugierige Mädchen

Kinder machen bereits im ersten Lebensjahr wichtige Erfahrungen mit ihrer Umwelt, die Einfluss auf ihre spätere Liebesfähigkeit nehmen. Sie untersuchen ihre Genitalien und entdecken im zweiten Lebensjahr den Geschlechtsunterschied, wenn sie nicht daran gehindert oder übermäßig beschämt werden.

Betrachtet man den Kinderwunsch als Teil der Geschlechtsidentität, also des sicheren Gefühls, mit allen verschiedenen Wünschen und Identifizierungen letztlich weiblich bzw. männlich zu sein, müsste man im Grunde bei diesem Anfang beginnen.

Allerdings gibt es etwa zwischen zweieinhalb und viereinhalb Jahren eine Zeit, die für die Vorstellungen über die eigene Weiblichkeit besonders bedeutsam ist. In dieser Zeit wendet das Mädchen seine Aufmerksamkeit auf innere körperliche Empfindungen und entwickelt allmählich ein Bewusstsein über die weiblichen Sexual- und Schwangerschaftsorgane: Es kann sich ein Baby im Bauch phantasieren und sich vorstellen, Kinder zu bekommen wie ihre Mutter. Durch Berührung und Muskelspannung kann sie ihre Schamlippen, den Scheideneingang, die Klitoris und ihre Vagina erforschen. »Doktor«-Spiele können in ähnlicher Weise interessant werden.

> Eva ist mit ihren Eltern bei ihrem Kindergartenfreund und seinem etwas älteren Bruder zu Besuch. Die Kinder spielen im oberen Stockwerk. Nach längerer Zeit kommt Eva zu den Erwachsenen herunter ins Wohnzimmer. Sie hat nur noch ihr Unterhemd an. »Wieso bist du denn ausgezogen?«, fragt die Mutter leicht entsetzt; ihr ist das vor den Bekannten doch etwas peinlich. Eva begreift schlagartig, dass irgendetwas nicht in Ordnung ist und stammelt: »Wir haben Zahnarzt gespielt.« (Zeller-Steinbrich, 1989, S. 220)

Es gibt Mädchen in diesem Alter, die beklommen fragen, ob »da unten *nichts* ist« oder »ein Loch«, andere produzieren sich lustvolle Empfindungen, indem sie sich z. B. Gegenstände ins Höschen stecken. Daran kann dem Mädchen klarer werden, dass es durchaus »etwas« hat, wenn auch ihre Organe weniger sichtbar und schwerer zugänglich sind als beim Jungen. Leider gelten Vulva, Klitoris und Vagina oft auch als »unaussprechlich«. Das bedeutet, sie sind sprachlich nicht vorhanden und im Denken sowie im Körperbild schlecht repräsentiert. Das kann zu schweren Beeinträchtigungen in der psychosexuellen Entwicklung führen, weil dann tatsächlich, wenn auch nicht anatomisch, etwas fehlt. Im guten Fall entwickeln Mädchen eine schöne eigene Bildersprache, in der die Vorstellung eines inneren Raums, in dem ein Baby wachsen kann, eine wichtige Rolle spielt. Diese Vorstellung entspringt manchmal der Identifizierung mit der Mutter, kann aber auch einfach als Schlussfolgerung aus den körperlichen Gegebenheiten entstehen.

Die sexuelle Erregung aus diesen genitalen Empfindungen löst aber auch Angst aus und den Wunsch, sich zu verschließen.»Ich stopf das zu«, meinte einmal eine Dreijährige, die sich momentan von diesen neuen Erfahrungen und Empfindungen überwältigt fühlte und am liebsten eine Dornröschenhecke um sich hätte wachsen lassen. Mädchen in diesem Alter zeigen sich gern und freuen sich darüber, andererseits sind sie gerade in ihrer Zeigelust auch leicht zu beschämen und fühlen sich schnell bloßgestellt, wie das Beispiel vom Zahnarzt-Spiel zeigt.

Kinder phantasieren sich in dieser Zeit durchaus noch als zweigeschlechtlich, wie sich überhaupt trotz des sehr früh entwickelten Bewusstseins, »weiblich« oder »männlich« zu sein, bei Mädchen und Jungen bis zum Alter von sechs Jahren die mehr oder weniger deutliche Phantasie halten kann, die Möglichkeiten des jeweils anderen Geschlechts mit zu besitzen.

> Die vierjährige Vera spielt mit der gleichaltrigen Laura. Im Gehen entdeckt die Mutter eine Wölbung vorne in Veras Hose: »Was hast du denn da?« »Nichts.« »Doch, da hast du doch etwas, gib das mal her!« »Nein, das brauch ich ganz dringend!« Es stellt sich heraus, dass sie sich eine Puppenmilchflasche effektvoll zwischen die Beine gesteckt hat, die sie nun höchst widerstrebend hergibt. Auch ihre Freundin liebt es seit Tagen, zu Hause mit einem zweiten, zusammengeknüllten Höschen vorne in der Unterhose herumzulaufen. Als sie dieses Attribut zum Ausgehen herausnehmen soll, verweigert sie sich: »Das ist mein Penis.« «Mädchen haben keinen Penis«, korrigiert die Mutter. »Doch, Mädchen haben auch einen Penis.« »Nur Jungen haben einen Penis, Mädchen haben keinen.« »Aber ich habe einen!«, beharrt Laura energisch. (Zeller-Steinbrich, 1989)

Stolpersteine

Jungen und Mädchen scheinen sich die unbegrenzten Möglichkeiten beider Geschlechter zu wünschen und sind gleichzeitig sehr damit beschäftigt, Vergleiche über die Wertigkeit, die Vor- und Nachteile des jeweils anderen Geschlechts anzustellen. Mädchen und Jungen beneiden einander in dieser Zeit um die Vorteile der jeweiligen anderen Anatomie, akzeptieren nun aber auch mit wachsender Eindeutigkeit ihre körperliche Verschiedenheit und die verschiedenen Identifikationen.

Das Mädchen macht sich mit dem Vater als männlicher Person vertraut, mit Neugier auf das männliche Geschlechtsorgan, mit großem Respekt, aber auch mit Angst vor seinen potentiell verletzenden Eigenschaften. Penetrationsangst (und keineswegs Kastrationsangst, wie oft noch gesagt wird) ist die spezifisch weibliche Genitalangst, die bei jüngeren und älteren Mädchen am häufigsten gefunden werden kann: die Angst vor Verletzung der Vagina durch den für das kleine Mädchen bedrohlichen, da übermäßig groß empfundenen Penis. Diese Angst steckt auch häufig hinter einer irrationalen, phobischen Angst vor dem Zahnarzt: Die frühere Angst, vom Penis durchbohrt zu werden, wird auf die Situation beim Zahnarzt verschoben, wie das in der oben geschilderten Spielszene auch schon der Fall war. Zunehmend beginnt aber das Mädchen, vom Vater eine aktive Unterstützung ihrer Weiblichkeit zu fordern und wirbt um ihn und seine Bewunderung. Manche Eltern missverstehen diese Wünsche nach geschlechtlicher Anerkennung und das Interesse des Mädchens (oder des Jungen) an den Geschlechtsorganen als Wunsch nach Sexualität. Diese »Sprachverwirrung zwischen dem Erwachsenen und dem Kind«, wie auch aktive sexuelle Übergriffe und Misshandlungen seitens der Erwachsenen sind zutiefst destruktive Erfahrungen für die Entwicklung der Geschlechtsidentität. Sie führen später oftmals zu schweren Beziehungsstörungen, zu psychosomatischen Erkrankungen und zu psychisch bedingten Empfängnisstörungen bzw. Unfruchtbarkeit.

Während sich bis dahin das Mädchen nur recht undeutlich der Sexualität seiner Mutter bewusst war, gewinnt dieses Thema im vierten Lebensjahr an Interesse. Gedanken an Heirat und Braut-Sein sind zu beobachten. Die Weiblichkeit der Mutter und anderer Frauen, ihre Reaktion auf die Sexualität des kleinen Mädchens wird wichtig.

Eltern, die die sich entwickelnde Sexualität ihrer Töchter nicht ertragen, geben ihnen das Gefühl, dass diese Aktivitäten unerwünscht und nicht liebenswert sind. Manche Mütter setzen sogar Drohungen ein, um sie zu unterbinden. Damit blockieren sie aber zugleich auch die zunehmende Unabhängigkeit der Tochter. Es gibt

Mütter, die so weit gehen, ihrerseits die Tochter zu verführen, um die frühere gefühlsmäßige Verbundenheit mit ihr nicht aufgeben zu müssen. So hatte beispielsweise die Mutter einer Patientin ihre fast sechsjährige Tochter weiterhin ermuntert, an Mutters Brüsten zu saugen. Nicht wenige Mütter sind von ihrem »schwachen« Ehemann enttäuscht und idealisieren, ob eingestanden oder nicht, »starke« Männer. Dann ist es auch möglich, dass die Tochter auf die Mutter wütend ist, weil sie ihr keinen Penis mitgegeben hat.

Wie Mädchen auf ihre Väter reagieren und wie Väter ihre Töchter wahrnehmen, ist natürlich auch nicht unabhängig von der Einstellung der Mütter zu ihren Männern. Erlebt das Mädchen den Vater vielleicht als wenig unterstützend und zu unbedeutend, um ihr zu helfen, sich von der Mutter zu lösen, dienen gelegentlich Phantasien von Geschlechtsverkehr mit gleichaltrigen Jungen und schließlich Schwangerschafts- und Geburtsphantasien als Ausweg.

Mutter spielen, wenn Mutter fehlt

Weniger beachtet wurde eine andere wichtige Quelle des frühen Kinderwunschs: die Bewältigung von Trennungserlebnissen mithilfe von Phantasien über ein Baby. In Kinderpsychotherapien von Mädchen – aber durchaus auch von Jungen – taucht das Thema Baby und Bemuttern sehr häufig zur Bewältigung von Trennungserfahrungen auf: Das Kind erlebt seine eigene Verlassensangst und stellt sie an der Babypuppe dar. Dabei kann das Spielmuster »böse verlassende Mutter quält hilfloses Kind« zur aktiven Bewältigung des passiv Erlittenen dienen: Nun kann das Kind selber machtvoll zufügen, was es zuvor passiv erleiden musste. Es gibt aber auch die Möglichkeit, dass die Puppe so gut behandelt und gepflegt wird, wie es sich das Kind von seiner Mutter wünschen würde, die nun einmal nicht hundertprozentig befriedigend sein kann und will. In diesen Spielen ist die Babypuppe oft eine Art kombinierte Mutter-Kind-Person. Das spielende Kind erlebt Ärger auf die frustrierende Mutter, möchte sie verletzen oder töten, hat Angst aufgrund seiner bösen Wünsche und macht die aggressive Phantasie durch »Geburt« und liebevolle »Pflege« des Puppenkindes wieder gut. Dabei kann es sich selber mit der Mutter und auch mit dem gut versorgten Baby identifizieren und damit trösten.

Sexualität bringt Unabhängigkeit

Im guten Fall, wenn die Mutter die wachsende Unabhängigkeit ihrer kleinen Tochter zulassen und ihre Weiblichkeit anerkennen kann, entwickelt sich in dieser Zeit ein Gefühl von Individualität und eine sexuelle Identifizierung als weibliches Wesen mit einem weiblichen Körper, der ihr selbst gehört. Das lustvolle Gefühl, den eigenen Körper als Eigentum zu beanspruchen, hilft ihr, mit der deutlichen Empfindung von Getrenntheit von der Mutter umzugehen und die Beunruhigung, nicht mehr in den schützenden Grenzen ihrer körperlichen Fürsorge zu stehen, zu bewältigen. Anerkennung und Bewunderung werden gesucht. Die innergenitalen Prozesse, deren Kennzeichen Innerlichkeit und Empfänglichkeit sind, werden zum Teil nach außen verlagert auf wetteifernde Aktivitäten und die Bewegung des Körpers im Raum. Mädchen führen dann gerne Turnübungen und Kunststücke vor, springen, tanzen, rennen, klettern. Diese Identifikationen wurden oft als »phallisch« bezeichnet und damit letztlich auch als unweiblich bewertet. Sie sind aber ein wichtiger Baustein der weiblichen Geschlechtsidentität und des Selbstbewusstseins als Frau. Sie spielen auch eine Rolle bei der Frage, ob andere Zukunftsentwürfe als die mit einem Kind als lustvoll denkbar sind.

Zusätzlich zum Vergleichen verschiedener geschlechtlicher Möglichkeiten kommt nun auch Rivalität ins Spiel: Das Mädchen wetteifert mit der Mutter. Es kann aber durchaus auch mit einem Mann rivalisieren, z. B. um Mutters Zuwendung.

Weiblichkeit und innerer Raum

In der Zeit des dritten und vierten Lebensjahrs werden also vielfältige entwicklungspsychologisch bedeutsame Erfahrungen gemacht und wichtige »Themen« bearbeitet. Können diese Entwicklungsschritte ohne übergroße Enttäuschungen, Niederlagen und entwicklungshemmende Konflikte stattfinden, stabilisiert sich der Selbstwert des Mädchens und damit einhergehend auch ein zusammenhängendes, bewusstes und unbewusstes Selbstgefühl in Hinblick auf ihren spezifisch weiblichen Körper unter Einschluss seiner Genitalität.

Innergenitale Triebelemente werden in den Dienst von Fruchtbarkeit und Kreativität gestellt. Das Nestbau-Thema bekommt nun im Spiel von Kindergarten-Mädchen eine Bedeutung, und interessanterweise wird versucht, die Jungen in diese Haus-Spiele mit einzubeziehen, so als solle der Mann in ihren eigenen inneren Raum gebracht werden. Dass dies nicht nur eine Symbolisierung späterer Möglichkeiten der Zeugung darstellen kann, will ich hier ausdrücklich festhalten. Ausprobiert werden soll vielleicht auch, ob sich männliche Wesen überhaupt einbeziehen lassen in weibliche Projekte und Spiel-Räume. Ihre Kompetenzen von Versorgen und Beschützen beziehen sich auch auf ihn, und Mädchen beginnen in dieser Zeit, diese innere Kraft durchaus auch für ihren Vater einzusetzen. Die Aufmerksamkeit des Mädchens ist wieder nach innen gerichtet, aber nicht im Sinne eines Sich-Zurückziehens, vielmehr werden die Beziehungspersonen miteinbezogen in die inneren Prozesse. Das Mädchen macht sich Phantasien über das Gebären und benutzt für diese Phantasie die Identifikation mit der Mutter und Erfahrungen beim Defäzieren. Vielfach bestehen Phantasien einer Geburt aus dem Anus, oder der Bauchnabel wird für wesentlich gehalten. Die Vorstellung vom Schwangerwerden ist aber noch nicht mit dem Geschlechtsakt verbunden, und Schwangerschaftsphantasien sind nicht auf den Vater gerichtet, so wie das etwas später der Fall sein kann, wenn kleine Mädchen dann etwa ankündigen: »Ich bekomme mit dem Papa ein Kind, die Mama brauchen wir nicht mehr.«

Das Kind mit der Puppe

Im Puppenspiel wird das Thema der Versorgung und des Beschützens eines Neugeborenen (*und* das Gegenteil, lieblose und zerstörerische Behandlung des Babys) abgehandelt. Das Mädchen oder der Junge erproben, wie weit sie ihre spezifischen Kräfte für Versorgung und Ernährung einsetzen wollen. Man kann hier schon von einem Vorwegnehmen der späteren Rollenangebote als Mutter oder Vater und einem Probehandeln sprechen.

Frauen, die mit ihrem Kinderwunsch in eine Krise geraten sind, greifen manchmal auf diese Lebensphase zurück und beschäftigen sich wieder vermehrt mit Teddys oder Puppen, sammeln sie oder basteln welche. Sie sind auf der Suche nach dem früheren Gefühl integrer Weiblichkeit, das sie durch ihre Kinderlosigkeit bedroht fühlen.

Gebärwünsche und Männlichkeit beim Jungen

Das spielerische Erproben von Fürsorglichkeit ist für beide Geschlechter bedeutsam. Beim Jungen spielen daneben für die Entwicklung des Kinderwunschs zwei eigene Themenbereiche eine wichtige Rolle: die Auflösung der Identifizierung mit der Mutter und der »Vaterhunger«.

Mütterliche Jungen

Zunächst einmal müssen wir annehmen, dass der kleine Junge, der sich seiner Mutter nahe fühlt und sich mit ihr identifiziert, sich genau wie sie ein Kind wünscht, besonders wenn die Mutter in seinen ersten Lebensjahren wieder schwanger wird. Überzeugte Äußerungen über die Fähigkeit, selbst Kinder gebären zu können, sind bei kleinen Jungen nicht selten. Die Identifikation mit der Mutter bedeutet auch Neid auf ihre Gebärfähigkeit. Im zweiten Lebensjahr erleben viele Jungen eine Zeit, in der sie sich aktiv und mütterlich im Spiel mit Puppen engagieren. Ihre Phantasien kreisen dabei öfter darum, dass das Baby »hintenheraus« komme, eine Phantasie, die in mythologischen Geschichten wiederkehrt. Anale Gebärphantasien werden zunächst noch durch verwirrende Körpererfahrungen begünstigt, wenn Erektionen und Empfindungen an den Geschlechtsorganen mit Wahrnehmungen im Darmbereich verknüpft werden. Schließlich erfolgt dann die Zentrierung auf den Penis als Lust spendendes und Spannung minderndes Organ.

Der »Marlboro-Mann« als Stütze

Die Entwicklung von zunehmend phallischen Interessen im dritten und vierten Lebensjahr und die Einflüsse der Umgebung führen dazu, dass der heranwachsende Junge in der Regel sein Interesse an Babys und Puppen verliert und eher typisch jungenhafte Spiele bevorzugt. Die Betonung der Ähnlichkeit zum Vater mit seinen oftmals vorhandenen Privilegien hilft dem kleinen Jungen, den Neid auf Mutters Brüste und Gebärvermögen wie auch seine frühkindliche Abhängigkeit und seine Hilflosigkeitsgefühle der Mutter gegenüber zu überwinden.

Spürt der Junge, dass er »anders« als die Mutter werden muss, kann das heftige Ohnmachtsgefühle auslösen. In einer überstark »männlichen« Orientierung werden dann mütterliche Identifizierungen vollständig aufgegeben und bekämpft. Vor allem ein Junge, der sich von einer im Übermaß sorgenden und verwöhnend-bedienenden Mutter stark abhängig und entwertet fühlt, muss sich von seiner Mutter wegkämpfen und ihre emotionalen Erlebensweisen und ihr mütterliches Verhalten bei sich selber unterdrücken. Oft fehlen sichere Identifikationsangebote durch den Vater. Seine häufige Abwesenheit und allzu oft auch sein Desinteresse am kleinen Sohn bringen den Jungen dazu, sich mit »Manns-Bildern« zu identifizieren, die ihm eindrucksvoll erscheinen: dem männlich-protzenden Bauarbeiter oder dem Marlboro-Mann. Erfolgreiche, aber beziehungsarme Supermänner bieten die Medien zuhauf als männliche Rollenvorbilder.

Vom kleinen Hans bis Zeus

Dass der Geschlechtsunterschied zunächst auch von Jungen keineswegs unbedingt akzeptiert wird, wird bereits in Freuds Bericht über die »Analyse eines fünfjährigen Knaben« beschrieben: Der »kleine Hans« möchte Kinder bekommen wie die Mutter, zu einem späteren Zeitpunkt dann will er zumindest mit der Mutter ein Kind bekommen und an die Stelle des Vaters treten. Weil diese hochfliegenden Pläne aber auch Angst vor väterlicher Strafe auslösen, identifiziert er sich schließlich mit dem Vater: Der Wunsch, die Stelle des Vaters einzunehmen, wandelt sich damit in den Wunsch, so zu sein oder zu werden wie der Vater. In dieser Identifikation sieht Freud die Grundlage der Väterlichkeit, des männlichen Wunschs nach Kindern und das Bestreben, ihnen ein guter Vater zu sein.

> Weil er in Zorn geraten war, äußerte ein Junge in einer Therapiestunde bei mir den Wunsch, meinen Penis abzuschneiden. »Du glaubst, ich habe einen Penis?« – »Ja.« – »Bin ich denn ein Mann?« – »Nein, du bist eine Frau.« – »Und du? Was bist du?« – »Ein Junge natürlich.« – »Und hast du einen Penis?« – »Ja, klar!« – »Und wenn ich eine Frau bin und einen Penis habe, kann ich dann keine Kinder bekommen, die in meinem Bauch wachsen?« – »Doch, Kinder kannst du auch kriegen ... wenn du einen Mann hast.« – »Ja, Kinder kann ich kriegen, weil ich eine Frau bin. Aber einen Penis habe ich nicht. Den haben nur Männer und Jungen, die später Männer werden.« Er, hartnäckig: »Doch, du hast einen Penis.«

Die Vorstellung, beide geschlechtlichen Möglichkeiten zu haben, erstreckt sich also auch auf »mächtige« Frauen. Umgekehrt wird mächtigen Männern auch die weibliche Gebärfähigkeit zugeschrieben: Zeus gebiert Athene aus seinem Kopf und Dionysos aus dem Schenkel.

Der *entwicklungsgerechte* und oftmals dringend notwendige übersteigerte Stolz auf die eigene Männlichkeit könnte durch Identifizierungen mit weiblichen und mütterlichen Fähigkeiten ergänzt werden. Für sich genommen ist er keineswegs alarmierend, wie von emanzipationsbewussten Frauen oft befürchtet wird. Nur wenn die »weiblichen« Seiten im Jungen unterdrückt werden, seine Empfindlichkeit und Verletzlichkeit ignoriert werden, man ihn ausschließlich als »Indianer« möchte, wird beim erwachsenen Mann diese abgewehrte Weichheit im Machoverhalten überspielt werden. Dann wird Männlichkeit mit Dominanz und Aggression gekoppelt sein ohne die Neigung oder Fähigkeit, zärtliche genitale Liebesbeziehungen und dauerhafte Bindungen an Frauen einzugehen. Die lebenslange fürsorgliche Verantwortlichkeit für ein Kind wird von diesen Männern ebenfalls oft vermieden, weil sie sie zu sehr in die Nähe ihrer Mütter bringen würde.

Der Schrei nach dem Kind als Schrei nach der Mutter – Kinderwünsche bei Jugendlichen

Die Beschäftigung mit dem Puppenspiel zeigt, wie im zweiten und dritten und dann wieder im fünften und sechsten Lebensjahr die Phantasien über ein eigenes Baby als Ausdruck weiblicher Potenz und als Probehandeln eine wichtige Rolle spielen. Später begegnen uns ausgeprägte Kinderwünsche wieder in der Adoleszenz: das Interesse an Babysitter-Tätigkeiten kann – ähnlich wie das Puppenspiel der Fünfjährigen – als eine Bewältigungsform betrachtet werden, in der ödipale Impulse abgewehrt und Aspekte der Mutterrolle probeweise übernommen werden.

Bei Jungen in diesem Alter sind mir seltener Kinderwünsche begegnet, eher finden sich die Größenphantasien: »Ich kann 100 Kinder zeugen!« Rein theoretisch ist das ja zutreffend. Im Erleben junger Adoleszenter geht diese Großartigkeit oft einher mit einer Entwertung des Weiblichen.

Jetzt wird es ernst!

Während für den Jungen die Pubertät mit der ersten Ejakulation beginnt, also mit seiner körperlichen Fortpflanzungsfähigkeit und seiner Sexualität und erst danach die heftigen körperlichen Veränderungen folgen, beginnt für das Mädchen die Pubertät mit dem puberalen Wachstumsschub. Beim Mädchen steht die Fruchtbarkeit am Ende dieser Entwicklung. Im guten Fall, mit einem sicheren weiblichen Identitätsgefühl, kann die Menarche (erste Regelblutung) mit Stolz auf die Weiblichkeit erlebt werden: Nun ist sie eine Frau und gehört dazu, zur Gruppe der Frauen.

Penetrationsangst, Penisneid, Gefühle des Erschreckt-, Verletzt- und Beschädigt-Seins scheinen mir eher Ausdruck einer unglücklichen Weiblichkeitsentwicklung mit Defiziten und Konflikten in der weiblichen Identifizierung, denn als notwendige Begleiterscheinung weiblicher Pubertät. Auch Menstruationsbeschwerden bei Frauen hängen nicht selten mit einer mangelnden Akzeptanz des eigenen Geschlechts, sowohl in ihren eigenen Augen als auch in der gesellschaftlichen Wertung, zusammen. Die destruktiven Folgen unverarbeiteter Konflikte in der Weiblichkeitsentwicklung zeigen sich dann etwa in spannungsbedingten Schmerzen. Die individuelle und soziale Geschichte der Menstruation zwischen dem »Wunder« einer medizinisch unbedenklichen Blutung und einem schmutzigen, unreinen oder zumindest lästigen und möglichst zu versteckenden Körpergeschehen ist relativ selten zum Thema gemacht worden, obwohl gerade das Erleben der Menarche für die Jugendliche eine entscheidende Wegmarke in ihrer Entwicklung zu einer selbstbewussten Frau darstellt.

Wenn Mädchen die Anzeichen ihrer sich entwickelnden Weiblichkeit zu unterdrücken und zu verleugnen suchen, liegt das häufig an einer ambivalenten bzw. feindseligen Identifikation mit dem inneren Bild von der Mutter und Konflikten mit der eigenen Weiblichkeit. Nicht zufällig tauchen in diesem Alter bei Mädchen vermehrt Essstörungen wie Bulimie oder Anorexie auf, in denen das Thema von Bindung und Autonomie, Kontrolle durch die Mutter und Selbstkontrolle sowie Aneignung des eigenen Körpers eine Rolle spielt. Jungenhafte Kleider und Frisuren sind für Mädchen dieses Alters deshalb so attraktiv, weil sie ein Ausprobieren und ein Rollenspiel ermöglichen, das das Selbstgefühl stärkt. Sie zeigen nicht unbedingt eine Verleugnung der stattfindenden körperlichen Weiblichkeitsentwicklung an. Die rasante Veränderung des Körperbildes zu verarbeiten, ist allerdings eine der schweren Aufgaben der Adoleszenz und führt bei Mädchen anfangs oft zu Schamgefühlen und »verhüllender« Kleidung.

Mit dem Eintreten der Menarche und bei stattfindendem Eisprung besteht für das Mädchen die Möglichkeit, bewusste oder unbewusste Kinderwünsche in die Realität umzusetzen. Dieser Alptraum aller Eltern zeigt: Jetzt wird es ernst!

Abschied von der Kindheit

Die Adoleszenz ist auch als Trauerprozess beschrieben worden, in dem das Mädchen die Bindung an die Mutter aufgeben und sich mit ihr über Fragen des Selbständig-Seins oder Kontrolliert-Werdens auseinandersetzt. Klagen über Einmischungen der Mutter wechseln mit mehr oder weniger offenen Vorwürfen, sie kümmere sich zu wenig, und der Furcht, deshalb von der Mutter nicht mehr geliebt zu werden. Ich habe oft erlebt, wie sich die Mädchen wünschten, ihre Mutter solle doch bitte dasselbe wollen wie sie selbst. Schuldgefühle über die notwendige Trennung sollen so gemildert und die Eigenständigkeit aufgeschoben werden.

Wenn Mädchen in dieser Zeit ein Kind wollen, dann liegen dem oft Wünsche nach Ersatz für unbefriedigende eigene Baby-Eltern-Beziehungen zugrunde. In dieser Zeit der Loslösungs- und Individuationskonflikte werden frühere Defizite wieder spürbar. Weil sich die Mädchen meist nicht mehr auf den Wunsch, selbst Baby zu sein, einlassen und weil andererseits die Menarche das Fortpflanzungsthema aktuell macht, verstecken sich Wünsche nach einer innigen Mutter-Tochter-Beziehung nicht selten hinter einem nun auftauchenden Wunsch nach einem eigenen Baby. Es entspricht meiner Erfahrung, dass bei Jugendlichen mit Babywünschen eigene uneingestandene Wünsche, bemuttert zu werden, im Zentrum stehen. »Der Schrei nach dem Kind« ist hier also in der zugespitzten Formulierung Helene Deutschs als ein »Schrei nach der Mutter« zu verstehen.

Teenager als Mütter

Teenagerschwangerschaften sind eine Form des adoleszenten Ausagierens. Die inneren Konflikte werden nicht im Seelischen erlebt und dort gelöst. Sie werden stattdessen nach außen gebracht und in einer Handlungssprache ausgedrückt mit dem Versuch, im Handeln in der Außenwelt eine Lösung dieser Konflikte zu erreichen – durch Wiederholung und Verschiebung früherer kindlicher Phantasien. Die Trennung von den frühen Beziehungspersonen soll mit der Schwangerschaft annulliert werden und stattdessen ein Eins-Sein hergestellt werden. Das läuft den tatsächlichen Anforderungen der Adoleszenz, die ja bekanntlich ein »Abschied von der Kindheit« und in erster Linie ein Abschied von den idealisierten Eltern- und Selbstbildern ist, allerdings völlig zuwider.

> Eine frühreife 15-Jährige, die dieses Getrennt-Sein nicht ertragen konnte, weil es sie in schwerste Unwertgefühle stürzte, beging einen Suizidversuch, nachdem ihr Freund sich von ihr getrennt hatte. Danach ließ sie sich widerstrebend auf eine Psychotherapie bei mir ein. Im Verlauf der Behandlung kam es aus dem Wunsch nach Einssein und Ver-

schmelzung zu einer einerseits für die Jugendliche gewünschten, aber letztlich doch von ihr als »unmöglich« betrachteten Schwangerschaft. Im Schwangerschaftsabbruch mussten (auf einer anderen Ebene) die Selbstmordtendenzen wiederholt und durchgearbeitet werden. Das ungeborene Kind verkörperte dabei Aspekte ihrer eigenen Persönlichkeit zwischen Wünschen nach Angenommen-Werden und Sich-abgelehnt-Fühlen. Hier war kein seelischer Raum da für ein reales Kind. Hier ging es um ein Phantasiekind in seiner Funktion für das seelische Gleichgewicht bei einer psychischen Erkrankung.

Freilich ist neben dem emotionalen Mangel auch der Wunsch, sich mit den Möglichkeiten des eigenen Körpers auseinanderzusetzen, eine enorme Triebfeder für Sexualität und bei vielen Frauen auch für die Mutterschaft. Daher ist generell für Frauen von der Menarche an das Thema »Mutter werden oder nicht« unmittelbar körperlich präsent – auch wenn der Verstand oft noch lange nichts davon wissen will. In dem Augenblick, in dem sie sexuelle Beziehungen aufnimmt, muss bereits die Jugendliche die Möglichkeit einer Schwangerschaft in ihre Überlegungen einbeziehen. Zudem nimmt ihr der männliche Partner die Verantwortung für die Verhütung meist nicht zuverlässig ab. So wird ihr ein reifes und verantwortliches Verhalten (sich selbst, der eigenen Lebensplanung *und* dem potentiellen Kind gegenüber) abverlangt – und das zu einer Zeit, wo sie über die Maßen seelisch beansprucht ist mit der Verarbeitung ihrer Triebwünsche und -ängste, der Ablösung von den Eltern und der Aufnahme neuer Beziehungen auch zum anderen Geschlecht, was oft als Untreue den eigenen Eltern gegenüber erlebt wird. Überdies müssen in dieser Zeit wichtige Vorleistungen für die spätere Berufslaufbahn erbracht werden. Das sexuelle Ausagieren mancher Jugendlicher zeigt, wie wenig sie diesen Aufgaben gewachsen sind. Schwangerschaften sind hier und später oftmals eine Flucht nach vorne: als könnte das Erwachsenwerden mit all seinen schwierigen und schmerzlichen Lebensaufgaben mit diesem Akt plötzlich und ein für allemal bewerkstelligt werden. Ein tragischer Irrtum.

Nun ist es keinesfalls so, dass die adoleszenten Konflikte und die kindlichen Phantasien und Vorstellungen von Männlichkeit und Weiblichkeit, von Sexualität und Kinderkriegen mit dem letzten Pubertätspickel verschwunden wären. Sie prägen unsere Vorstellungen davon, was wir als männlich und weiblich ansehen, welche Lebensformen wir wünschenswert finden und was wir ablehnen. Und sie stehen oft in einem erheblichen Spannungsverhältnis zu den real existierenden Möglichkeiten.

Die Schwierigkeiten, Ausbildungs- und Berufsanforderungen durchzustehen, kontrastieren auch später oft schmerzlich mit den phantasierten Verheißungen der Mutterschaft, was bei Männern und Frauen dazu führen kann, dass die Beruflichkeit entwertet wird und Überforderungsgefühlen auch im Erwachsenenalter durch eine Flucht in die Elternschaft ausgewichen wird.

Eine Phantasie kommt zur Welt – Kinderwunsch und Wirklichkeit

Wann ist der Mann ein Mann?

Ein in seiner Männlichkeit gefestigter Mann muss sich nicht als Über-Mann positionieren, der sich durch Manipulation und Entwertung von Frauen absichert. Gibt der eigene Vater dem heranwachsenden Jungen Orientierung und realistische Anerkennung, führt das zu größerer Selbstsicherheit als männliches Kind und zur Entwicklung väterlich-sorgender, gerne als »mütterlich« bezeichneter Eigenschaften mit der Bereitschaft, sich häuslichen und pflegerischen Tätigkeiten zuzuwenden, ohne dabei den Verlust von Männlichkeit fürchten zu müssen. Ein solcher Mann hätte seinen Neid auf die als mächtig erlebte Kindheitsmutter und ihre weiblichen Fähigkeiten – auch ihre Gebär- und Nährfähigkeit – verarbeitet und könnte zu seinen weiblichen Identifikationen, seinen Gefühlen und seiner »Mütterlichkeit« stehen, könnte sich an »Mutters Arbeit« im Haus beteiligen und Interesse und Zeit für die Kinder aufbringen. Er könnte in Zärtlichkeit lieben: Er *hätte* und *könnte*.

Die Organisation der Arbeitswelt und ökonomische Faktoren stehen dem sehr häufig entgegen. Männer verdienen sehr häufig mehr als ihre Frauen, also liegt es nahe, dass hauptsächlich sie für das Familieneinkommen sorgen. Da sich diese Verhältnisse aber so überaus hartnäckig der Veränderung widersetzen, kann auch auf ein gewisses inneres Entgegenkommen der Beteiligten rückgeschlossen werden.

Die in der psychoanalytischen Diskussion um die Geschlechterfrage öfter geäußerte Hypothese, dass manche Klischees von Männlichkeit auch in unverarbeiteten Weiblichkeitswünschen des Mannes ihre Wurzel haben, erscheint mir plausibel. Für den Umgang mit diesen Wünschen besitzen wir nämlich keine kulturspezifischen Muster, Rituale oder »Gesellschaftsspiele«, in denen es zu einer gemeinsamen spielerischen Verarbeitung dieser Wünsche kommen könnte. Couvade-Symptome (körperliche Beschwerden des Mannes während der Schwangerschaft und Niederkunft seiner Frau) sind bei Männern zwar nicht selten, werden aber kaum als solche verstanden, geschweige denn sind sie als kulturelle Verarbeitungsmuster akzeptiert. Der Wunsch nach Ähnlichkeit mit der Frau scheint in diesen Schwangerschafts- und Kindbett-Symptomen des Mannes ins psychosomatische abgerutscht. So bleibt dieser Wunsch unbewusst und unproduktiv.

> Neidisch sein heißt unmännlich sein, und wer als Mann sich gar zu seinem Neid auf Frauen bekennt, wird von seinesgleichen sehr verächtlich behandelt. Und Frauen rühren dieses Thema lieber nicht an, weil sie ahnen, wie verletzlich Männer in dieser Hinsicht sind.
> Viele Befunde sprechen dafür, daß der männliche Gebärneid (als Kurzformel für den Neid auf die Brüste, die Genitalien und das Gebären-Können) vom kleinen Jungen um vieles intensiver erlebt wird als der Neid des kleinen Mädchens auf den Penis (und den Hodensack) des Jungen und deshalb vermutlich auch tief greifende Auswirkungen auf die kulturelle Entwicklung im positiven wie im negativen Sinn hat. (Mertens, 1994, S. 59)

Wenn der Vater oder ein brauchbarer Ersatz dem kleinen Jungen bei seiner Entwicklung fehlt, kommt er nur schwer zu einem realistischen Selbstgefühl als Mann. Eine lediglich als Gegenmittel gegen kindliche Abhängigkeits- und Ohnmachtsgefühle etablierte Männlichkeit bleibt zumeist auf die Entwertung und auf die inferiore Rolle von Frauen angewiesen. Könnte der Neid auf die Frau bewusst als eigener Wunsch erlebt werden, wäre es leichter für den Mann, dem Weiblichen (in sich selbst, bei der Frau und kulturell) größere Geltung zu verschaffen. Frauen könnten in allen ihren Fähigkeiten besser wahrgenommen werden, sie müssten nicht reduziert und eingeschränkt werden auf ihre vermeintliche biologische Bestimmung zur Mutterschaft. Das würde nicht nur zur Entlastung kinderloser Frauen führen, sondern könnte Wege öffnen zu gesellschaftlichen Veränderungen, mit denen Frauen und Männer insgesamt weniger überfordert würden.

Die Schlüsselfrage scheint mir, ob der Kinderwunsch als ein aus der frühen Entwicklung stammendes Motiv beim Mann auch eine erwachsene Rolle spielen darf, ohne dass er sich das als letztlich unmännlich und als verbliebene Kindlichkeit auslegen muss: als Bisexualität, weil er so sein will wie die Mutter, oder

Ödipalität, weil er sich, wie ein »kleiner Hans« mit der Mutter-Frau ein Kind wünscht.

Ein Mann, der als Junge gelernt hat, den Gebärwunsch und alles was damit zusammenhängt den Frauen zu überlassen und der deshalb seine »Männlichkeit« kultiviert hat, wird Mühe haben, sich innerlich auf Kinderwünsche einzulassen. Noch immer bekommen viele Männer Kinder, weil die Frau das wünscht, weil sie den bürgerlichen Normen entsprechend leben wollen, oder weil sie es als eine Frage ihrer Potenz betrachten, aber nicht, weil sie ein Bild von sich selbst als aktivem Vater haben.

Wenn ER nicht will

> Man kann sagen, Vatersein findet mehr im Kopf statt als auf dem Spielplatz. Manchmal ist das sehr bequem.
> *Henning Sussebach*

Im Wunsch, sich fürsorglich und unterstützend und sozial aktiv zu verhalten, können mütterliche Identifizierungen weiterleben. Die Lösung ist dann, eine Frau zu heiraten wie die Mutter und wie der Vater einem Baby ein Vater zu sein. Die Angst, bei der Mutter kleben zu bleiben und kein ganzer Mann zu werden, Unzulänglichkeitsgefühle des kleinen Jungen also, hindern Männer aber oft daran, diese mütterlichen Anteile in sich aufrechtzuerhalten und in den Wunsch, eine schwangere Frau zu unterstützen und für ein Baby zu sorgen, einfließen zu lassen. Das ist einer der Gründe, weshalb es Männer weniger dringlich erleben, Kinder zu haben, oder warum sie gar kein Kind wünschen.

Ein anderer ist eine tiefsitzende Bindungsangst vieler Männer, wie sie in den Romanen von Michel Houellebeque oder auch im Roman *Die Unentschiedenen* von Andreas Laudert zutage tritt. Dort ist der Held Christoph geprägt durch ein Ausmaß an Abhängigkeitsangst, das ihm die Teilnahme am Leben erschwert: »Manche fanden die Gleichgültigkeit anziehend, die von ihm ausging. In

Wahrheit wusste er bloß nicht, was er wollte. Nie kam er über das verspielte Beginnen hinaus, das zu nichts verpflichtete. Er ertrug es nicht einmal, durch seine eigenen Wünsche zu etwas verpflichtet zu sein.«

Bei anderen Männern entwickeln sich die Wünsche: Ist es einmal entstanden, geht das Interesse des kleinen Jungen an Mutterschaft nicht einfach im Laufe seiner Lebensgeschichte »unter«. Dieses Interesse nimmt eine bestimmte, mehr oder weniger widersprüchliche Entwicklung: in einer Berufswahl, die mit Gebären oder Kindern zu tun hat, in Entwertung des Weiblichen, in Wünschen nach Versorgtwerden durch die Frau oder in aktiver Vaterschaft. Viele Männer rutschen aber eher zufällig in diese Rolle.

Wenn sich Jungen zwischen 15 und 18 Jahren fragen, wie sie leben wollen, ist die Kinderfrage weit weniger zentral als für weibliche Jugendliche, vielleicht weil sie sehen, dass Kinder ihr Leben weniger eingreifend verändern werden. Eine gewisse Gleichgültigkeit der Kinderfrage gegenüber könnte aber eben auch daher rühren, dass in den männlichen Identifikationsangeboten für Jugendliche der engagierte, über seine Kinder begeisterte Vater eine Rarität ist. Väterlichkeit nimmt in den kulturell geprägten Männlichkeitsbildern immer noch einen untergeordneten Raum ein. Erst in einer Generation, die wesentlich durch ihre Väter betreut wurde, könnte sich dies allmählich ändern. Andere Identitätsbausteine, wie die Berufsrolle, erscheinen in der Regel wichtiger und werden sorgfältiger ausgearbeitet. In Zeiten wirtschaftlicher Unsicherheit klammern sich die Männer an ihre Anstellung, obwohl es für sie leichter wäre, etwas zu reduzieren, als für die Frauen, ihren Job wegen der Mutterschaft nicht zu verlieren. Die Vaterrolle wird dann nur als das Sahnehäubchen der männlichen Biographie erlebt, ein Sahnehäubchen, mit dem sie die allein verantwortliche Frau versorgt.

> Bei Elsas Mann scheint beides der Fall zu sein: ein ausgeprägtes Streben nach beruflichem Aufstieg und eine Abneigung dagegen, an die frühmütterliche Baby- und Kinderwelt im eigenen Haushalt mit Partnerin und Kind erinnert zu werden. Vielleicht findet er sich nicht genügend gerüstet für die Vaterrolle, weil in seiner Kindheit Väter kaum präsent waren. Kompetenzen als Vater konnte er in der Anschauung des eigenen Vaters also kaum erwerben. Die Männer seiner Kindheit waren Erfolgsmänner und erst in zweiter oder dritter Linie Väter. Die starke Bindung zur Mutter, die daraus erwuchs, hat er zwar nach außen hin wirk-

sam bekämpfen können, er ist ein unabhängiger, erfolgreicher Mann geworden, innerlich aber fürchtet er diese Bindung noch, ohne dass ihm das selbst ganz deutlich wäre. Ihn überkommt einfach ein Unbehagen, wenn Elsa von ihren Kinderwünschen spricht. Er kann über die Einschränkung durch ein Kind sprechen und dass er sich angebunden fühlen würde. Elsa meint, er wolle sich nicht an sie binden und liebe sie nicht genug. Aber bei der Vorstellung, sie könne ihren Beruf und ihre Karriere auch nur zeitweise für ein Kind aufgeben, kommt sie ihm unattraktiv vor, wie die eigene Mutter.

Seit 1992 hat sich der Anteil der Männer, die keine Kinder möchten, offenbar verdoppelt. Die Furcht vor den Folgen einer Scheidung trägt mit Sicherheit dazu bei.

Den Frauen zeugungsunwilliger Männer zum Trost: Es sind oft gerade die bewussteren und partnerschaftlich orientierten Männer mit klaren Vorstellungen über die Grenzen dessen, was sie sich zutrauen, die ihre liebe Mühe mit den Kinderwünschen ihrer Partnerinnen offen zugeben. Sie sehen sich nicht als sorgender Partner und Vater. Manchen Frauen ist dann ihre Paarbeziehung wichtiger als die Erfüllung ihres Kinderwunschs. Sie bleiben kinderlos bei ihren Männern.

Elsa ist allerdings aus Enttäuschung über die mangelnde Resonanz ihres Mannes auf Distanz gegangen. Sie hat die Beziehung in Frage gestellt und sich ein Zimmer außerhalb gemietet. Ihr Mann hat das Zeichen aufgegriffen, es kam zur Trennung. Sie leben heute mit neuen Partnern. Von Kindern sprechen nun beide nicht mehr.

Wenn ER nicht kann

Zum Stereotyp des virilen Mannes gehört seine Zeugungsfähigkeit, viel weniger seine Kinderwünsche und seine Väterlichkeit. Nicht zufällig besitzt die Vulgärsprache sehr viele Wörter für den Penis, für die Hoden äußerst wenige und diese oft mit eher abwertender Tönung, als seien die prokreativen Fähigkeiten für einen Mann von untergeordneter Bedeutung. Die männliche Zeugungsfähigkeit scheint in einem verbreiteten Bild von Männlichkeit in erster Linie als Beweis für sexuelle Leistung gefragt. Mediziner sprechen bei der ungewollten Kinderlosigkeit des Mannes von »impotentia generandi«, generativer Impotenz. Der Begriff macht unmittelbar deutlich, dass hier ein Männlichkeitsideal verletzt wird.

Wer sich in die Literatur zur Kinderlosigkeit vertieft, den muss es merkwürdig berühren, dass überwiegend Frauen angesprochen werden. Leiden Männer nicht unter ungewollter Kinderlosigkeit? Ja und nein. Natürlich ist – wenn man es statistisch betrachtet – das männliche Geschlecht in ähnlicher Weise betroffen, obwohl lange Zeit angenommen wurde, dass es an der Frau liegen müsse, wenn ein Paar kinderlos bleibt. Überwiegend wurde der weibliche Körper oder die weibliche Seele als Ursache ungewollter Kinderlosigkeit von Paaren geortet. Unfreiwillig kinderlose Männer wurden weit seltener Gegenstand wissenschaftlichen Interesses.

Obwohl ungewollt kinderlose Männer sich manchmal nicht allzu viel Freude, sondern eher Belastungen der Partnerschaft durch ein Kind versprechen, leiden aber nach einer Untersuchung von Küchenhoff (2000) 60 Prozent der ungewollt kinderlosen Männer stark oder sehr stark unter ihrer Zeugungsunfähigkeit. Wenn sie keine anderen schönen Aufgaben im Leben sehen, gerät ihnen der Kinderwunsch leicht zu einer Zwangssituation, weil es trotz der Angst vor unvorhersehbaren Schwierigkeiten durch das Kind keine befriedigende Alternative zu geben scheint. Männlichkeit und Zeugungsfähigkeit oder Zeugungswilligkeit sind unabhängige Größen. Nur wer sie nicht entkoppeln kann, braucht das leibliche Kind als Zeichen vollwertiger Männlichkeit:

> Franz ist Geburtshelfer. Beruflich ist er in anstrengenden Tag- und Nachtdiensten damit befasst, Frauen zu helfen, die ein Kind zur Welt bringen. Aber auch privat ist es ihm wichtig, möglichst vielen Kindern auf die Welt zu helfen. Die gesundheitlichen Risiken, die für seine Frau mit den zahlreichen Schwangerschaften verbunden sind, nimmt er zwar zur Kenntnis, sie ändern aber ebenso wenig an seinen Zeugungswünschen wie die Alltagsüberlastung des Paares durch die bereits große Familie. Als seine Frau nach einer weiteren ungewünschten Schwangerschaft sehr krank wird und auf ärztlichen Rat eine Sterilisation durchführen lässt, ist Franz außer sich und rationalen Argumenten nicht zugänglich. In der Unmöglichkeit, mit seiner Frau weitere Kinder zu zeugen, sieht er seine Männlichkeit bedroht. Seine Frau verliert für ihn dadurch jeden sexuellen Reiz.
>
> Für Franz sind das Kinderzeugen und sein eigener Anteil daran, sie zur Welt zu bringen, tief mit seinem Männlichkeitsbild verknüpft. Die Sterili-

sation seiner Frau erlebt er annähernd wie eine eigene Kastration. Er fühlt sich dadurch zutiefst entwertet und als Mann in Frage gestellt.

Franz gehört zu den Männern, deren Interesse an Mutterschaft als Kind sehr stark war, denen aber die Nähe zur Mutter in Konflikt geriet mit einem repressiven Männlichkeitsideal. Um diesem Ideal zu entsprechen, müssen sie das Mutterähnliche bei sich selbst bekämpfen und fürsorgliche Persönlichkeitszüge unterdrücken.

Von der Phantasie zum Kinderwunsch – Eine weibliche Entwicklungslinie

> Unter den bestehenden gesellschaftlichen Verhältnissen sind wohl nur wenige Frauen mit Müttern aufgewachsen, die ihr Leben auch außerhalb der Beziehung zur Tochter so befriedigend gestalten und ihre körperliche Weiblichkeit so positiv besetzen können, dass sie ihrer Tochter eine Wertschätzung des Weiblichen bei gleichzeitiger Erlaubnis, sie unabhängig von ihr zu verwirklichen, vermitteln.
>
> *Karin Flaake*

Die Menarche und die nachfolgenden Regelblutungen sind zyklisch auftauchende Körperzeichen. Monatlich wird deutlich und mehr oder weniger bewusst wahrgenommen: Ich bin eine Frau mit der Möglichkeit, schwanger zu werden und ein Kind zu gebären. Diese Möglichkeit kann als Genugtuung, aber auch als Last und Einengung erlebt werden. Zu leugnen ist sie schwerlich. Tatsächlich ist die Frau ja durch ihre Körperfunktionen stärker auf das Thema Kinderkriegen verwiesen. Hier wirkt das Biologische auf das Seelische, und umgekehrt können seelische und soziale Faktoren zurück auf den Körper wirken und ihn beeinträchtigen.

Welcher Stellenwert kommt den Körpervorgängen im Zusammenhang mit dem Kinderwunsch zu? Lässt sich der Kinderwunsch bei der Frau tatsächlich biologisch begründen?

Im Bann der Triebe

Marie Langers Buch über *Mutterschaft und Sexus* von 1953 wurde in Deutschland erst mit 35-jähriger Verspätung veröffentlicht. Es enthält eindrucksvolle Psychotherapieberichte über ungewollt kinderlose Frauen und bietet Einblicke in seelische Ursachen von Unfruchtbarkeit und Sterilität. Allerdings bedeutet die Lektüre für kinderlose Frauen schon eine rechte Anstrengung:

> Es ist offensichtlich, daß die Sexualität beider Geschlechter der Zeugung dient. Aber der Mann empfindet dies im Allgemeinen nicht so. Er liebt eine Frau, ist erregt und braucht den sexuellen Akt, seinen Beitrag zur Zeugung; er kann sich auch wünschen, Vater zu werden, aber gewöhnlich verbindet er seinen genitalen Wunsch nicht direkt mit einer biologischen Vaterschaft. Seine Gefühle können nicht als Ausdruck eines Vaterschaftstriebes verstanden werden, sondern sind auf ausschließlich psychische Vorgänge zurückzuführen.
> Bei der Frau hingegen sind die biologischen und psychischen Vorgänge immer aufeinander bezogen. (Langer, 1988, S. 41)

Wie das Zitat zeigt, vertrat Marie Langer in einer Hinsicht weitgehend die weibliche Rollenanforderung ihrer Zeit: Mutterschaft erschien ihr selbstverständlich und der Wunsch danach natürliche Folge des Triebgeschehens der Frau. Für sie war der Kinderwunsch verbunden mit den monatlichen zyklusbedingten Hormonschwankungen und einer dadurch erhöhten sexuellen Ansprechbarkeit. Nun spüren ja viele Frauen gerade während ihrer Menstruation und während der Schwangerschaft, wenn also eine Empfängnis ausgeschlossen werden kann, mehr Interesse an Sexualität. Wir haben heute also allen Grund, das Walten eines »Mutterschaftstriebes«, der im Biologischen wurzelt und sich im Sexualverhalten zeigt, in das Reich der Spekulationen um das Wesen der Frau zu verbannen.

Umso befremdlicher mutet es an, wenn nun neuerdings in der Absicht, die Bedeutung des Mutterwerdens für die Frauen aufzuwerten, wieder auf letztlich biologistische Erklärungen zurückgegriffen wird. Barbara Sichtermann zum Beispiel, die sich ansonsten durch erfreulichen Realismus auszeichnet, äußert sich überzeugt, dass alle Motivationen zum Kinderkriegen in der Sexualität wurzeln. Eine genüssliche Vorstellung von der intellektuellen Frau, die von ihren Trieben »übermannt« wird und deshalb schwanger werden will, schimmert hier durch, denn die Gründe für den Kinderwunsch scheinen ihr allesamt »Spielformen eines sexuellen Grundmotivs (...), eines Motivs, das sich zunächst als Körperempfindung und als Objekt von Sinnlichkeit herstellt und als solches dann vom – zögernden, erstaunen oder auch seiner selbst gewissen – Gedanken übernommen wird.« (Sichtermann, 1980, S. 43 f.) So seien also »nicht nur das geschlechtliche Begehren, sondern mit einem gewissen Strang auch die Fortpflanzungsvorgänge in der menschlichen Triebstruktur verankert« (a. a. O., S. 46). Dem möchte man ja nicht unbedingt widersprechen. Wenn aber sonst an Kinderwunschmotiven nichts bedeutsam scheint als die menschliche Triebstruktur, dann führt das über Marie Langer nicht hinaus. Ist es tatsächlich so, dass im Zeitalter der Verhütungsmittel lediglich »das sexuelle Begehren oder aber die Sexualscheu und -Verdrängung das nicht-rationale Element im Kinderwunsch« (a. a. O., S. 41) darstellen? Sollen wir denn etwa glauben, dass Kinderlosigkeit generell ein Produkt von sexueller Verklemmung ist? Was uns in unserem Leben – wie irrational auch immer – zu unserem Handeln oder Nicht-Handeln motiviert, ist nicht in erster Linie die Macht losgelöster Triebe. Es sind vielmehr unsere emotional angenehm oder unangenehm getönten Phantasien von Personen oder von Facetten dieser Personen, die mit anderen oder an anderen etwas tun.

Wie die eigene Mutter

Daher nehmen Triebe sehr verschiedene Entwicklungen. Diese gesamte soziale Seite, die anfangs skizzierte individuelle Entwicklungsgeschichte mit wichtigen Beziehungspersonen, aber auch die sozialen Erwartungen, irrational oft auch diese, können schwerlich außer Acht gelassen werden. Wer den Kinderwunsch auf ein Triebgeschehen reduziert, leistet am Ende wieder einer biologistischen Argumentation von der »Unnatürlichkeit« der weiblichen Kinderlosigkeit Vorschub.

Kindliche Phantasien, ein Baby zu haben wie die eigenen Eltern, sind wichtige Vorläufer. Von einem Kinderwunsch im Sinne des Wunschs nach Mutterschaft kann aber erst gesprochen werden, wenn verschiedene Entwicklungsbausteine integriert sind: die inneren Körpergefühle, die Identifikation mit der Mutter, erobernde und bemächtigende Wünsche und Wünsche nach Wiederherstellung und Wiedergutmachung.

Vor allen Dingen: Um von der Phantasie, ein Baby zu haben, zum Wunsch nach einem Kind als reifem Kinderwunsch zu gelangen, ist vor allem ein realistisches Bewusstsein davon, was Kinderhaben bedeutet, erforderlich. Darüber hinaus spielen die Erwartungen der Umgebung an die weibliche Rolle und die individuelle Zukunft des Mädchens, also erworbene Vorstellungen davon, was wichtig in einem Frauenleben ist, eine entscheidende Rolle.

Für den Psychoanalytiker Frederick Wyatt war bereits 1967 klar: »Mutterschaft verkörpert den sich summierenden Zustand aus vielem, was das kleine Mädchen bewundert und wünscht, einschließlich der Beziehung ihrer Mutter zu ihrem Vater.« (Wyatt, 1967, S. 50; Übers. von G. Z. S.) Wenn die Umwelterwartungen widersprüchlich sind oder wenn Mutterschaft keineswegs bewunderns- und wünschenswert erlebt wird, helfen oft auch der Sexualtrieb und seine »Spielformen« nicht weiter.

Mit einigem Recht wird in der Frage des Kinderwunschs bei Frauen die Rolle der Mutter-Tochter-Beziehung hervorgehoben. Es geht dabei um die Frage: Will ich in einem zentralen Punkt der Lebensgestaltung – dem der Mutterschaft – so werden wie die eigene Mutter, habe ich sie als gut genug erlebt und kann ich mich mit ihr identifizieren? Das Mädchen wird sich nämlich nicht »die Mutter« als isoliertes Bild, als Ikone, einprägen, sondern die Mutter in ihren sozialen Bezügen. Zentral ist also ebenso, wie das Mädchen die Mutter in deren Paarbeziehung erlebt und welche Einstellung und welches Verhalten ihr Partner der Mutter entgegenbringt. Teenager beurteilen in ihren Zukunftsentwürfen die Frage »Kinder oder keine« auch danach, ob sie sich so behandeln lassen wollen und ob sie so gesehen werden wollen wie die eigene Mutter und die anderen Mütter, die sie kennen. Selbstverständlich ist auch die Beziehung des Vaters zur Tochter wichtig im Hinblick auf ihre Einstellung zur Weiblichkeit. Wird sie als Mädchen, als Frau bespöttelt oder entwertet? Tut sie gut daran, ihre Unabhängigkeit zu bewahren, sich eher mit Männern zu identifizieren, um diesem Frauenschicksal zu entgehen? Erfahrungen außerhalb der Familie sind für die Stabilität des Kinderwunsches ebenfalls bedeutsam: Beobachtungen von anderen Müttern, die mit ihren Kindern glücklich sind, müssen den Wunsch, selbst so eine Mutter zu werden, unterstützen.

Unbeschreiblich weiblich

> Und überhaupt, Mann, ich schaff' mir keine kleinen Kinder an. Warum soll ich meine Pflicht als Frau erfüllen? Ich hab keine Lust, meine Pflicht zu erfüllen, für dich nicht, für mich nicht, ich hab keine Pflicht. Vor dem ersten Kinderschreien muss ich mich erst mal selbst befreien. Augenblicklich fühl' ich mich unbeschreiblich (weiblich).
>
> *Nina Hagen*

Es versteht sich von selbst: Eine Frau, die Kinder hat, kann nicht mehr ohne weiteres tun, was sie will. Vielfältige Pflichten hindern sie daran, unabhängig entsprechend ihren Bedürfnissen zu leben. Insofern widersprechen sich »Selbstbefreiung« und Kinderwunsch. Nina Hagen hat 1978 in dieser provokanten Weise Mutterpflichten gegen Selbstbefreiung gesetzt. Neben dem Widerspruch von Selbstverwirklichung und so genannten weiblichen Pflichten hat sie – vielleicht unbemerkt – einen zentralen Identitätskonflikt bei jungen Frauen ausgedrückt, nämlich den Konflikt zwischen Mutterschaft und einem Selbstbild, in der die Frau sich weiblich, und zwar unbeschreiblich: nämlich sexuell potent, fühlt. Dieser Liedtext folgt nämlich auf der Platte unmittelbar nach dem Titel *Rangehn*: »Wenn du scharf bist, musst du rangehen.«

Aber wie kann das ein Widerspruch sein? Setzt nicht das Mutterwerden sexuelles Begehren und »Rangehen« voraus?

Entwicklungspsychologinnen wie Vera King haben darauf hingewiesen: In der Adoleszenz, wenn sich die Identität neu formiert und konsolidiert, liegen zwei Aspekte des Frauseins beim Mädchen miteinander im Widerstreit: Mütterlichkeit und sexuelle Leidenschaft. In der kulturellen Symbolisierung fällt das Bild von der Frau mit Mutterschaft und Fruchtbarkeit zusammen. Die Mutter als aktiv begehrende wird nicht vorgestellt. Stattdessen wird das Bild der Mutter als entsexualisierte Figur gepflegt. Von der Kunst bis zur Fernsehserie fehlt dem positiven Mutterbild die Sexualität. Hier geht es also durchaus um einen Kampf zwischen zwei Gegensätzen. Er greift unmittelbar in den Identitätsbildungsprozess ein und hat damit Auswirkungen auf die Lebensgestaltung. Wenn die junge Frau sich mit einer potenten Mutter identifizieren möchte, steht sie im allgemeinen vor der Situation, dass die Mutter zwar innerhalb der Familie über Macht verfügt – und das ist in erster Linie die Macht über die Kinder –, dass sie aber im kulturell geprägten Frauenbild im Vergleich zum Männlichen eher entwertet erscheint. Ihr Beitrag zum Kulturellen wird im Vergleich zu dem der Männer geringer veranschlagt. Es gibt weit weniger erfolgreiche Malerinnen, Bildhauerinnen, Komponistinnen, Regisseurinnen im Licht der Öffentlichkeit als männliche Vertreter dieser Berufe, und unter ihnen sind Mütter erst recht dünn gesät.

Tatsächlich scheint es für Mädchen oft einfacher zu sein, sich mit mütterlichen Normen, Erlebens- und Verhaltensweisen zu identifizieren und sich beschützend, sorgend, pflegerisch und verantwortlich zu verhalten, als sich als sexuell empfindende und sexuell begehrende Personen zu sehen und zu erleben. Auch wenn sexuelle Erfahrungen frühzeitig gemacht worden sind und gerade wenn sie altersunangemessen waren und nicht völlig freiwillig gemacht worden sind, scheint es schwer, sie in das Selbstbild zu integrieren. Sie bleiben dann wie hinter einer Verdrängungsmauer verborgen. Ein Festhalten an romantischer Schwärmerei hilft manchmal, die Auseinandersetzung mit der beängstigend erlebten Sexualität aufzuschieben oder zu vermeiden.

Sexualstörungen und ein vermeidender Umgang mit Sexualität hemmen die Möglichkeiten zur Elternschaft. Sie sind eine der wichtigen seelischen Ursachen ungewollter Kinderlosigkeit. Oft wird aber gerade durch die Phantasie, die Frau könne oder solle Mutter werden, das sexuelle Begehren abgeschwächt. Die beschriebenen Sozialisationsbedingungen für Frauen tragen zu dieser Schwierigkeit ganz erheblich bei.

Frühe Lücken

> Wund sind wir ja in gewissem Sinne alle, nur gewöhnen wir uns an, über diese zu zarte Tatsache, die vom Alltag nicht berücksichtigt werden kann, und die darum nicht vorhanden sein darf, hinwegzugehen.
>
> *Robert Walser*

Trotz aller Plakataktionen (»Papi, spiel mit mir!«) und trotz einer großen Anzahl von Veröffentlichungen der letzten Jahre, in denen auf die Bedeutung des Vaters in der kindlichen Entwicklung hingewiesen wird, sind es überwiegend die Mütter, die die Kinder großziehen. Säuglinge unterscheiden bereits im *ersten* Lebensjahr ihre Eltern voneinander und machen mit beiden unterschiedliche Beziehungserfahrungen. Die Erkenntnisse über die Bedeutung des Vaters in der kindlichen Entwicklung haben jedoch trotz des guten Willens vieler Eltern nur geringe Veränderungen im Erziehungsalltag bewirkt. Die kindlichen Erfahrungen mit den Vätern sind aufgrund der gesellschaftlich vorstrukturierten Arbeitsteilung auch in intakten familiären Strukturen oft spärlich und bruchstückhaft. Alleinerziehende Mütter – wieder sind es überwiegend die Frauen, die die Aufgabe der Elternschaft übernehmen – haben es meiner Erfahrung nach noch schwerer, einem Kind relativ konfliktfreie Beziehungen zu Männern zu ermöglichen. Wenn Frauen überwiegend enttäuschende Erfahrungen mit Männern gemacht haben, können ihre Kinder nur schwer ein positives Männerbild entwickeln. An die Stelle der Beziehungserfahrungen mit Vätern und anderen erziehenden Männern treten dann Phantasien, die die Lücken füllen sollen und oftmals in Konflikte mit der Realität führen.

Ein Bild von einem Mann – Höhenflug und Absturz

Der Junge wird von den Frauen in seiner Umgebung als Person des anderen Geschlechts wahrgenommen. Seine Mutter hat meist einen Mann geheiratet, oder ein Mann ist die wichtigste Person in ihrem Leben. Sie teilt mit diesem Tisch und Bett, er genießt ihre Nähe wie sonst niemand, auch nicht der Sohn. (Sofern er nicht in Mutters Bett schläft oder sonstwie von ihr idolisiert wird.) Dem Sohn kann dies ein Ansporn sein, auch ein Mann zu werden wie der Vater. Sicher spürt der Junge auch ein Stück der mütterlichen Bewunderung, entwickelt eine Vorstellung späterer geschlechtlicher Liebe, die aufbewahrt werden kann. Wenn jedoch der Platz des Vaters nicht vollständig ausgefüllt ist oder – bei alleinerziehenden Frauen – frei gehalten wird, entsteht ein Wechselbad aus Höhenflügen und Abstürzen, weil letztlich der Sohn nicht die Rolle des Vaters einnehmen kann und seine Unzulänglichkeit nur umso deutlicher spürt. Wenn der kleine Junge hier im Sinne einer »Ersatzpartnerschaft« (Bauriedl, 1993) Lücken füllen und unbefriedigte Wünsche erfüllen soll, kann er kein realistisches Verhältnis zu sich selbst, zu seinen eigenen Wünschen und Ängsten entwickeln.

Die Abwesenheit des Vaters kann verhindern, dass er seine Vorstellungen für die Zukunft mit der gegenwärtigen Wirklichkeit abgleicht. Die Formel: »Wenn ich groß bin, heirate ich wie Papa eine Frau wie Mama«, mobilisiert Energie, die ins Lernen und Großwerden gesteckt werden kann und zu einem soliden Selbstwert verhelfen kann. Diese Formel wird in der Männersozialisation oft ersetzt durch eine andere: »Ich bin schon groß, größer als Papa und als alle.« Sie behindert das Lernen und lässt Enttäuschungen schwer aushaltbar werden. Diese Männer »durften« ihren Müttern den seelisch oder tatsächlich abwesenden Vater ersetzen. Sie haben oft gelernt, ihre Selbstzweifel (»Wieso bin ich nur so lange der Wichtigste, bis wieder mal ein Mann zu Hause auftaucht?«) mit der Entwertung der »Weiber« zu betäuben. Sie machen sich auf Kosten der Mädchen sicher: Selbst wenn sie als Jungen in ihrer Bedeutung einerseits großartig, andererseits stets gefährdet sind, fühlen sie sich immer noch besser dran und daher »mehr wert« als »die doofen Mädchen«. Sich absetzen von den Mädchen hilft gleichzeitig, sich von der Mutter zu distanzieren, kein »Mama-Kind« mehr zu sein. Zeugungswünsche sollen dann oftmals im Erwachsenenleben männliche Dominanz und Potenz sichern.

Auch wenn Mütter das Geschlecht ihres Jungen nicht akzeptieren können, weil sie vielleicht selbst unter männlicher Bevorzugung oder eigener Bevormundung gelitten haben, kommt es häufig zu einer Überkompensation der im Kern schwach gebliebenen Männlichkeit durch allzu mannhaftes (Macho-)Gehabe.

Bild der Frau – Unvollständig und auf der Suche?

Frauen machen in ihrem Aufwachsen viele Erfahrungen mit Frauen. Sie haben deshalb, wenn diese Frauen Weiblichkeit anerkennen und wertschätzen, ausreichende weibliche Identifikationsmöglichkeiten, aus denen sie ihr eigenes Wertgefühl stabilisieren können.

> Eine Mutter liest ihrer knapp fünfjährigen Tochter aus einem Bilderbuch vor. Die Tochter findet die Heldin der Geschichte sehr schön und wundert sich über ihr fremdes Aussehen. Die Mutter weiß alles ohne falsche Vereinfachung zu erklären. Die Tochter ist entzückt über die verschiedenen schönen Frauen, die es auf der Welt gibt, über die abenteuerliche Geschichte, über die Lese- und Erklärungskünste ihrer Mutter. Voller Begeisterung fragt sie in einer Lesepause ihre Mutter:»Wenn ich ganz, ganz groß bin, werde ich dann auch eine richtige Mama, so wie du?« Die Mutter klärt sie auf, dass sie erst einmal eine Frau werde und dann, wenn sie wolle, ein Kind bekommen könne.

Frau-Sein und Mutter-Sein zu trennen, beides als schätzenswerte Lebensformen anzuerkennen, scheint mir sehr wichtig. Dieser Schritt, erst einmal eine Frau zu werden, ist für Mädchen, die ein konfliktreiches und weniger wertschätzendes Verhältnis zu ihren Müttern hatten, erschwert, wird aber oft auch durch männliche Geringschätzung, Missachtung oder Spott gefährdet. Das kleine Mädchen aus dem Beispiel hatte einen Vater, der Zeit für sie hatte, zu dem ein spielerisch-neckendes Verhältnis bestand und der an Respekt und Liebe seiner Frau gegenüber keinen Zweifel ließ.

Mädchen erleben aber auch, dass der Mann, der ihnen das Versprechen geben könnte, dass sie später eine für Männer attraktive Frau werden können, kaum Augen für sie hat, vielleicht auch kaum Zeit für die Mutter. Er liebt zwar Frauen, hat eine geheiratet, aber er scheint sie nicht sehr wichtig zu nehmen, jedenfalls weniger wichtig als all die anderen Dinge, die er zehn Stunden und länger am Tag zu tun hat. Selbst da, wo er seine hübsche kleine Tochter scheinbar vergöttert, geht es oft mehr um ihn als um sie, so dass sie sich nicht »gesehen« fühlt oder Seiten an sich »verstecken« muss, temperamentvolle und energische z. B.

»Die meinen, sie könnten alles bestimmen!« Oder: »Was der sich bloß einbildet!«, klagen Schulmädchen dann oft über ihre männlichen Kameraden und meinen damit nicht nur das übersteigerte Selbstgefühl der Jungen, sondern machen auch eine Aussage über sich selbst: Ich möchte mir auch mehr einbilden können, also mehr Zutrauen haben zu mir und meinen Fähigkeiten, ich möchte auch mehr stolz sein können auf mich und bestimmt sein können. Aber ich habe Angst, dass ich dann nicht mehr geliebt werde.

Für viele Frauen ist es deshalb schwer, ihren Wert aus sich, aus eigener Kraft und Tätigkeit, aus eigenen (weiblichen) Normen und Werten zu schöpfen, weil sie fürchten, dann nicht mehr Mamas oder Papas liebes kleines Mädchen zu sein. Diese Furcht wäre geringer, wenn sie genügend Anerkennung ihres weiblichen So-Seins und weiblicher Leistungen in der Kindheit erfahren würden. Ein Fehlen der väterlicher Anerkennung verhindert diese unabhängige Wertschätzung ihrer selbst, stört die Entwicklung eines stabilen Selbstwertgefühls und macht Frauen von der Anerkennung ihrer Umgebung, vor allem ihrer männlichen Umgebung, abhängig. Zeitlebens laufen sie der Anerkennung und den bewundernden Blicken nach, die ihnen der Vater versagt hat.

Von feministischer Seite ist kritisch gefragt worden, ob der Mann tatsächlich so wichtig sei, ob die mütterliche Freude am Kind nicht ausreiche. Mütter, die selbst mit diesem Mangel aufwuchsen oder gar noch die krasse patriarchalische Bevorzugung der männlichen Familienmitglieder in ihrer Herkunftsfamilie erlebt haben, können ihrer kleinen Tochter natürlich nicht so leicht das ungeteilte Maß an Anerkennung zuteil werden lassen, das die Tochter braucht, um sich selbstsicher und stark zu fühlen. Diese Mütter werden sich eher mit Neid, Konkurrenz und Minderwertigkeitsgefühlen zu plagen haben.

Auch wenn Mütter ein gutes Verhältnis zu ihrer Weiblichkeit haben und nicht ihrerseits schon ähnliche »Lücken« mitbringen, können sie doch oft den nagenden Zweifel nicht beseitigen, der einer Tochter trotz aller mütterlicher Beteuerungen und Anerkennungen bleibt, wenn der Vater sich nicht genug für sie interessiert. Wenn derjenige, der sie lieben sollte, sich so rar macht, wird der Grundstein gelegt für eine lebenslange Sehnsucht, für etwas immer Fehlendes, immer Ungenügendes. Dies mag einer der Gründe dafür sein, dass viele Frauen auf ihre »Beziehungen« – und hier sind Männerbeziehungen gemeint – so überstarkes Gewicht legen, als wären sie ohne den »Glanz im Auge des Mannes« nicht vollständig.

Sie sehnen sich nicht nur nach Liebe und Zweisamkeit mit einem Mann, es fehlt ihnen nicht nur etwas Schönes, sondern etwas Lebenswichtiges, ein zentraler Baustein ihres Selbstgefühls, den der

Mann durch seine Akzeptanz, Liebe, Bewunderung beisteuern und dessen Verfügbarkeit er gewährleisten soll. In wohlmeinenden Büchern wird diesen Frauen dann etwa belehrend gesagt, dass Männer nicht das Wichtigste im Leben, sondern nur etwas Schönes, Zusätzliches seien, wie eine süße Nachspeise (»Men are only the Dessert«). Muss das nicht angesichts des tiefen Mangels wie Hohn klingen? Wird nicht verstanden, welche tieferen Wünsche an das Zusammensein mit dem Mann geknüpft werden, drängen sich die alten Bedürfnisse in abgewandelter Form immer wieder leidvoll in den Vordergrund, so kann es nicht zu einer veränderten, realistischeren Sicht des Mann-Frau-Verhältnisses kommen.

Wenn Mädchen auf diese Weise immer wieder gezwungen sind, Zweifel an der eigenen Weiblichkeit zu verarbeiten oder sich gegen diese Zweifel zu schützen, kann das kräftezehrende Schutzmaßnahmen erforderlich machen, die autonome Erfahrungen und die Lernfähigkeit sehr behindern.

Auf diese Weise wird durch Leistungsdefizite und schlechtere Bildungschancen die – trotz aller Bemühungen – auch in unserer Kultur noch bestehende Benachteiligung des weiblichen Geschlechts gestützt.

Wohlmeinende Erklärungen erwachsener Frauen: »Frauen sind genauso viel wert wie Männer« oder: »Eigentlich sind Frauen sogar wichtiger und fähiger als Männer«, wie es kompensierend oft heißt, richten da nicht viel aus. Es geht um grundlegende Beziehungsdefizite, die behoben werden müssen. Erfahrungen mit Frauen, die ihrer selbst wirklich sicher sind oder sich ihren Wert erarbeitet haben und diesen auch ausstrahlen, können (besonders in der frühen Adoleszenz) neue Identifikationen ermöglichen und damit Anlass bieten für eine entsprechende Veränderung des Selbstbildes. Diese weiblichen Identifikationspersonen sind für die gegenwärtig heranwachsende Frauengeneration eher zu finden als noch für die Frauen, die heute in mittlerem Alter sind und ihre Kinderlosigkeit so schwer verkraften können.

Das eigene Kind als Heilungsversuch

> Ich wollte ein Kind für mich allein, denn wenn ich schon nicht meine eigene Mutter hatte, wollte ich wenigstens ein eigenes Kind.
>
> *Eine Frau, die selber Adoptivkind war, nach fremder Samenspende*

Wir alle bringen von unserer Kindheitsentwicklung her unerfüllte Wünsche und spezielle Konflikte mit: Die ideale Kindheit gibt es nicht, auch wenn sie manchem – dank eines gnädigen Gedächtnisses – in verklärendem Rückblick so erscheinen mag. Und selbstverständlich versuchen wir das, was gefehlt hat oder problematisch war, so gut wir können, später auszugleichen. Die Schwierigkeit dabei ist die, dass wir oft gar nicht sagen können, was genau uns fehlt. Und dann sehen wir fremde Kinder, und plötzlich stellt es sich wieder ein, das Gefühl: Das muss es sein! Ein Kind! Und weil wir diesen Wunsch für so selbstverständlich halten, kommen wir gar nicht auf die Idee weiterzufragen: Warum denn gerade ein Kind? Was verbinde ich damit?

Und gibt es vielleicht noch anderen Balsam für die arme Seele, andere Wege, mit dem schmerzlich Fehlenden umzugehen?

Die drei Beispiele in den folgenden beiden Kapiteln handeln von Frauen, die nicht auf die Idee gekommen sind, sich diese Frage zu stellen. Die erste hat kein Problem mit der Fruchtbarkeit und kann alle Kinder, die sie wünscht, bekommen. Die zweite kann keine Kinder bekommen und leidet so extrem darunter, dass es ihr unmöglich ist, darüber nachzudenken warum. Die dritte wartet lange vergebens auf ihr Wunschkind und wird schließlich doch nicht glücklich mit ihm, weil ihr nicht klar war, was ihr tatsächlich fehlte, als sie sich ein Kind wünschte.

Überflüssig zu sagen, dass nicht hinter jedem Kinderwunsch derart schwerwiegende Probleme vergraben liegen. Andererseits: Je drängender das Verlangen nach Kindern erlebt wird, desto größer ist die Wahrscheinlichkeit, dass das Kind gebraucht wird, um eigene Lebensdefizite auszugleichen. Die Beispiele sind extrem, sie verdeutlichen aber die alltägliche Erfahrung, dass eine solche unbewusste Rechnung letztlich nicht aufgehen kann. Wofür brauche ich das Kind? Was fehlt mir wirklich? Zwei dieser Frauen wurden durch ihr Unglück schließlich doch dazu gezwungen, eine Antwort auf diese Fragen zu suchen. Die erste kann sie sich bis heute nicht stellen. Sie leidet nicht. Ihre Kinder leiden.

Ganz normaler Irrsinn

> Ein Sonderpädagoge, der seit langem in einer meiner Supervisionsgruppen schwierige Aspekte seiner Arbeit besprach, berichtete eines Tages vom Besuch bei der Familie eines seiner Schüler. Zu dem Hausbesuch fühlte er sich veranlasst, weil der Junge immer wieder blutverschmiert zum Unterricht erschien. Der Pädagoge hatte von der Mutter bei einem Elternsprechtag bereits erfahren, dass die Epilepsie des Kindes medikamentös schwer einstellbar sei und der Junge sich bei Anfällen verletze. Weil dies aber häufiger vorzukommen schien und er weder vor Verletzung geschützt noch anschließend versorgt wurde, wollte er mehr erfahren. Die Gruppe hatte den Gedanken, dass möglicherweise die Medikamente nicht regelmäßig gegeben wurden oder die Anfälle auch durch emotionale Überforderung mit ausgelöst würden. Beim Hausbesuch stellte der Lehrer dann fest, dass die Mutter mit fünf Kindern allein war. Der Vater saß im Gefängnis. Er erfuhr, dass einer der Jungen vor kurzem in einer überaus gefährlichen Racheaktion seinen dreijährigen Bruder die Treppe hinunter gestoßen hatte. Während er mit der Mutter sprach, saß die Jüngste, ein etwa 18 Monate altes Mädchen im Hochstuhl und schaukelte, lehnte sich über. Die Mutter griff nicht ein. Schließlich stürzte der Stuhl um, ohne dass der anwesende Pädagoge es hätte verhindern können. Das Kind schlug schwer mit dem Kopf auf und schrie nach einer kurzen Schreckpause herzzerreißend. Der kühle Kommentar der Mutter: »Das kommt davon, dass du nicht auf mich hörst.« Das Mädchen suchte erst gar keinen Trost bei ihr. Zum Glück hatte es sich nicht ernsthaft verletzt. Da diese Mutter nicht in der Lage war, für ihre Kinder zu sorgen, lebten bereits fünf weitere Kinder im Heim. Beim Abschied äußerte sie den Wunsch, sobald ihr Mann zurück sei, wolle sie wieder schwanger werden.

Die Frage, ob das Kinderkriegen etwas Normales sei, würden die meisten Menschen in unserer Kultur für Erwachsene wohl ohne Zögern bejahen. Wenn wir von Misshandlungen hören, können wir zwar nachvollziehen, dass der unangemessene und schädliche

Umgang mit Kindern Ausdruck einer seelischen Störung der Eltern sein kann, aber das Kinderkriegen selbst? Ist doch normal, oder? Das zugegebenermaßen schockierende Beispiel zeigt, wie das Kinderkriegen zum Drang werden kann, der mit Liebe zum Kind kaum etwas zu tun hat. Kinder zu bekommen ohne die Fähigkeit, für sie zu sorgen, kann aussehen wie mangelnde Triebbeherrschung und wie eine Bestätigung für die These von der Triebverwurzelung des Kinderwunschs. Viele Anzeichen sprechen allerdings dafür, dass das ungeliebte, aber gebrauchte Kind eine wichtige Rolle im Leben seiner Mutter spielt – und vielleicht auch für seinen Vater, obwohl Männer häufig andere, nicht minder destruktive »Lösungsformen« finden: Es hilft, trotz einer überaus schwierigen eigenen Kindheitsgeschichte zu überleben und das Leben zu »meistern«. Das Kind füllt eine Lücke, vergleichbar einer Plombe in einem hohlen Zahn. Mädchen, die nur akzeptiert werden, wenn sie die Erwartungen der Eltern erfüllen und sich selbst mit eigenen Wünschen möglichst wenig bemerkbar machen, brauchen vielleicht später die eigenen Kinder zum Füllen ihrer inneren Leere.

Schwere psychische Beeinträchtigungen der Frau werden durch eine Schwangerschaft oft überdeckt oder überbrückt, danach zeigen sie sich oft in der Unfähigkeit zu bemuttern und in mehr oder weniger offen aggressiven Handlungen gegen das Kind. Kinderzeugen und Gebären können dann geradezu den Charakter eines Krankheitssymptoms besitzen, auch wenn diese Aussage angesichts der herrschenden Elternideologie ungeheuerlich klingt.

Das Recht auf Fortpflanzung als Freiheit eines jeden Menschen ist eine Sache. Ob wir gut daran tun, die Fortpflanzung zur Norm zu erheben, muss allerdings bezweifelt werden. Die herrschende Mystifizierung von biologischer Elternschaft und insbesondere Mutterschaft begünstigt nicht nur unerkanntes Kinderelend, sie bringt auch zusätzliches Leiden für ungewollt Kinderlose, die von dieser »Norm« abweichen.

Schwanger sein oder nichts sein

> Nicht gestilltes Verlangen, unersättlich durch sich selbst. Die Unmöglichkeit, es zu stillen, ist seine Wahrheit, die Hoffnung, es zu sättigen, ist falsch.
> Der Hunger der Seele ist hart zu ertragen, aber es gibt kein anderes Heilmittel für die Krankheit.
>
> *Simone Weil*

Wenn die Spannung und die Dynamik eines psychischen Konflikts nicht im Bereich der Gefühle und Vorstellungen verarbeitet werden können, kommt es zu psychisch bedingten Körperstörungen oder zum Handeln in der Außenwelt wie bei den beschriebenen wiederholten Schwangerschaften ohne die Fähigkeit zur Elternschaft. Hier ist der tiefere Wunsch hinter dem Kinderwunsch nicht bewusstseinsfähig und kann deshalb auch nicht verarbeitet und anders befriedigt werden. Bei psychosomatischen Erkrankungen werden die Konflikte außerhalb der Psyche durch den Körper ausgedrückt und nicht psychisch bewältigt. Das Leiden wird nicht als seelisches, sondern als körperliches wahrgenommen. Alle psychisch bedingten Symptome sind fehlgeschlagene Versuche zur Selbstheilung. Bei psychosomatischen Erkrankungen dienen die Abwehrstrukturen oft dem Schutz der innersten Identität vor dem Gefühl der Auflösung und des drohenden Eindringens anderer. Bei psychosomatisch bedingten Empfängnis- und Fruchtbarkeitsstörungen liegt hinter dem Problem der Kinderlosigkeit häufig die unbewusste Gefahr, das Selbstgefühl zu verlieren, in Depressionen zu versinken oder von Angst überwältigt zu werden.

Wenn das gewünschte Kind dazu bestimmt ist, eine seelische Zerstörung zu beheben, wenn es etwa helfen soll, sich aus einer erstickenden Beziehung zur eigenen Mutter zu befreien, kann die Erfüllung des Kinderwunschs überlebenswichtig erscheinen. Gleichzeitig kann diese scheinbare Katastrophe, die ungewollte Kinderlosigkeit, aber sinnvoll und notwendig sein, auch wenn der Sinn zunächst im Leiden tief verborgen ist.

In dem Moment, wo es möglich wird, die frühen Traumatisierungen und die damit verbundenen Affekte zu spüren, tritt der unbedingte Kinderwunsch zurück. Es kann dann um die Frau selber gehen. Ein therapeutischer Prozess, der durch die Forderung nach einem Kind oft erst einmal verhindert wird, kann in Gang kommen und auch eine Entwicklung des Wunschs nach einem Kind. Das Kind kann etwa erkannt werden als Mittel, einen verlorenen Zustand wieder herzustellen mit der Phantasie, durch die Schwangerschaft der inneren Leere zu entkommen und sich in einen Zustand der Ganzheit zu versetzen.

Dass der »Schrei nach dem Kind« nicht auf Jugendliche beschränkt ist, sondern auch bei Frauen in höherem Lebensalter als oft verhängnisvoller Lösungsversuch eine Rolle spielt, blieb lange unter der vermeintlichen Natürlichkeit des Kinderkriegens verborgen. Wer wollte sich auch Gedanken machen über etwas, was als »biologische Bestimmung« geradezu zum Maßstab weiblicher Normalität erhoben wird?

Endlich etwas wert sein!

> Frau A. ist eine der vielen Frauen, die Gewichtsprobleme haben. Als ich sie kennenlerne, ist sie stark übergewichtig, und sie raucht. Sie glaubt nicht, dass die Tablettenvergiftung ihrer Schwester, die im Jahr zuvor starb, ein Zufall war. Sie selbst ist ebenfalls manchmal depressiv verstimmt. Aber nicht um sich selbst macht sie sich Sorgen, sondern um ihren Sohn.
> Als Kind war sie »mehr Junge als Mädchen«. Sie wurde als Jugendliche mit 17 Jahren schwanger und heiratete. Eine Berufsausbildung hatte sie nicht. In der Ehe kam es anfangs zu heftigen Kämpfen, weil beide selbstunsicher waren und fürchteten, etwas von sich aufzugeben. Das Kind kam dann tot zur Welt. Betrauert werden konnte es nicht.
> Danach blieben acht lange Jahre alle Versuche, doch noch ein Kind zu zeugen, erfolglos. Schließlich wurde Frau A. ein zweites Mal schwanger. Dieses Mal kam es im dritten Monat zu einer Fehlgeburt. Trotzdem blieb der Wunsch nach einem Kind für Frau A. überaus wichtig: »Es war uns zu ruhig. Es füllte uns nicht aus, das Leben. Uns war nichts mehr gut genug.« Frau A. hoffte, durch ein Kind der inneren Leere und Depression zu entkommen. Die dritte Schwangerschaft ging ihr zwar buchstäblich »an die Nieren«, aber das Kind kam gesund zur Welt, und Frau A. war glücklich, dass es lebte und »dass alles dran« war.
> Sie selbst hatte sich immer unvollständig und unzulänglich erlebt. Dieses Gefühl kam bald nach der Geburt wieder: »Ich hätte stillen können, ich hatte Milch, aber das war Wasser, hat der Arzt gesagt.« Zudem ha-

be das Kind nichts mit den Brustwarzen anfangen können und fast immer geschlafen. Das sollte sich bald ändern. Frau A., der das Leben ohne Kind zu ruhig gewesen war und zu unausgefüllt, wuchs ein überaus unruhiger Sohn heran, der viel zu lebendig und maßlos anstrengend war, den sie »nicht aus den Augen lassen« konnte. Bald konnte sie ihn nicht mehr steuern, er wuchs ihr über den Kopf, wurde immer unruhiger und aggressiver. Von ihr und anderen Frauen ließ er sich nichts sagen. Er verachtete Frauen: »Ein Weib, das gewinnt – das gibt es doch gar nicht! Frauen putzen das Klo und kriechen auf dem Boden rum.«

Als Frau A. ihn mir vorstellt, ist er knapp zehn Jahre alt und hat sie zum ersten Mal tätlich angegriffen. Als ich ihr sage, sie habe sich das Leben mit einem Kind sicher anders vorgestellt, kommt ihre ganze Enttäuschung und Verzweiflung zum Vorschein: »Ich wollte endlich etwas wert sein! Ich wollte endlich etwas zu sagen haben!«

Bei Frau A. ist überdeutlich, wie sehr sie das Kind gewünscht hat, um in ihrem Weiblichkeitserleben gestützt und aufgewertet zu werden und einen Ersatz für die fehlende eigene innere Lebendigkeit zu finden. Ihr Beispiel zeigt auch, wie wenig ein Kind diese Erwartungen erfüllen kann. Als Frau A. zu mir kam, hatte sie den Wunsch, ihr Sohn solle sich ändern, damit sie leichter mit ihm zurechtkäme und er ihren Erwartungen entspräche. Sie machte sich zu Recht Sorgen um die Zukunft. Erst als es dem Jungen besser ging, er weniger Schwierigkeiten bereitete und er seine Liebe zu ihr zulassen konnte, merkte sie, wie viel ihr trotzdem im Leben fehlte. Sie brauchte sich nun weniger um ihren Sohn zu sorgen, wurde selbst aber offen depressiv. Nun erst, nach Jahrzehnten, konnte sie anfangen, sich um ihr eigenes Leben zu sorgen, um die Lücken, die ihre Kindheit hinterlassen hatte und die auch Mann und Sohn nicht hatten füllen können.

Körper und Selbstbild

Dass Selbst und Körper als möglichst harmonische Einheit erlebt werden, ist wünschenswert, aber für viele Frauen nicht selbstverständlich. Das Auseinanderfallen von Körper- und Selbst-Erleben bleibt vielmehr ein Thema in sehr vielen weiblichen Lebensläufen. Die Körpervorgänge der Heranwachsenden werden ausgeblendet oder Scham erregend angesprochen, gehören nicht selbstverständlich zum Bild des geschätzten und anerkannten Mädchens. Die Flucht ins Jungenhafte war für Frau A. eine erste Notlösung. Aber dann in der Pubertät war nicht mehr zu übersehen, dass sie eine Frau war. Vorbereitet war sie nicht. Auch nicht auf die Schwangerschaft. Wohltuend wäre vielleicht die Möglichkeit gewesen, über wichtige Körpervorgänge mit anderen Frauen zu sprechen. Viele Frauen suchen im Bereich des weiblichen Reproduktionszyklus identitätsstiftende Gemeinschaftserfahrungen. Frau A. blieb allein und fand auch nach der Geburt ihres Sohnes nicht die nötige Anerkennung. Zu tief waren die Defizite. Frauen definieren sich selbst zwar selten über ihre reproduktiven Fähigkeiten, erleben diese aber oft als Möglichkeit, Anerkennung und Wertschätzung als Frau zu erwerben. Ein weniger fragmentiertes Selbstbild kann sich oft dann entwickeln, wenn Frauen diesen Bereich als Bindeglied zu anderen Frauen erleben können, mit denen sie Erfahrungen teilen. Frau A. war das nicht gelungen. Sie machte Erfahrungen mit Sexualität und Fortpflanzung, die sie nicht als wichtigen Baustein in ihr Selbstbild integrieren konnte, sondern als verhindernd (keine Berufsausbildung wegen der Schwangerschaft) und zutiefst verletzend (Totgeburt) erlebte.

Sich im eigenen Körper wohl zu fühlen ist leider keine weibliche Selbstverständlichkeit. Beschämende Erfahrungen als Frau, in der Bewertung der weiblichen Sexualität und der Körpervorgänge wie Menstruation und Menopause sind eher die Regel als die Ausnahme.

Ein riesiger Markt von Ratgeberliteratur und Hochglanzmagazinen will vermeintlich den Frauen helfen, ihre »Mängel« zu beheben. Gleichzeitig werden aber die Selbstzweifel gefördert, da das Vorgestellte kaum je erreichbar ist. So werden Mangelgefühle permanent reproduziert.

Psychologische Untersuchungen mit gesunden gebildeten Frauen (Daniluk, 1993) bestätigen die Alltagserfahrung, wie sehr die »normale«, alltägliche Weiblichkeitsentwicklung auch durch Negativzuschreibungen im Kontakt mit Institutionen (Ärzten, Kirche, Medien) beeinträchtigt wird. Die »lückenhafte« Wertschätzung von Weiblichkeit setzt sich also über die Kindheitserfahrungen hinaus im sozialen Leben fort.

Integration und Ganzheit sowie Intaktheit des Körperselbst können eben nicht allein mit einer Schwangerschaft erworben werden.

Wenn Schwangerschaft und Geburt so oft als sinnstiftende psychosexuelle Selbsterfahrung dargestellt werden, wird meist von der Tatsache abgesehen, dass die Frauen dadurch nicht nur Mütter werden, sondern *Kinder* bekommen, um die sie sich kümmern müssen, hinter denen die eigenen Wünsche und Bedürfnisse dramatisch zurückzutreten haben, die ein integratives Erleben des Selbst mit Anderen – wie es zum Beispiel in geglückter Partnerschaft und Sexualität möglich ist – sehr häufig erst einmal stören, wenn nicht verhindern. Frau A. jedenfalls wurde durch ihren Kinderwunsch an ihrer eigenen Entwicklung gehindert.

Selbstverständlich finden viele Frauen in der Beziehung zu ihrem Kind auch Akzeptanz und Wertschätzung. Je wichtiger aber das für sie ist, desto größer ist die Wahrscheinlichkeit, dass sich die alte Erfahrung von Unzulänglichkeit und Überforderung wiederholt.

Das Kind als Selbstheilungsversuch erscheint im Licht meiner Erfahrungen mit Paaren, die Eltern geworden sind, überaus problematisch. Statt zur Lösung kommt es zu neuen Problemen, die erst einmal ablenken, aber keinesfalls geringeres Leiden verursachen. Die Überzeugung, eine schlechte Mutter zu sein, verhinderte es für Frau A. zusätzlich, dass sie sich als Frau akzeptieren konnte. Das Gefühl von Integration und Ganzheit, das »Runde«, das viele Frauen vermissen, hängt nicht von Erfahrungen wie Schwangerschaft, Geburt, Stillen oder vom Identitätsbaustein »Elternschaft« ab. Es bleibt gebunden an ein Akzeptieren seiner selbst im Anderssein und im Unperfekt-Sein. In den Worten einer kinderlosen allein stehenden Frau: »Ich muss vor dem Spiegel sitzen, nur ich allein, und sagen, ich mag dich, ich liebe dich und akzeptiere dich genauso, wie du bist.«

UNBEWOHNBAR WIE DER MOND – KINDERLOSIGKEIT ALS KRANKHEIT?

Nach Schätzwerten sind 15 bis 20 Prozent aller Paare in den westlichen Industrienationen ungewollt kinderlos. Däßler zufolge (1995) liegt der Anteil unter zehn Prozent. Ungefähr ein Achtel der kinderlosen Paare suchen medizinische Hilfe. Legt man wie die WHO für die ungewollte Kinderlosigkeit eine Wartezeit von zwei Jahren, bzw. neuerdings nur einem Jahr bei ungeschütztem Geschlechtsverkehr zugrunde, kommt man auf relativ hohe Zahlen. Mindestens 30 Prozent aller Frauen mit letztlich erfülltem Kinderwunsch erleben eine längere, mindestens zwölf Monate dauernde Phase der »Unfruchtbarkeit«. Gemäß der Erfahrung von Gynäkologinnen werden heute schneller als früher nach Absetzen von Verhütungsmitteln und nicht eintretender Schwangerschaft Sterilitätsbehandlungen durchgeführt. Die wegen Kinderlosigkeit ratsuchenden Paare sind zahlreicher geworden. In Mitteleuropa sind ca. sechs bis neun Prozent der Paare kinderlos und wünschen eine Behandlung. Lange wurden die körperlichen Ursachen nur bei der Frau vermutet. Ein Rückfall in die Zeiten, wo die Beteiligung des Mannes am Zeugungsakt unbekannt war? Heute weiß man, dass vielfältige Faktoren auch die Zeugungsfähigkeit des Mannes beeinflussen können und dass diese zahlenmäßig eine immer größere Rolle spielen: in je 40 Prozent der Fälle liegt es am Mann oder an der Frau, in 20 Prozent gibt es kombinierte Ursachen von beiden.

Die Sicht der Mediziner

Das medizinische Vokabular zur Bezeichnung ungewünschter Kinderlosigkeit ist unschön und in der Tendenz entwertend. Zudem klingt es absolut, was die Diagnose nur sehr selten sein kann. Sie ist eine Momentaufnahme mit mehr oder weniger sicherem Aussagewert für die Zukunft. Ich benutze diese Vokabeln nicht gern. Der Kürze halber, und weil es kaum Umschreibungsmöglichkeiten gibt, wird es trotzdem nicht ganz zu umgehen sein: Ungewollte Kinderlosigkeit wird medizinisch als »Sterilität« bezeichnet, wenn dauerhafte Empfängnisschwierigkeiten bestehen und eine Schwangerschaft bei der Frau deshalb nicht möglich erscheint. Weil die Ursachen mindestens so häufig beim Mann wie bei der Frau liegen, wird auch von »Partner- oder Ehesterilität« gesprochen. Als »Unfruchtbarkeit« wird bezeichnet, wenn zwar Schwangerschaften eintreten, aber kein lebensfähiges Kind ausgetragen und geboren werden kann, wenn es also z. B. immer wieder zu Fehlgeburten kommt. Bei Männern, denen es wegen einer Sexualstörung, wegen immunologischer oder hormoneller Störungen nach einem Jahr regelmäßigem Verkehr ohne Verhütung mit ihrer Frau nicht gelang, ein Kind zeugen zu können, wird manchmal von Infertitilität gesprochen. Genauer wäre aber Subfertilität, denn absolut infertil ist ein Mann nur, wenn es nachweislich gar keine Samenzellen im Ejakulat gibt. Da aber eine einzige Samenprobe, die unter Masturbation gewonnen wird, auch nicht unbedingt repräsentativ sein muss für das Sperma des Mannes, bleibt die Diagnose schwierig.

Oftmals führt erst ein Zusammentreffen mehrerer Faktoren bei einem oder bei beiden Partnern zur ungewollten Kinderlosigkeit. Dabei sind auch seelische bzw. partnerschaftlich bedingte Schwierigkeiten – allein oder zusammen mit körperlichen Faktoren – als Konzeptionshindernis wirksam.

Werden eine medizinische Untersuchung und eine Behandlung gewünscht, ist die Zusammenarbeit eines Gynäkologen mit einem Arzt für Männerkrankheiten (Andrologen, Urologen) erforderlich. Begonnen wird meist mit einer Untersuchung der weiblichen Geschlechtsorgane und der Basaltemperatur-Kurve als Hinweis für den Eisprung und mit einem Spermiogramm des Mannes, in dem Beweglichkeit und Anzahl der Spermien untersucht werden. Endokrinologische Untersuchungen können folgen, um den Hormonstatus zu bestimmen, sowie Blutuntersuchungen, um Infektionen auszuschließen.

Die weitergehende Diagnostik sucht nach versteckten Defekten von Spermien, nach Unverträglichkeitsreaktionen der Sekrete, nach chronischen Schadstoffbelastungen und nach beeinträchtigenden seelischen Belastungen.

Körperliche Ursachen

Die wichtigsten körperlichen Ursachen bei der Frau sind:

- Störungen der Eierstockfunktion (Ausbleiben der Regelblutung, Zyklen ohne Eisprung)
- Störungen der Zervixfunktion (organische Veränderungen, hormonelle Fehlregulation, Infektionen)
- Störungen im Bereich der Eileiter (z. B. Undurchlässigkeit nach Entzündungen oder Tubenspasmen)
- Veränderungen an der Gebärmutter (Myome, Missbildungen, Entzündungen nach Empfängnisverhütung mit Spirale)
- körperliche Veränderungen durch Endometriose.

Beim Mann spielen Krampfadern der Hoden und immer häufiger ein Hodenhochstand eine zeugungsverhindernde Rolle. Entzündliche Erkrankungen und genetische Faktoren beeinträchtigen die Samenzellen oder verhindern ihre Bildung. Stresshormone haben Einfluss auf den Testosteronspiegel und auf die Samenzellbildung.

Umweltfaktoren

Untersuchungsergebnisse weisen darauf hin, dass die Zahl der beweglichen Spermien in der Samenflüssigkeit innerhalb von 20 Jahren um ein Viertel zurückgegangen ist und auch die Qualität der Spermien nachgelassen hat.

In den letzten 30 bis 40 Jahren hat sich das Vorkommen von Hodenhochstand verdoppelt, Entwicklungsanomalien der Fortpflanzungsorgane bei jungen Männern sind häufiger geworden, was mit Xenoöstrogenen, z. B. intrauterin einwirkenden Hormonen aus dem Trinkwasser, in Verbindung gebracht wird.

Auch Hinweise auf die fruchtbarkeitsschädigende Wirkung von Umweltgiften wie Blei oder Quecksilber, Lösungsmitteln, Konservierungs- oder Pflanzenschutzmittel sind alarmierend, weil diese Schadstoffe durch den einzelnen schwer kontrollierbar sind. Sie können auf den Hormonhaushalt einwirken und zu Fehlbildungen der Spermien, zu ihrer Unbeweglichkeit und zu mangelnder Spermiendichte in der Samenflüssigkeit führen. Pentachlorphenol und Cadmium begünstigen Totgeburten.

Klimatische Faktoren (tropische Hitze, ungewohnte Aufenthalte in Höhenlagen) können sich negativ auswirken. Die chronische Einnahme von Giftstoffen (Barbiturate, Alkohol, Nikotin, Morphium) kommt ebenfalls als Ursache in Betracht. Auch wer mehr als einen Liter Kaffee zu sich nimmt, kann offenbar dadurch seine Chancen, innerhalb der nächsten Monate schwanger zu werden, um die Hälfte verringern im Vergleich zu Frauen, die kein Koffein zu sich nehmen. Auch Leistungssport wirkt zeugungs- und empfängnisverhindernd. Eine medizinische »Kinderwunschbehandlung« ohne Abklärung der Lebensweise und Umweltbelastung ist daher fragwürdig.

Eine besondere Rolle spielen Essstörungen. Sowohl Über- als auch Untergewicht vermindern die Möglichkeit, schwanger zu werden. Vielen Frauen könnte allein schon dadurch geholfen werden, dass sie einige Kilo zu- oder abnehmen.

Außergenitale Krankheitsursachen

Bei Störungen der Schilddrüse, Nebennierenrinde und Hypophyse, bei Tumoren oder Stoffwechselstörungen (z. B. Diabetes) wird – soweit möglich – die Grundkrankheit behandelt. Unfruchtbarkeit oder Sterilität können ihre Ursache auch in schweren systemischen Erkrankungen haben, eine Bestrahlungsfolge nach einer Krebsbehandlung sein oder die Folge einer notwendig gewordenen Operation. Hier erschwert oft die seelische Belastung durch die primäre Erkrankung zusätzlich die Verarbeitung der Kinderlosigkeit. In solchen Fällen wird das Kind oft als Symbol für das Prinzip Leben besonders gewünscht und vermisst.

Sexualstörungen

Offene Sexualstörungen sind z. B. das Vermeiden des sexuellen Kontakts, Vaginismus (Scheidenkrampf) und Impotenz. Auch Beeinträchtigungen der sexuellen Erlebnisfähigkeit oder depressive Verstimmungen können Empfängnisstörungen nach sich ziehen. Die Beziehung und das emotionale Klima innerhalb der Partnerschaft sind wichtige Faktoren für die Fruchtbarkeit eines Paares.

Tief unbewusste Ängste und Konflikte können zu verdeckten Sexualstörungen führen. Das sind »wirkliche Geheimnisse, welche das Ehepaar sogar vor sich selber verbirgt. Es weiß im reflektierenden Bewusstsein nichts von der Kontaktstörung oder der Angst vor einem Kind; es weiß auch nichts von den geheimen Verhaltensweisen beim Verkehr.« (Molinski, 1981, S. 281)

Vielleicht ist es aber auch gar nicht so sinnvoll, von »Sexualstörung« zu sprechen. Wenn man den Menschen nicht wie eine Maschine betrachtet, ist jede Sexualstörung auch eine Beziehungsstörung zwischen den Partnern. In jedem Fall geht es dabei um mehr als um die Wiederherstellung einer quasi defekten Funktion.

Seelische Ursachen

Systematische Untersuchungen über den Anteil an seelischen Ursachen für eine ausbleibende Schwangerschaft liegen bislang nicht vor. Je nach fachlicher Ausrichtung wird dieser Anteil sehr unterschiedlich eingeschätzt. Nach einer Untersuchung von Stauber liegt er bei 28 Prozent (Winkhaus, 1981, S. 293). Da auch die beschriebenen körperlichen Faktoren großenteils seelisch beeinflusst werden können, wäre dieses Ergebnis durchaus plausibel. Generell wird der psychische Anteil aber eher heruntergespielt und z. T. auf den Anteil der reinen Sexualstörungen reduziert. Am häufigsten wird ohne empirischen Beleg eine Zahl von fünf bis zehn Prozent angegeben. Die Ergebnisse der bisher durchgeführten Studien sind jedenfalls insgesamt überaus widersprüchlich (Strauß, Brähler, Kentenich, 2004, S. 24f.). Für eine psychische Beteiligung sprechen gute Ergebnisse bei rein psychologischen oder psychosozialen Interventionsprogrammen bei ungewollt Kinderlosen sowie eine Katamnesestudie an 413 Frauen, die Kemeter (1993) durchgeführt hat: Elf Prozent der Frauen waren nach In-vitro-Fertilisation schwanger geworden, 8 Prozent nach heterologer Insemination, nach psychosomatisch orientierter Beratung immerhin 30 Prozent. 17 Prozent der Frauen waren spontan schwanger geworden, also ohne jede Behandlung. 69 Prozent von ihnen führten die Spontanschwangerschaft auf verminderten psychischen Druck (durch innere oder äußere Ursachen) zurück.

Wissen um jeden Preis?

> Der Druck auf Kinderlose wird noch verstärkt durch die neuen Reproduktionstechnologien, die längst akzeptiert sind. Aber nicht nur das: Ihr Einsatz wird geradezu erwartet.
> Umso tiefer war stets das Unverständnis darüber, dass ich die genauen Ursachen unserer Kinderlosigkeit gar nicht wissen wollte.
>
> Christiane Grefe, ZEIT-Reporterin

So wichtig bei den oben erwähnten schweren körperlichen Erkrankungen eine Diagnose und Behandlung ist: Wenn keine solche Grunderkrankung vorliegt, sondern lediglich die Funktion der Fortpflanzungsorgane beeinträchtigt ist, kann das Wissenwollen bereits zu Schwierigkeiten führen. Wer sich gynäkologisch oder andrologisch untersuchen lässt, um nach körperlichen Ursachen für seine Kinderlosigkeit zu fahnden, sollte sich über die seelischen Konsequenzen einer möglichen Diagnose vorher im Klaren sein. Es kann nämlich geschehen, dass dadurch aus einem gesunden Menschen mit einem unerfüllten wichtigen Wunsch plötzlich ein Patient wird, mit dem etwas ganz Zentrales nicht stimmt und der sich deshalb gedrängt fühlt, weitere Untersuchungen und mehr oder weniger eingreifende Behandlungen über sich ergehen zu lassen. Auf diese Weise wird das Gefühl des Nicht-in-Ordnung-Seins immer weiter verstärkt.

Bei etwa 15 Prozent aller Paare, bei denen keine Schwangerschaft eintritt, können weder körperliche Ursachen, noch chronische Schadstoffbelastungen oder offensichtliche psychische Auffälligkeiten für die Kinderlosigkeit festgestellt werden. Köhn und Schill (2000) gehen in der Praxis sogar von mindestens 30-40 Prozent »idiopathischer« Sterilität ohne erkennbare Ursache aus.

Möglicherweise führt aber auch eine scheinbar »erfolgreiche« medizinische Suche nach körperlichen Ursachen der Kinderlosigkeit in eine Sackgasse. Zu wissen, woran »es« im Körperlichen liegt, bedeutet ja keineswegs immer, dass das Problem auch medizinisch »gelöst« werden kann. Vermutlich werden sich in Zukunft immer mehr Männer reproduktionstechnologischen Maßnahmen unterziehen, womit auch die Häufigkeit der psychischen Belastungen durch diese Maßnahmen zunehmen wird.

Auf einer Veranstaltung erzählt beim Eingießen des Weins einer der Gäste, er sammle Wein dieses Jahrganges und des darauffolgenden, das seien die Geburtsjahre seiner Kinder. Daran könne man sehen, dass er erst sehr spät Vater geworden sei.»Meine Frau und ich wollten wohl Kinder, aber es hat nicht geklappt.« Schließlich habe er bei einem befreundeten Arzt eine Spermaprobe abgeliefert. Einige Tage später habe der angerufen und gespottet:»Mit so was willst du Kinder machen!?« Nach einer medikamentösen Behandlung sei es dann zu einer Schwangerschaft gekommen und kurz darauf noch einmal – ungeplant. Das erzählt er zwar seufzend, aber durchaus nicht ohne Stolz. Wo das erste Kind so lange auf sich warten ließ, wurde das zweite, das spontan kam, wohl trotz der Beschwernisse als eine Art Wiedergutmachung empfunden.

Selten genug, dass ein Mann seine Zeugungsbemühungen souverän als burleskes Tischgespräch zum Besten gibt. Zu fragen bleibt: Wie hätte es wohl in ihm ausgesehen, wenn der Arzt nicht so leicht hätte helfen können?

Stauber, selbst in der Fortpflanzungsmedizin erfahrener, leitender Arzt, stellt fest, dass bei Männern mit pathologischem Spermiogramm der Befund eine kaum zu verarbeitende Kränkung darstellt. Mit zunehmender Gewissheit, dass sie keine Kinder zeugen können, traten bei 29 Prozent der Untersuchten funktionelle Sexualstörungen auf. Solche nicht organisch bedingten sexuellen Störungen waren damit bei einem runden Drittel dieser Männer der Preis für das Wissen. Für sie traf nach den Untersuchungen dann auf tragische Weise zu, was als Vorurteil in vielen Köpfen spukt: Wer kein Kind zeugen kann, ist kein potenter Mann. Hätten diese Männer es offen lassen können, ob sich ein Kind einstellen kann oder nicht und was die Gründe sind: Die Wahrscheinlichkeit wäre groß, dass sie zumindest ein befriedigendes sexuelles Leben hätten führen können.

Bei jeder Untersuchung und Diagnose, die eingeholt wird, besteht nicht nur eine Chance, dass geholfen werden kann, sondern auch das erhebliche Risiko, dass trotz aller Bemühungen Kinder ausbleiben. Was dann? Wenigen Paaren gelingt es, einfach wieder an den vorherigen Zustand anzuknüpfen. Die Gefahr, dass es zu Schuldzuschreibungen kommt, ist groß. Gegenseitige Vorwürfe, aber auch Selbstvorwürfe und Herabsetzung des eigenen Werts, Schuld- und Schamgefühle sind oft nicht mehr zu vermeiden, wenn auf der Ebene der Körperfunktionen klargestellt scheint, bei wem und woran »es« liegt.

Auch wo ärztlicherseits keine Hoffnung auf eine Schwangerschaft gemacht werden kann, gibt es spontan eintretende Schwangerschaften. Bei »ungeklärter Sterilität«, wenn keine Ursache für die ausbleibende Schwangerschaft gefunden wurde, ist ohnehin nicht auszuschließen, dass unerkannte Belastungsfaktoren eine Rolle spielen können, bei deren Wegfallen dann auch noch ein Kind kommen kann. Bei Paaren mit ungeklärter Sterilität gibt es in 14 bis 20 Prozent der Fälle innerhalb eines Jahres eine spontane Schwangerschaft. Und selbst bei stark verminderter Spermienanzahl kommt innerhalb von fünf Jahren noch in zwölf Prozent der Fälle eine spontane Schwangerschaft zustande.

Da der Fortpflanzungsbereich weitgehend unkontrollierbar ist und kaum »im Griff« gehalten werden kann, empfiehlt es sich, sich so gut es geht mit dem unerfüllten Kinderwunsch einzurichten und das Leben so genussvoll und zufriedenstellend wie möglich weitergehen zu lassen.

Dem Unbewussten eine Chance

> Manche Eltern werden unbewohnbar, oder ihre Möglichkeiten der Empfängnis sind in hohem Maße gefährdet. Ein Unfall oder eine Krankheit können ebensogut die Ursache sein, wie ein Nicht-Wollen, das dermaßen maskiert ist, dass sie selber außerstande sind, es zu identifizieren. Diese Unbewohnbarkeit verursacht ihnen oft ein sehr schmerzliches Gefühl von Minderwertigkeit und Verlassenheit.
>
> *Jeanne Vandenbrouck*

Zeugung und Geburt als Schnittstelle von Leben und Tod sind ein hervorragender Ankerplatz für unausgesprochene und teilweise auch unbewusste Konflikte.

Wo keine körperliche Erkrankung vorliegt und sich trotzdem Seelisches in einer Körperstörung ausdrückt, der Körper also gewissermaßen ein Geheimnis verbirgt, müsste die Botschaft in eingehender Spurensuche ins Seelische zurückgeholt werden, bevor sie verstanden werden kann. Kinderlosigkeit kann so auch als körperlicher Schutzmechanismus betrachtet werden, der vor seelischer Überforderung schützen soll.

Bei sekundärer Unfruchtbarkeit, dem Nicht-Kommen des zweiten oder eines weiteren Kindes, liegen die Gründe manchmal recht offen zutage. Die Eltern, die bereits ein Kind haben, kennen die Belastungen, die durch Geburt und Säuglingszeit auf sie zukommen. Das zweite Kind wird möglicherweise als Rivale für das erste erlebt, man möchte dem Erstgeborenen die Treue halten, fürchtet, beiden nicht gleichermaßen gewachsen zu sein, eine weniger gute Mutter, ein weniger guter Vater sein zu können. Zudem berichten viele Eltern, dass ein Sich-Einlassen auf ein zweites Kind auch noch einmal eine Nagelprobe für die Partnerschaft darstellt: »Mit einem Kind könnte ich es notfalls noch alleine schaffen, mit zweien nicht mehr.« Auf diese Weise wird ein besonderes Angewiesensein auf den Partner erlebt: Trennung oder Scheidung sind aufgrund des nötigen Potentials an Lebensenergie und der aufzubringenden finanziellen Mittel viel weniger denkbar als zuvor. Die Frage nach der Berufstätigkeit beider Partner (meist der Frau) stellt sich neu und in vielen Berufen ultimativ. Das wird oftmals Verzicht auf Freiheits- und Karriereoptionen bedeuten. Wie kann man (frau) damit emotional klarkommen? Werden vielleicht bei aller Freude über das neue Kind Gefühle des »In-der-Falle-Sitzens« aufkommen? Und wer könnte garantieren, dass es überhaupt noch einmal so gut geht wie beim ersten Mal? Diese und andere Befürchtungen brauchen nicht bewusst zu sein. Im Gegenteil, je untergründiger sie wirksam sind, desto gründlicher tun sie oft ihre »unerwünschte« empfängnisverhütende Wirkung.

Im körperzentrierten gynäkologischen Alltag gerät leicht aus dem Blick, dass das Nicht-Können ein geheimes Nicht-Wollen sein könnte, mit ebenfalls ernstzunehmenden Ursachen, die aber (noch) unbekannt sind.

Signale aus dem Innenraum

Seelisch bedingte ungewollte Kinderlosigkeit kann als zunächst ganz unerwünschter, aber letztlich hilfreicher Dienst des Körpers an der Seele betrachtet werden. Der oft nach außen hin eindeutige Wunsch nach einem Kind schließt nämlich nicht aus, dass untergründige Befürchtungen und Gegentendenzen bestehen, die der einfachen bewussten Überlegung nicht zugänglich sind. Unbewusste Konflikte oder untergründige Emotionen wie Angst oder Aggression können aber die Funktion der Fortpflanzungsorgane bei Mann und Frau beeinträchtigen. Störungen der Geschlechtsidentität und der weiblichen Identifizierungen schaffen sich in Körpersymptomen, als Störungen im Bereich der Sexualität bei Männern und Frauen, als Unterleibsbeschwerden u. ä. m. eine unbewusste »Körpersprache« für ungelöste Probleme.

Auch später können sich noch Konflikte aus der Weiblichkeitsentwicklung in Krankheits- und Beschwerdebildern zeigen, z. B. im Bereich von Schwangerschaftsbeschwerden, Geburtskomplikationen und psychischen Erkrankungen nach der Geburt eines Kindes. Besonders schwerwiegend wegen ihrer Langzeitfolgen für die Mutter-Kind-Beziehung und die kindliche Entwicklung wirkt sich die postpartale Depression aus. Den depressiven Erkrankungen im Wochenbett in ihren verschiedenen Ausprägungformen, vom harmlosen »Babyblues« bis zur depressiven Psychose, wird noch immer nicht genügend Aufmerksamkeit geschenkt. Aus der Vorstellung heraus, eine Frau müsse mit ihrem Baby glücklich sein, unterbleibt dann wichtige Hilfe.

Menschen, die sich überaus stark Kinder wünschen, stellen sich meist eher die angenehmen Seiten des Lebens mit einem Kind vor. In der Praxis sehe ich dann immer wieder aufs neue, wie es trotz professioneller Hilfe oft sehr lange dauert, bis die familiären Belastungen im Falle der erwähnten Komplikationen verarbeitet werden können. In der Paarbeziehung ist natürlich *nach* der Geburt eines Kindes weit weniger Spielraum, an unbewältigte Schwierigkeiten heranzugehen.

Stress

Die Fruchtbarkeit eines Paares ist keineswegs nur von der Intaktheit der Fortpflanzungsorgane abhängig. Körperliche Funktionsstörungen sind sehr oft Ergebnis seelischer Belastungen. Die Beziehungen zwischen Stressauslösern und Gesundheit sind komplex. Die Erregung des Sympathischen Nervensystems steht mit dem endokrinen System, das für die Hormonausschüttung verantwortlich ist, in enger Verbindung. Diese Systeme haben Auswirkungen auf das Fortpflanzungspotential (Hurst und Dye, 2000). Auch Nerven- und Immunsystem beeinflussen sich gegenseitig. Dass bestimmte immunologische Formen der männlichen Subfertilität auf Stress beruhen können, ist damit so einleuchtend wie der Zusammenhang zwischen Spermaqualität und dem psychosozialen Stress, dem Männer sich ausgesetzt fühlen: Beweglichkeit, Anzahl und Beschaffenheit der Samenzellen leiden unter diesen Stressempfindungen. Bei der Frau beeinträchtigen Verkrampfungen der Eileiter deren Durchlässigkeit. Dies kann wie ausbleibender Eisprung und andere Zyklusstörungen neurovegetativ verursacht sein. Dass Stress und gerade unbewusste, tiefer liegende seelische Belastungen die Fruchtbarkeit in vielfältiger Weise beeinträchtigen können, ist in der gynäkologischen Alltagspraxis plausibel, wenn auch wissenschaftlich im Detail nur mit sehr großem Aufwand nachzuweisen.

Man kann annehmen, dass die Auswirkungen von Stress auf die Gesundheit auch mit Persönlichkeitsunterschieden und Bewältigungsressourcen zusammenhängen.

Andersherum und etwas salopp ausgedrückt: Sensible Menschen haben eingebaute psychosomatische Sicherungen, die eine weitere Überforderung durch Schwangerschaft, Geburt und Kinderaufziehen verhindern, auch wenn sie sich über diese Belastungen nicht im Klaren sind und sie die Fortpflanzung nur als freudiges Ereignis ansehen.

Wenn der Bauch es besser weiß

Neben dem Wunsch und der Freude sind im Normalfall auch die schwierigen Seiten mit einem Kind vorstellbar und spürbar: die

Angst vor der Geburt, vor materieller und emotionaler Überforderung. Vielen Menschen, die ungewollt kinderlos sind, ist jedoch ihre Ambivalenz, das geheime Nicht-Wollen, völlig unbewusst. Werden die Gegengründe gegen ein Kind hartnäckig geleugnet, ist dies oft gerade ein Hinweis darauf, dass unerkannte seelische Ursachen als Schutzmaßnahmen die Schwangerschaft verunmöglichen, weil seelisch das Für und Wider nicht verarbeitet werden kann. Wie oft die Seele hier mitspricht, wird sehr uneinheitlich beurteilt. Und unter Fertilitätsspezialisten ist es fast üblich geworden, die seelischen Faktoren als irrelevant anzusehen. Es ist auch tatsächlich nicht sinnvoll, bei idiopathischer Sterilität, wenn keine körperlichen Gründe vorliegen, automatisch von psychisch bedingter Kinderlosigkeit auszugehen. Manchmal ist es vielleicht nur deshalb nicht möglich, körperliche Ursachen zu benennen, weil sie noch nicht bekannt sind. Das war z. B. bei Fehlgeburten aufgrund von Chromosomen-Anomalien lange der Fall. Andererseits wirken wie beschrieben seelische Ursachen auf sehr viele körperliche Faktoren bei der Fortpflanzung ein. Depressive Stimmungslagen und beeinträchtigte sexuelle Erlebnisfähigkeit können sowohl Ursache als auch Folge eines unerfüllten Kinderwunsches sein, das lässt sich oft gar nicht mehr auseinander halten. Beides kann sich wechselseitig verstärken. In solchen Fällen besteht der bewusste Wunsch nach einem Kind, und der Körper verweigert diesen Wunsch. Der Bauch will es besser wissen. Weiß er tatsächlich mehr? Und welche Botschaft haben die Jahre in ihn eingeschrieben?

Aus den Therapieberichten über Frauen, die ohne Erkrankung der Fortpflanzungsorgane ungewollt kinderlos bleiben, wird dramatisch deutlich, dass sie sehr häufig Eltern hatten, denen sie als Mädchen unerwünscht oder als weiteres Kind zuviel waren. Mit anderen Worten, ihnen fehlten wichtige Entwicklungsvoraussetzungen bei der Entstehung des »Kindes im Kopf«, wie ich sie in den Anfangskapiteln beschrieben habe. Oft sind sie nicht in ihrer Eigenständigkeit, als Personen im eigenen Recht, wahrgenommen worden.

Wir können als sicher annehmen, dass Partnerschaft, viel mehr aber noch Elternschaft bei allen Menschen frühe Abhängigkeits- und Autonomiekonflikte wieder belebt. Neben dem Wunsch, sich darauf einzulassen, wird die große frühkindliche existentielle Angst wieder wach, allein zurückgelassen zu werden von einem Menschen, dem man sich zutiefst verbunden hat und von dem man sich überaus abhängig fühlt. Abhängigkeit von einem Kind und durch ein Kind macht Angst. Die Angst, sich abhängig zu machen, ist insbesondere bei Frauen groß, die in ihrer frühen Kindheit die Scheidung der Eltern oder andere einschneidende Trennungserfahrungen erleben mussten; in einer Zeit, in der Wegsein noch mit Totsein gleichgesetzt wird, weil sich das Kind nicht vorstellen kann, dass jemand weiterhin lebt und wiederkommen kann, den es nicht sieht. Männer waren oft ähnlichen Schwierigkeiten in ihrer Kindheit ausgesetzt, haben aber allgemein bessere Voraussetzungen zur Wahrung ihrer Autonomie. Es ist leicht einsehbar, dass gerade Frauen angesichts eines meist real gegebenen Autonomieverlustes mit beruflichen Einbußen und einer auf den Mann angewiesenen Lage, mit solchen Ängsten und Konflikten zu kämpfen haben. Diese Abhängigkeitsängste sind schwer zu tolerieren, wenn viel für die Entwicklung der eigenen Autonomie investiert worden ist. Frauen haben daher immer weniger die Bereitschaft, Karriereeinbußen hinzunehmen und im Falle einer Trennung als Alleinerziehende ein ökonomisch karges Leben zu fristen. Männer fürchten im Falle einer Scheidung, sich von ihren Kindern trennen zu müssen und trotzdem finanziell auszubluten.

Ein forciert pragmatisches oder unabhängiges Verhalten kann diese Angst oberflächlich absichern, der untergründige Stress bleibt dabei aber erhalten. Er kann neurovegetativ wirksam sein, ohne dass den Betreffenden dies bewusst ist. Seelische Dauerbelastungen und ungünstige Einflüsse müssen den Betroffenen gar nicht mehr auffallen: seit langem Gewohntes kommt einem am Ende ganz selbstverständlich vor.

Auch seelische Verletzungen wie z. B. nach Misshandlungserfahrungen und sexuellen Übergriffen werden aus dem Bewusstsein ausgeschlossen, damit die Betroffenen weiterleben können, ebenso bleiben unlösbare Konflikte den Betroffenen oft verborgen.

Das Ausbleiben des Eisprungs, Tubenspasmen bei der Frau, geringere Spermienzahl oder das Fehlen von Spermien, solche Störungen, wenn sie zentralnervös gesteuert sind, sind prinzipiell nach der Auflösung dieser Belastungen, die im beruflichen oder privaten Bereich, in der Gegenwart oder der Vergangenheit ihre Wurzel haben können, reversibel. Die im Körperlichen verschlüsselte Botschaft aufzudecken setzt aber allemal zuerst das Kräftigen der

Seele voraus, und das braucht Zeit. Die Aufhebung des Leidens kann jedenfalls nicht allein in der Geburt eines Kindes liegen, auch wenn die Berichte über erfolgreiche Psychotherapien manchmal den Eindruck nicht vermeiden, als seien Schwangerschaft und Mutterschaft von Frauen für sich genommen ein Therapieziel. Allenfalls kann eine Geburt das äußere Zeichen oder das letzte Glied in einer Kette seelischer Veränderungen darstellen.

Dabei hat dann das Stolpern über den unbefriedigten Kinderwunsch auch sein Gutes: Er kann zur Klärung führen, indem Paare eine psychosomatische Beratung suchen oder wenn Männer oder Frauen auf diese Weise zur Einholung psychotherapeutischer Hilfe veranlasst werden. Durch die Kinderlosigkeit haben vor allem Frauen eher die Chance und den Freiraum, Lösungsformen zu entwickeln, die ihrem individuellen Lebenslauf angepasst sind. Frauen, die bei ähnlicher Konfliktlage vor einer Klärung Kinder bekommen, brauchen später oft Jahre, um die überaus leidvollen Folgen zu verarbeiten, weil es ihr Bauch eben nicht »besser wusste«.

Nachhilfe für das Glück – Zauberlehrlings Dilemma

> Über das Leben wird verfügt, statt dass man sich ihm zur Verfügung stellt.
>
> *Joseph Duss-von Werdt*

Manchen potentiellen Eltern ist die Vorstellung, dass sie vielleicht »unbewohnbar« sein könnten, zu schmerzlich. Sie unternehmen deshalb große Anstrengungen, um diesen Schmerz nicht zu spüren und um ihrem Kinderwunsch auch in der Realität Geltung zu verschaffen.

Das Paar, das sich ein Kind wünscht und dazu Hilfe in Anspruch nehmen möchte, sollte sich in jedem Fall Zeit nehmen, seine Beweggründe zu überdenken. Ein solcher Prozess braucht Zeit. Wer glaubt, diese Zeit nicht mehr zu haben, wer in Torschlusspanik handelt, hat kaum den nötigen Abstand und die Fähigkeit, nach dem Für und Wider zu fragen. Oftmals gibt eine gynäkologische Empfehlung den Ausschlag, weil die Fertilitätstechnologien an jüngeren Paaren erfolgreicher sind, so dass ein Zeitdruck entstehen kann. Oft steckt hinter dem Handlungsdruck aber auch der unerfüllbaren Wunsch, noch einen Rest Kontrolle über die unerwartet unbeherrschbaren Zeugungsvorgänge zu erhalten.

Die Kunst der Befruchtung

> *Wahrscheinlichkeit* ist eine Chimäre, ihr Kopf ist wahr, ihr Schwanz ist scheinlich.
>
> *Vilém Flusser*

Die Techniken der Reproduktionsmedizin werden kurz als ART (Assisted Reproduction Technologies) bezeichnet. Neben der verbreiteten Hormonbehandlung zur Eierstockstimulation bei der Frau und der (immer selteneren) medikamentösen Behandlung bei Fruchtbarkeitsstörungen des Mannes werden überwiegend folgende Techniken angewandt: Gameten- bzw. Embryotransfer in den Eileiter, In-vitro-Fertilisation (IVF) mit Embryotransfer in die Gebärmutter und ICSI (intracytoplasmatische Spermien-Injektion), bei der zur extrakorporalen Befruchtung ein Spermium direkt ins Ei injiziert wird. Dies kann u. U. eine Befruchtung in Fällen ermöglichen, wo sich beim Mann kaum noch zeugungsfähige Spermien finden lassen. Bei Embryonen von älteren Frauen oder aus eingefrorenen Eizellen kann die Eihülle des Embryos mit einem Laser angeritzt werden, damit der Embryo die Eihülle vor dem Einnisten in die Gebärmutter leichter abstreifen kann. Das nennen die Mediziner »Assisted Hatching« (Schlüpfhilfe). Eine weitere neue Methode (die erste Geburt eines so gezeugten Babys fand im Dezember 2005 statt) ist die In-Vitro-Maturation, bei der unreife Eizellen außerhalb des weiblichen Körpers zur Nachreifung gebracht werden, um dann dort extrakorporal befruchtet zu werden.

Die Angaben zu Erfolgsquoten der verschiedenen Behandlungsmöglichkeiten widersprechen sich oft. Zudem werden bei den »Erfolgen« immer auch eine Anzahl spontaner Schwangerschaften mitgezählt, von Paaren also, die auch ohne Beratung oder Behandlung innerhalb dieses Zeitraums ein Kind bekommen hätten.

Bei Paaren mit ungeklärter Infertilität tritt auch ohne Behandlung in 14 bis 20 Prozent der Fälle eine Schwangerschaft innerhalb eines Jahres ein (Köhn und Schill 2000). Die Aussichten sind auch hier erwartungsgemäß am besten, wenn die Partnerin unter 30 Jahre alt ist.
Der europäische Durchschnitt erzielter Schwangerschaften pro Embryotransfer lag 2002 bei 25 bis 30 Prozent (Andersen et al., 2006). So beachtlich das klingt, es bedeutet, dass bis zu drei Viertel der Versuche fehlschlagen. Zwar kommt es vor, dass sich ein Zentrum für einzelne besonders gute Jahre eine Erfolgsquote von 40 Prozent (m. E. bei mehreren Versuchen) zuschreibt. Die Gründe werden nicht genannt, möglicherweise abhängig vom günstigen jungen Alter der Frauen. Zu fragen ist bei diesen Statistiken jeweils, was als »Erfolg« gilt. Maßgeblich ist die »Lebendgeburtrate«. Eine realistische Bilanz aus unabhängigen Studien sieht so aus, dass 17 (IVF) bis höchstens 22 (ICSI) Prozent der Frauen neun Monate nach einem In-vitro-Fertilisationsversuch ein lebendes Kind zur Welt bringen (HFEA-Report nach Felder, Goldschmidt und Brähler, 2002). Das deutsche IVF-Register gibt für 2001 als »Baby-Take-Home-Rate« 13,4 (IVF) und 14,6 (ICSI) Prozent an. Würde man noch jene Schwangerschaften abziehen, die auch ohne medizinische Eingriffe spontan entstanden wären, läge die Quote noch einmal niedriger.

Nicht ohne Risiko

Die *Gewinnung von Eizellen aus dem Ovar oder von Spermien* für die ICSI aus den Hoden oder Nebenhoden sind mikrochirurgische, d. h. in den Körper im Grunde verletzend eingreifende Maßnahmen. Auch die *außerkörperliche Befruchtung (In-vitro-Fertilisation)* selbst und die Einführung von Keimzellen in die Eileiter (intratubarer Gametentransfer) sind invasive ärztliche Methoden zur künstlichen Herbeiführung einer Schwangerschaft.

Ohne Nebenwirkungen ist keine der Behandlungen, und selbst die *homologe Insemination* (die Befruchtung der Frau mit den Samenzellen ihres Mannes) kann in Frage gestellt werden: Sie wird vielfach bei einer offenkundigen oder versteckten Sexualstörung in einer schwierigen Partnerbeziehung durchgeführt und damit in einem emotionalen Feld, das vielleicht besser ohne Kinder bliebe.

»Wenn der Arzt hier eine Insemination durchführt, durchbricht er eine Schutzfunktion.« (Molinski, 1981, S. 285) Mir selbst haben Eltern nach der Geburt eines so gezeugten Kindes berichtet, wie sie Zwangsgedanken, das Kind töten zu müssen, entwickelten. Die als einfach und erfolgreich geltende *hormonelle Eierstockstimulation* ist mit belastenden, z. T. auch gefährlichen Nebenwirkungen verbunden und hat gehäuft Mehrlingsschwangerschaften zur Folge. Diese bedeuten (auch bei Zwillingen) besonders in Verbindung mit Früh- und Totgeburten ein hohes Risiko für die Mutter, aber auch für die körperliche und seelische Entwicklung der überlebenden Kinder.

> Wiederkehrende Zeitungsmeldungen über spektakuläre Mehrlingsgeburten stimmen nachdenklich: So wurde 1989 die 29-jährige Marie Claude Adam mit Zehnlingen schwanger. Im Interesse der Frau und der Kinder wurden vier der Embryos im frühen Entwicklungsstadium abgetötet. Sechs habe Frau Adam unbedingt behalten wollen. Das Geburtsgewicht der Sechslinge mit »guten Überlebenschancen« lag zwischen 1.320 und 1.490 Gramm. Zwei mussten künstlich beatmet werden, die anderen kamen in »normale« Brutkästen.

Bereits bei Drillingen ist die Sterblichkeit um die Geburt herum zehnmal höher als bei Einlingsschwangerschaften. Totgeburten können für Eltern und überlebende Geschwistern eine erhebliche seelische Belastung bedeuten. Bei Mehrlingen, die zu früh geboren werden, sind außerdem die Spätschäden deutlich erhöht. Der hohe Prozentsatz von Frühgeburten führt bei IVF-Kindern zu erhöhtem Risiko für Früh- und Spätschäden. Auffälligkeiten in der Entwicklung dieser Kinder hängen denn auch vor allem mit Untergewichtigkeit oder Frühgeburtlichkeit zusammen (Kentenich, 1992). Generell sind die Schwangerschaften bei ICSI und IVF kürzer und das Geburtsgewicht dieser Kinder ist niedriger (De Geyter et al., 2006).

Falls es aufgrund der Behandlung zu einer Schwangerschaft kommt, bestehen also noch erhöhte Risiken für Leben und Gesundheit von Mutter und Kind. Frauen, die durch IVF oder ICSI schwanger werden, erleiden fast doppelt so häufig eine Fehlgeburt (15 Prozent, nach anderen Quellen sogar 26 Prozent statt acht Prozent), bei vier bis neun Prozent entsteht eine gefährliche Eileiterschwangerschaft. Häufiger als im Durchschnitt kommt es zu schwangerschaftsbedingtem Bluthochdruck, ein behandlungsbedürftiges Schwangerschaftserbrechen ist um ein vielfaches häufi-

ger. Die Schwangerschaftsbeschwerden sind insgesamt zahlreicher und es gibt mehr Klinikaufenthalte während der Schwangerschaft. Die Geburten sind oft komplizierter als im Durchschnitt zu erwarten. Kaiserschnittentbindungen kommen bis zu dreimal häufiger vor.
In jüngster Zeit gibt es immer wieder Berichte von Fachleuten über vermehrte Gesundheitsschäden nach künstlicher Befruchtung, so z. B. dass Kinder, die mit ICSI gezeugt wurden, um ein vielfaches anfälliger sein können für bestimmte Missbildungen wie Lippen-Kiefer-Gaumen-Spalte oder Herzdefekte. Möglicherweise hat der Stich in die Eizelle für die Entwicklung des Embryos negative Folgen. Dass auch das Einfrieren (Kryokonservierung) von Sperma oder (befruchteten) Eizellen die embryonale Entwicklung stört bzw. negative Effekte auf das Erbgut hat, ist gegenwärtig ebenfalls nicht auszuschliessen. Anzunehmen ist auch, dass eine anfängliche Reifung außerhalb des Uterus weniger günstige Bedingungen für den Embryo schafft. Auch hier gibt es Hinweise auf mögliche Risiken, die letztlich ungeklärt sind.

Behandlung oder Experiment?

Da nicht die eigentliche Ursachen der ungewollten Kinderlosigkeit behandelt werden und da die angewandten Technologien eine solch niedrige Erfolgsrate haben, kann man fragen, ob es sich überhaupt um eine Behandlung im medizinischen Sinne handelt.

Paare, die an ihrem unerfüllten Kinderwunsch leiden, erhoffen sich Hilfe von den Möglichkeiten der Fertilitätsmedizin. Freundlich und fügsam unterziehen sie sich den vorgeschlagenen Prozeduren, unterschwellig können unterdrückter Ärger und Enttäuschung aber genau den Stress auslösen, der wieder eine Schwangerschaft verhindert oder zu Fehlgeburten führt. Die Spirale aus immer aufwändigeren Behandlungen und immer geringeren Aussichten auf eine Schwangerschaft entsteht. Der seelische Druck auf die Beteiligten und auf die Partnerschaft ist erheblich, auch die großen körperlichen Belastungen der Behandlung sind unbestritten. Längst nicht alle Paare sind dem gewachsen. Werden drei IVF-Versuche durchgeführt, brechen in den ersten beiden Zyklen jeweils über ein Viertel ab, im dritten Zyklus liegt die Aussteigerquote sogar bei über 66 Prozent (Land et al., 1998).

Allgemeine ärztliche Richtlinien dafür, wann eine Fertilitätsbehandlung beendet werden sollte, gibt es nicht. Meist werden drei IVF-Versuche durchgeführt. In jedem Falle ist es ratsam, wenn sich das Paar, alleine oder im Gespräch mit einem Arzt oder Psychotherapeuten seines Vertrauens, eine Grenze für die Behandlung setzt, über die hinaus keine weitere »Assistenz« beim Kinderkriegen gesucht wird und von wo aus der Abschied vom Kinderwunsch beginnen kann.

Fertilitätsbehandlung bedeutet immer eine Schwangerschaft mithilfe des Arztes oder der Ärztin. Man kann sich ausmalen, welche Phantasien an diese mächtigen Personen geknüpft werden können (vielleicht nach Art eines modernen Siegfried oder einer mythischen Fruchtbarkeitsgöttin?) und auch, was auf den zahlreichen Wegen zur Praxis, zum Labor, zu den Untersuchungs- und Operationsräumen auf der Strecke bleiben kann: Es geht nicht mehr um den intimen Kontakt und die sexuelle Befriedigung eines Paars. An die Stelle dessen, was früher »Vereinigung« genannt wurde, tritt das Trennende der Funktion.

Bereits das tägliche Temperaturmessen zur Überprüfung des Eisprungs kann zum Stressfaktor werden, weil es auf diese Weise keinen »Urlaub« von Kinderwunsch und Angst gibt, sondern das Problem immer präsent bleibt. Jede einsetzende Menstruation ist dann der erneute Beweis dafür, dass »es wieder nicht geklappt hat«, und kann je nach betriebenem Aufwand zur emotionalen Katastrophe werden. Ähnlich ist es mit dem »Sex nach Plan«, der seinerseits zum Stressfaktor werden kann, wenn er auf die Empfängnis hin funktionalisiert wird.

Nicht selten geben Frauen wegen der Fertilitätsbehandlung sogar ihren Beruf auf. Sie stellen sich keine Alternative zum Leben mit einem (eigenen) Kind vor. Eher wechseln sie den Arzt. Hier schließt sich ein Teufelskreis: Je mehr das Kind gebraucht wird, desto mehr seelisches Leiden aus der ungewollten Kinderlosigkeit entsteht und desto weniger wiederum kann auf das eigene Kind verzichtet werden. Selbstunwertgefühle und Scham steigern sich. Dann kann es soweit kommen, dass es als Entlastung erlebt wird, »wenigstens« alles versucht zu haben, um der unerbittlichen inneren Forderung nach einem Kind nachzukommen. Wenigstens diesen (eigenen) Vorwurf muss man sich dann nicht machen. Dem Körper wird dann zusätzliches Leiden zugefügt, um ihn für seine Unzulänglichkeit zu bestrafen. Der Kinderwunsch wird »abgelitten«, weil ein Verzicht unmöglich erscheint. Der Erfahrungsbericht der Französin Dominique zeigt eindrucksvoll, in welch unentrinnbaren Kreislauf von Hoffnung und Enttäuschung Frauen mit ihrem Kinderwunsch geraten können: Die Übelkeit und Scham nach der Diagnose, die bodenlose Hoffnung, als sie von der In-vitro-Fertilisation hört. Von Risiken, Hindernissen, vielfältigen Möglichkeiten des Scheiterns »erfährt« sie zwar, nimmt sie aber doch nicht wirklich zur Kenntnis.

Sie beschreibt:

> Für das, was kommt, spielen weder Gefühle noch Sexualität die entscheidende Rolle: Temperaturkurve, Hormonbehandlung der Frau, Spermiogramm des Mannes. Der Mann empfindet die Prozedur und ihre Begleitumstände als peinlichen und erniedrigenden Männlichkeitsbeweis, der ihm zunächst auch nicht gelingt. Ihr selbst wird bald bewusst, dass es mehr braucht als die Stimulation der Eierstöcke: »Unsere Phantasmen vor dieser übermäßigen Medizinalisierung bewahren, die sich unserer Körper bemächtigt und sich gierig in unsere Intimität frisst.« (Grange, 1985, S. 36, Übers. von G. Z. S.). Sie sorgt sich, ob nach diesen Prozeduren ihr Mann sie noch ebenso lieben wird wie zuvor. Sie möchte beweisen, dass sie nicht im Begriff sind, Reproduktionsroboter zu werden, sie möchte zärtlich sein – aber das Labor hat sexuelle Abstinenz vor dem Spermiogramm verordnet...
> Nichts im Kopf außer der Sorge um die Behandlung, geht sie kaum noch aus. In der Nacht vor der ersten Blutabnahme und der ersten Echographie der Ovarien und des Uterus schläft sie so gut wie nicht. Täglich punkt sieben Uhr morgens in der Klinik sein. Jeden Abend dann die Ergebnisse der Blutuntersuchung, stimmt der Hormonspiegel? Ihr Mann findet sie genervt. Das nervt sie noch mehr. Mutlosigkeit macht sich in ihr breit: zu vieles was zusammenpassen muss, zu viele Rubriken auszufüllen, zu viele Prüfungen zu bestehen... Was soll das alles?... Aufgrund der Hormoneinnahme nimmt sie zu. Sie erträgt alles. Bloß nicht zurück in die vorherige Stille und Resignation!
> Die sichtbaren Follikel werden liebevoll besetzt, als wären sie Embryonen, aber dann wachsen sie nicht, wie sie sollen... Nach zwei Wochen wird die Hormondosis der Spritzen erhöht. Nichts ändert sich am Östradiolspiegel... Das Gefühl völliger Verlassenheit macht sich in ihr breit, als sei sie plötzlich auch den Ärzten gleichgültig, als zählte nur der Erfolg. Am 15. Tag sind die Follikel verschwunden... Was bleibt sind Hitzewellen, Schweißausbrüche, nass geschwitzte Laken nachts, Schwindelattacken tags. Ausbleiben der Menstruation. Trotz regulärer

Temperaturkurven reagierten die Ovarien nicht auf die Hormonstimulation. Der Grund bleibt im Dunkeln. Ein schlechter Zyklus, heißt es, das komme vor. Auch, dass die unter Narkose »geernteten« Follikel leer sind, keine Eizellen zur Befruchtung gewonnen werden können. Umsonst die Coelioskopie, umsonst das Samenspenden des Ehemanns im Kabuff nebenan. Sie fühlt sich alleinverantwortlich, niedergeschmettert, minderwertig, wütend, betrogen von ihrem Körper. Wen soll sie verantwortlich machen? Den Hypothalamus? Die Hypophyse? Das Ovar? Das Unbewusste? Wie viele Frauen tröstet sie sich schließlich damit, dass es oft mehrere Anläufe braucht. Zudem ist sie froh, überhaupt ins Programm aufgenommen worden zu sein. Sie beginnt mit einem zweiten Versuch.
Das zweite Mal scheint es gut zu klappen. Vor der Narkose hat sie etwas Angst, aber alles geht gut. Trotz aller Warnungen, vorerst »normal« weiterzuleben, liebäugelt sie unwillkürlich mit Schwangerenkleidung und Babysachen. Vierzehn Tage nach dem »Einpflanzen« der beiden Embryonen setzt ihre Monatsblutung ein. Ein Schock. Wie beim ersten unvorbereiteten Mal als Kind. Sie will es nicht wahrhaben, ist verzweifelt. Im Badezimmer, als sie das Unglück entdeckt, zerschmettert sie eine Flasche Eau de Toilette – nicht aus Ungeschicklichkeit, sondern um es sich leichter zu machen. Sie fühlt sich selbst in tausend Stücken...
Mit dem Misserfolg muss das Paar alleine fertig werden, eine Nachsorge in der Klinik gibt es nicht. Ihr Mann rät schließlich von einem weiteren Versuch ab. Er fürchtet um ihre Gesundheit. Auch er empfindet Unruhe, Spannung und bei jedem neuen Versuch umso stärker die Enttäuschung.

Nach erfolglosen Fertilitätsbehandlungen werden bei Männern und Frauen vermehrt psychosomatische Symptome gefunden, die die weiteren Lebensperspektiven stark einschränken. Diese Menschen leben oft mit einer depressiven Grundstimmung, sind sozial stärker isoliert und weniger kontaktfreudig als vor der Behandlung. Das sexuelle Interesse aneinander hat nachgelassen, die Frauen sind weniger zufrieden mit ihrem Beruf und mit ihrer Paarbeziehung (Stauber, 1994, S. 97). Diese Störungen müssen zwar m. E. nicht eine einfache Folge der fehlgeschlagenen Behandlung sein. Es ist denkbar, dass die Schwierigkeiten und Unzufriedenheiten vorher im unerfüllten Kinderwunsch gebunden waren und dann, wenn keine Hoffnung mehr besteht, freigesetzt und wirksam werden. Allerdings wird das Ausmaß der Hilflosigkeit und Hoffnungslosigkeit nach erfolglosen Bemühungen jeweils größer sein als ohne Behandlungsversuche. Jede vergebliche Bemühung wird ja als weiteres Scheitern erlebt. Manifeste depressive Entwicklungen sind oft die Folge. Entsprechend werden nach erfolglosem Ausgang der Behandlung höhere Werte an Depressivität und Ängstlichkeit bei den Betroffenen gefunden.

Ein Paar, das sich gegen Untersuchungen und Behandlungen entscheidet, erspart sich diese Enttäuschung. Es hat sich in diesem Bereich die Möglichkeit zur freien Entscheidung erhalten, selbstbestimmt gehandelt und sich nicht einer Behandlung überlassen, deren Ausgang ungewiss und durch die Kinderlosen selbst nicht kontrollierbar ist.

Aus ärztlicher und kassenrechtlicher Sicht wird ungewollte Kinderlosigkeit inzwischen meist als behandlungsbedürftige Krankheit betrachtet. Darüber hinaus bleibt festzuhalten:

– Eine Krankheit (ein Leiden) ist sie nur für den, der daran leidet, da keine weitere körperliche oder seelische Gefährdung oder Beeinträchtigung damit verbunden ist.
– Das Leiden an der Kinderlosigkeit und ein Krankheitsbewusstsein entstehen oft erst durch die Diagnose.
– Bei jeder Behandlung muss gefragt werden, wann sie nützen und worin sie schaden kann und wie hoch die Wahrscheinlichkeit eines Nutzens ist. Eine solche Abwägung kann nur individuell geschehen.

Das größte Risiko scheint mir immer noch zu sein, nicht genau zu wissen, worauf man sich einlässt, was man tut und warum man es letztlich tut.

Elternschaft als Keimzell-Lieferung?

> Heute bin ich der Überzeugung, dass sich gewisse Teile der westlichen Wohlstandsgesellschaft irgendwann ganz ohne Sex fortpflanzen werden.
>
> *Carl Djerassi, Erfinder der Antibabypille*

Einer Befruchtung außerhalb des Körpers wird manchmal mit erhobenem Zeigefinger begegnet: »Die wollen Gott spielen«, »Das ist unnatürlich und deshalb unmoralisch« oder »Man pfuscht Gott nicht ins Handwerk«. Andere versuchen, mit einer fortschrittsgläubigen Haltung Probleme auszublenden: »Es gibt heutzutage diese Möglichkeiten, also nutzen wir sie.« Die Paare selbst verheimlichen oft die Art, wie sie Kinder bekommen haben, oder aber sie versuchen, andere davon zu überzeugen, es ebenso zu machen.

Mir scheint es nicht möglich, Fertilitätsbehandlungen und insbesondere die In-vitro-Fertilisation als einfache Lösung zu betrachten. Was vertretbar ist, was tatsächlich nutzen könnte und was ein erneut leidvolles Experimentieren wäre, muss in einer Zusammenschau der komplexen Sachverhalte jeweils neu bestimmt werden.

Bei der In-vitro-Fertilisation wird nicht eine funktionelle Störung durch den Arzt geheilt und so vielleicht eine Schwangerschaft ermöglicht. Hier wird eine Körperfunktion, die normalerweise an den sexuellen Ausdruck einer liebevollen Beziehung zwischen Mann und Frau gebunden ist, nicht wiederhergestellt, sondern teilweise ins Labor verlagert bzw. durch den Arzt ersetzt. Ärzte und Biologen bestimmen über den Zeitpunkt der Eireife, nehmen die Zeugung außerhalb des menschlichen Körpers vor, entscheiden über das Einpflanzen oder »Verwerfen« der Embryonen. Die Anwendung dieser Techniken birgt damit neben körperlichen und psychischen auch ethische Schwierigkeiten, mit denen sich wissenschaftliche und ärztliche Kommissionen auseinanderzusetzen haben. Auch eine breite gesellschaftliche Diskussion wäre wünschenswert. Im Kapitel über ethische Fragen gehe ich deshalb auf einige dieser komplexen Aspekte näher ein.

Wenn – wie geschehen – die Eizellen eines abgetriebenen Embryos zur Retortenbefruchtung und zur Einpflanzung in eine Leihmutter verwendet werden, dann hat das um jeden Preis gewünschte Kind eine biologische »Mutter«, die wenige Monate älter wäre, wenn sie leben würde, dazu eine Leihmutter für Schwangerschaft und Geburt und schließlich eine soziale Mutter, bei der es aufwächst. Ein Kind, das mit fremder Samenspende entsteht, kann es in einem durchschnittlich bewegten Leben mit Scheidung oder Tod des Partners der Mutter durchaus auf drei oder mehr Väter bringen.

Im reproduktiven Feld wird nicht nur grenzüberschreitend gedacht; in Ländern mit liberaler gesetzlicher Regelung wird bereits auch grenzenlos gehandelt.

Heinz Bhend (*Schweizerische Ärztezeitung* 10, 1994, S. 384) kritisiert, dass das Vervielfältigen (Klonen) von Embryos bei gleicher genetischer Ausstattung für manche Forscher durchaus denkbar erscheint: ein Embryo als »Sicherheitskopie«, falls das Kind stirbt, einer für die Diagnostik vor der Implantierung, um den einzupflanzenden Embryo zu schonen und ein dritter könnte später eventuell notwendige Transplantationsorgane liefern... Kinder zu bekommen als »Ersatzteillager« für Familienangehörige ist mittlerweile kein Tabu mehr. Zudem werden eben oft »zur Sicherheit«, d. h. um die Erfolgschancen zu erhöhen, mehrere Embryos implantiert, die dann später, falls die Implantation gelungen ist und die Embryonen wachsen, eventuell wieder abgetötet werden müssen.

Zu fragen bleibt auch, ob es tatsächlich dringend und zwingend ist, dass Männer im Großvateralter mittels tiefgefrorener Spermaprobe mit Frauen, die ihre Enkelinnen sein könnten, eine Zweit- oder Drittfamilie gründen – oder dass Frauen nach der Menopause mithilfe moderner Fertilitätstechnologien zu einem Kind kommen. Es dient jedenfalls nicht der »Gesundheit«: die potentielle Mutter und das möglicherweise gezeugte Kind werden im Gegenteil gesundheitlichen Risiken ausgesetzt. Wenn schließlich ein Arzt es sich öffentlich zum Ziel erklärt, einen Embryo in den Unterleib eines Mannes einzupflanzen (Meldung der *Frankfurter Rundschau,* 22.11.1988), kann die Motivation für dieses Handeln sicher nicht mehr in wohlmeinender Hilfe zur biologischen Elternschaft bestehen. Die tieferen Gründe dürften sehr persönlich und überaus fragwürdig sein.

Zu jeder guten Fertilitätsbehandlung gehört m. E. eine differenzierte psychosomatische Abklärung *vor* Beginn einer Behandlung und eine genaue Beratung über Chancen und Gefahren der Behandlung im körperlichen und seelischen Bereich. Im Grunde müsste diese Beratung schon *vor der Diagnostik* beginnen, um zu vermeiden, dass eine Lawine an Leiden und Leidensbekämpfung mit immer größeren Risiken in Gang gesetzt wird. Dem steht die ärztliche Leitlinien-Empfehlung entgegen, bei einem Alter der Frau ab 35 Jahren, bei eindeutigen schweren Sterilitätsfaktoren oder bei über zwei Jahre andauerndem Kinderwunsch *sofort* an Spezialisten der Reproduktionsmedizin zu überweisen.

Manche Ärzte helfen deshalb und unter dem Druck der Hilfesuchenden nicht dabei, mögliche psychische Hemmnisse und deren untergründigen Sinn aufzuspüren, sie helfen nicht dabei, die Enttäuschung und den Schmerz zuzulassen und an ihm zu reifen, was seine Zeit erfordert. Sie helfen stattdessen, ihn zu umgehen, zu vermeiden und im Kurzschluss das Unmögliche möglich zu machen. Ein solcher Kurzschluss vor allem erscheint mir problematisch, weil er Entwicklungschancen verschenkt und neue Risiken schafft. Dafür setzen sie mit den potentiellen Eltern, überwiegend aber mit den Frauen, manchmal Himmel und Hölle in Bewegung. Für diejenigen, die sich erfolglos um eine Schwangerschaft bemühen, wird es mehr Hölle als Himmel sein. Und Erfolglosigkeit ist weit häufiger als Erfolg. Weil zudem eine nennenswerte Nachbetreuung i. d. R. nicht stattfindet, scheint mir hier die Grenze zwischen medizinischer Behandlung und der Fabrikation von neuem Leiden für die erfolglos Behandelten fließend.

Verständlicherweise greifen Paare mit drängendem Kinderwunsch manchmal nach jedem sich bietenden »Rettungshalm«. Ob es eine solche Rettung tatsächlich geben kann oder ob am Ende nicht tatsächlich eine Verschiebung der Schwierigkeiten stattfindet, bleibt immer fraglich. Paare, die sich keine Erlösung von Leiden erhofften, sich aber entschlossen haben, die bestehenden Risiken einzugehen und mögliche negative Folgen verantwortlich zu tragen, gibt es andererseits auch. Ob sie sich eingestehen könnten, wenn sie mit Kind nicht glücklicher als vorher wären, ist eine andere Frage.

In unkritischen verführerischen Zeitungsartikeln klingt es manchmal wie moderne Zauberei, die das Unmögliche möglich macht. Bei mir wecken die euphorischen Berichte über Fertilitätsbehandlung und -forschung die Erinnerung an Goethes Ballade vom *Zauberlehrling*. Die Not, in die allzu ungeduldig gerufene Geister führen können, sollte jedenfalls nicht übersehen werden.

Die Hypothek der Wunschkinder

> »Eltern sind komisch«, erklärte Josef, »sie fragen einen nicht, ob man zu ihnen kommen will. Sie zeugen einen einfach.«
>
> Rafik Schami, Die dunkle Seite der Liebe

Als in den 1980er Jahren in Deutschland das Embryonenschutzgesetz vorbereitet wurde, habe ich mich dafür eingesetzt, dass bei der Anwendung der Reproduktionsmedizin stärker das Interesse der zu zeugenden Kinder in den Blick gerückt wird. Bei Leihmutterschaft und heterologer Insemination (Befruchtung mit unbekanntem Spendersamen) beispielsweise wird das Kind nicht nur genetisch, von den Erbanlagen her, von seinen Eltern getrennt, sondern auch von einer vorgeburtlichen Beziehung (Neugeborene erkennen den Herzrhythmus ihrer Mutter) oder von einer liebevollen Paarbeziehung. Dritte, dem Kind nicht bekannte Personen treten vermittelnd, aber auch entfremdend dazwischen. Die Embryonenspende (Eizellspende oder Einpflanzen eines fremden Embryos in die Gebärmutter einer Frau) wurde deshalb wie die Leihmutterschaft im bundesdeutschen Embryonenschutzgesetz untersagt. Auch die Präimplantationsdiagnostik, der so genannte Embryo-Check, ist noch verboten. In der Schweiz bestehen ähnlich strikte Regelungen.

Unaussprechliches

> Die Tatsache, dass die Frau wie jede andere schwanger wird, das Kind auf demselben Wege wie bei anderen geboren wird, und dass man deshalb genau wie andere ist, ist wirklich wichtig.
>
> *Ehemann, nachdem seine Frau durch eine fremde (!) Samenspende ein Kind bekam.*

Wenn das »Unfruchtbarkeitsproblem« auf eine gestörte körperliche Funktion verengt wird, die medizinisch oder psychotherapeutisch irgendwie wiederherzustellen sei, dann spiegelt das die gesellschaftliche »Unantastbarkeit« des Elternseins, die Mystifizierung von Vater- und vor allem Mutterschaft.

Die Entwicklung eines Kindes stellt aber für Eltern immer eine enorme Herausforderung dar: Die Konfrontation mit eigenen, zu einem Großteil unbewussten Schichten ihrer Persönlichkeit führt immer wieder zu unerwartetem Erleben. Im Umgang mit dem Kind werden eigene Beziehungserfahrungen (z. B. aus den ersten beiden Lebensjahren, an die wir uns nicht erinnern können) wachgerufen. Väter und Mütter handeln dann wie die eigenen Eltern früher oder haben wieder ähnliche Gefühle wie seinerzeit als Kind. Eltern lassen – ohne es zu wollen – eigene Konflikte in den Umgang mit ihren Kindern einfließen. Die Kinder und Kindeskinder tragen schwer an den in den vorangegangenen Generationen nicht verarbeiteten Traumata und Konflikten. Dies ist die mehr oder weniger große seelische Hypothek, die jeweils die jüngere Generation von der älteren übernimmt. Auch die Fertilitätsbehandlung kann eine solche Hypothek darstellen. Die Betroffenen haben den Wunsch, als »ganz normale Familie« zu erscheinen und sind es doch nicht, denn sie haben mit speziellen Schwierigkeiten und eben auch mit ihrer besonderen Entstehungsgeschichte zu kämpfen.

Über Kinder nach heterologer Insemination (fremder Samenspende) ist bekannt geworden, dass sie sich ähnlich wie Adoptivkinder nicht in der Lage fühlten, ihre Eltern darauf anzusprechen. Eine junge Frau, die durch ihre Mutter informiert worden war: »Ungewöhnlich war, dass ich mich nicht dazu aufraffen konnte, sie mehr zu fragen, obwohl wir so eng zusammenlebten.« Ein junger Mann: »Es war eher so ein allgemeines Gefühl, so als wüsste ich, dass irgend etwas nicht in Ordnung wäre. Ich habe immer gewusst, dass etwas fehlte (...).« (Snowden, 1985, S. 47)

Institutionell fehlt eine langfristige Nachsorge in der Klinik, daher gibt es keinen Ansprechpartner für Fragen und Zweifel in Bezug auf das »so« gezeugte Kind. Das Kind und seine Eltern werden von ihrer spezifischen Geschichte abgeschnitten bzw. müssen sie alleine verarbeiten. Der Wunsch nach Geheimhaltung ist ein Hinweis darauf, dass viele Eltern zu dieser Verarbeitung nicht in der Lage sind. (Bei Paaren nach In-vitro-Fertilisation wollen ungefähr die Hälfte die besondere Art der Zeugung verschweigen; vgl. Kentenich, 1992.)

Aus Erfahrungen mit Adoptivkindern und Kindern nach fremder Samenspende ist bekannt, dass solche Familiengeheimnisse oder

Lebenslügen zu Identitätsproblemen der Kinder führen. Sie haben das Gefühl, dass etwas mit ihnen nicht stimmt, dass sie irgendwie »anders« sein müssen, als hätten sie einen unsichtbaren Defekt; sie können dieses Gefühl aber nicht einordnen, weil ein Familientabu das Gespräch darüber verbietet.

Der Wunsch nach »Normalität« in diesen Familien erschwert es dann auch, alltägliche Sorgen und Schwierigkeiten mit anderen zu teilen und sich auf diese Weise zu entlasten. Solange die Kinder die Erwartungen ihrer Eltern erfüllen können, kann alles lange Zeit gut gehen. Werden aber die Ziele der elterlichen Liebe und ihre narzisstischen Bedürfnisse behindert, kann sich das Kind nicht frei entwickeln. Wurden bereits im Vorfeld der Geburt für das Kind große Opfer gebracht, fließen diese Anstrengungen in die unbewusste emotionale Bilanzierung mit dem Kind ein: Wir haben doch so viel für dich getan... Oder: Wir müssen so dankbar sein, dass du überhaupt da bist, dass wir nichts von dir fordern dürfen.

Verschärft wird die Situation durch idealisierende Vorstellungen vom Elternsein. Wer das Kind als Wiedergutmachung für emotionale Defizite wünscht und sich vor allem eine innige Eltern-Kind-Beziehung vorstellt, ist auf Spannungen, Frustrationen und Konflikte oft wenig vorbereitet.

Licht- und Schattenseiten

Schwanger sein, ein Kind erwarten bedeutet für die Frau und auch für den Mann nicht nur eine Zeit froher Erwartung und »guter Hoffnung«, sondern eine Zeit des enormen Umbruchs, eine Übergangszeit, die nötig erscheint, nicht nur um sich auf das Neue einzustellen, sondern auch um sich zu verabschieden von alten Lebensformen, alten Identitäten. Insbesondere das Leben der Mutter wird sich radikal ändern, das reale Kind wird den Phantasien über das Kind ein Ende setzen. Auch die Schwangerschaft als Gefühl des »Rundseins« und der engen körperlichen Verbundenheit muss abgeschlossen werden können. Eine schwere Geburt kann als traumatische Trennung erlebt werden. Werden mit diesem Abschied alte Wunden berührt und aktiviert, kann manchmal die Freude durch die Ankunft des Neuen den alten Schmerz nicht wettmachen.

Am Ende der Schwangerschaft wächst die Fähigkeit, sich hingebungsvoll dem Neugeborenen zu widmen, trotz aller Belastungen unermüdlich zu versuchen, sich auf es einzustimmen. Dies ist mit einem Zustand erhöhter Sensibilität verbunden, und natürlich beinhaltet dieser Zustand auch zahlreiche Gefährdungen des Scheiterns. Postpartale Depression z. B. ist keinesfalls nur eine Frage fehlgesteuerter Hormone, sondern kann eine Folge dieser unbewältigten seelischen Umbrüche sein. Nichts wird sein wie es war. Die Verarbeitung dieses Umbruchs führt zur emotionalen Ambivalenz dem Kind gegenüber, die bei normalen Schwangerschaften regelmäßig eine wichtige Rolle spielt. Viele Menschen weichen ihr durch Vermeiden einer Schwangerschaft aus.

Können während der Schwangerschaft neben der Freude auch die Trauer hierüber empfunden werden und die auftauchenden Phantasien und Ängste zur Sprache gebracht und verarbeitet werden, kann dem Kind auf einer realistischen Ebene begegnet werden. Bei den so heiß ersehnten und mühevoll hergestellten Schwangerschaften scheint dieser Prozess der Umstellung und der Verarbeitung von Ambivalenz erschwert. Die IVF-Mütter wirkten emotionsärmer und verschlossener (Ulrich et al., 2000). Die Paare stellen sich mit dem Kind »normaler« dar, als durchschnittliche junge Eltern das tun. Ein ähnlicher Effekt findet sich bei Paaren, die in Kampfscheidung leben.

Zu vermuten ist, dass aktiv versucht wird, ein Bild entsprechend der sozialen Erwünschtheit abzugeben, um zu zeigen, dass man ein guter Vater, eine gute Mutter ist. Bei Eltern, die unsägliche Mühen auf sich genommen haben, um einem Kind auf die Welt zu verhelfen, vervielfachen sich die Erwartungen an das ungeborene Kind: Es ist ja viel mehr Aufwand getrieben worden, und die Kränkungen der schwierigen Zeugung, der Verzicht auf Lebensqualität in dieser Zeit, die Mühen sollen ebenfalls wettgemacht werden. Negative Gefühle während der Schwangerschaft, Trauer über die verlorene Unabhängigkeit und ungestörte Zweisamkeit mit dem Partner z. B. werden durch den »Erfolg«, den die bevorstehende Geburt darstellt, nahezu unmöglich. Wer wollte denn auch nur vor sich selbst, geschweige denn vor seiner Umwelt zugeben, dass dieses so ersehnte und mit jahrelangem Leiden, z. T. auch enormen materiellen Kosten, »erkaufte« Kind zu traurigen oder situativ vielleicht sogar verzweifelten Gefühlen Anlass gibt? Dass Angst auftaucht, ob man der Situation gewachsen ist? Dass Aggressionen gegen das fordernde, »gefräßige« Kind erlebt werden? Was bereits bei einer gewöhnlichen Geburt schwer fällt, ist nach einem solchen unwahrscheinlichen Erfolg kaum noch denkbar. Entsprechend besteht nur schwer und dann oft sehr spät die Möglichkeit zur Bearbeitung, wenn frühere Traumatisierungen wieder belebt werden oder das Verschweigen der Herkunft zu familiendynamischen Problemen führt.

Wunschkind – Glückskind?

Wer davon ausgeht, Zeugung und Geburt könnten nur positive Gefühlsregungen auslösen und damit die »Lösung« eines Problems, die Behebung eines Mangels sein, leugnet die Schattenseiten. Mit jeder Schwangerschaft und Geburt werden aber nicht nur Wünsche nach Wiedergutmachung der Versagungen und Enttäuschungen der eigenen frühen Kindheit aktualisiert, sondern natürlich ebenso auch die enormen negativen Affekte, die in Zusammenhang mit Entbehrungen damals aufgetaucht sind. Vielleicht mussten sie damals unterdrückt werden, um die Bindung an die betreuenden Personen nicht zu gefährden.

Die seelischen Entwicklungschancen der mit medizinischer Unterstützung gezeugten Kinder sind wissenschaftlich schwer zu untersuchen. Direkte Befragungen der Eltern bleiben an der Oberfläche und unterliegen deshalb dem verständlichen Normalitätswunsch. Französische Kinderpsychiater fanden bei Kindern nach Fruchtbarkeitsbehandlungen vermehrt Ernährungsstörungen. Spätschäden und offenkundige Auffälligkeiten in der Entwicklung von Kindern nach außerkörperlicher Befruchtung bzw. Sterilitätsbehandlung hängen im Übrigen vor allem mit ihrer Untergewichtigkeit oder Frühgeburtlichkeit zusammen. Differenzierte tiefenpsychologische Nachuntersuchungen gesunder Kinder, die sich nicht nur auf die Befragung der Eltern oder oberflächliches Verhalten stützen, fehlen. Bei den Eltern muss ja erwartet werden, dass sie zufrieden sein *wollen*. Eine kritische Sicht würde ihren Schritt ja nachträglich in Frage stellen, und dazu würde eine überaus hohe Fähigkeit zur Selbstkritik und Selbstdistanz gehören. Und wenn Erzieher, die die Eltern sporadisch bei Gelegenheit beobachten können, diese als besonders liebevoll beurteilen, dann könnte das auch Ausdruck einer überfürsorglichen Haltung sein. Über die tatsächliche tiefere Beziehung der Eltern zu ihren im Reagenzglas erzeugten Kindern wissen wir bisher nicht Bescheid.

Bei den Paaren, die nach Fruchtbarkeitsbehandlung bei mir für ihr Kind psychotherapeutische Hilfe suchten, waren bereits vor der Zeugung dieser Kinder Schwierigkeiten vorhanden, denen zuvor nicht nachgegangen wurde, die aber als seelische Gründe für die Kinderlosigkeit in Frage kommen. Sofern die Kinder von der speziellen Art ihres Entstehens wussten, waren sie hochgradig irritiert darüber. Ähnlich wie bei adoptierten Kindern mussten ihre Vorgeschichte und die damit verbundenen Phantasien und Befürchtungen immer wieder bearbeitet werden. Ein Junge, der unter Todesängsten zu leiden hatte, erzählte mir, sein Vater habe zu schlechten Samen gehabt, um ihn zu zeugen. Er war sich keineswegs im klaren darüber, ob er selbst nicht ähnlich schlecht und wertlos war, ob nicht sein Vater und damit auch er, einen schwerwiegenden Makel hätten, ob nicht auf einer sehr tiefen Ebene etwas nicht in Ordnung war mit ihnen beiden. Sein Vater hatte auch sechs Jahre nach der Geburt dieses Sohnes (durch homologe Insemination) noch Mühe, sich als zulänglicher Vater zu erleben und sich auch so zu verhalten.

Nach heterologer Insemination empfanden die sozialen Väter oft eine tiefe Wertlosigkeit, wenn ihre Kinder erwachsen wurden. Sie hatten dann das Gefühl, als Erzieher nicht mehr gebraucht zu werden und dass es dann kein genetisches Band gibt, das sie mit den Kindern verbinden könnte. Zu diesem Zeitpunkt kamen dann häufig auch die Ehen in die Krise, nach dem Motto: Der Mohr hat seine Schuldigkeit getan...

Wurde mit dem Samen des Ehemanns künstlich befruchtet, weil das Kind von der Mutter sehr gebraucht wurde, litt vor allem die frühe Mutter-Kind-Beziehung: Sie wurde von der Mutter unbewusst als überaus enttäuschend erlebt und führte jeweils zu einer schwerwiegenden seelischen Störung des Kindes mit einer Mischung aus archaischer Angst und Aggression mit Größenphantasien.

Solche Erfahrungen aus einer psychotherapeutischen Praxis können nicht verallgemeinert werden. Sie geben aber allen Anlass, diese Zusammenhänge näher zu untersuchen und sich nicht dem Wunschdenken hinzugeben, so sehr gewünschte Kinder würden damit auch besonders glückliche Voraussetzungen vorfinden.

Das therapeutische Risiko, über das vor jeder Behandlung aufgeklärt werden muss, wird von Menschen mit unbedingtem Kinderwunsch weniger wahrgenommen. Der Arzt erscheint viel mehr in seiner »rettenden« Funktion. Anästhesisten, die tagtäglich mit Risikogeburten und lebensbedrohlichen Komplikationen befasst sind, und die Grenzen der modernen Neugeborenenmedizin kennen, warnen vor dem Hintergrund ihrer Erfahrungen vor einer unkritischen Anwendung medizinischer Fortpflanzungshilfen. Notwendig, wenn auch wenig populär, erscheint mir deshalb der Hinweis, dass auch bei medizinisch unterstützter Fortpflanzung über die in den Abschnitten »Dem Unbewussten eine Chance« und »Ethik der Reproduktion« beschriebenen speziellen Risiken hinaus wie bei jeder anderen Schwangerschaft auch schwere Komplikationen auftreten können. Fehl- oder Totgeburten, Frühgeburten, angeborene Behinderungen oder Anomalien des Kindes nach einem Geburtstrauma sind aber eine weit größere Belastung, wenn sich die Eltern noch selbst verantwortlich fühlen müssen, weil sie dieses Kind ja unbedingt wollten. In jedem Fall wird das Grundproblem auf diese Weise dramatisch verschärft.

Ja und Nein: Ambivalenz zulassen

Bei der Fertilitätsbehandlung ist nicht mehr ein vielfältig verknüpftes Netz bewusster und unbewusster, körperlicher und seelischer – und dadurch indirekt auch sozialer – Faktoren wie bei der herkömmlichen Zeugung für den Beginn des Lebens entscheidend. Auch dem gewünschten Kind selbst wird in der Phantasie meist kein Spielraum zugebilligt: Es soll zum Kommen gedrängt werden, weil seine potentiellen Eltern es zu brauchen scheinen. Damit wäre aber das Eltern-Kind-Verhältnis umgekehrt: Nicht die Eltern haben für das Kind da zu sein, sondern das Kind hat für die Wünsche der Eltern einzustehen.

Gerade Frauen, die Erfahrung mit In-vitro-Fertilisation haben, die mit sehr viel Einsatz ihren Kinderwunsch in die Realität umzusetzen versuchen, zeigen sehr wenig Ambivalenz in ihrem Kinderwunsch. Hölzle (2000) fand in ihren Untersuchungen mit solchen Frauen, dass sie realistische Ängste vor Beanspruchung und Einschränkung durch ein Kind nicht zulassen. Alternativen zum Leben mit einem biologischen Kind scheint es nicht zu geben. Gerade dies wäre aber ein Kriterium für einen »gesunden« Kinderwunsch.

Das Unterdrücken oder Leugnen von negativen Emotionen, die in jeder Schwangerschaft neben den positiven auftauchen, soll ein Idealbild von Elternschaft und vor allem Mutterschaft stützen, das letztlich lebensfeindlich ist: Es führt zur »Wiederkehr des Verdrängten«, zur Wiederkehr der nicht zugelassenen negativen Gefühle und alten Traumata in neuem Gewand.

Unter einem erweiterten Blickwinkel wäre zu fragen, wie weit das Kind als Person im eigenen Recht ertragen und gefördert werden kann, wie weit Freude an seiner abhängig-unabhängigen Existenz überwiegen kann oder ob das Kind letztlich für eigene Bedürfnisse gebraucht wird, hinter denen seine kindlichen Interessen im Zweifelsfall zurückstehen müssten.

Gute Eltern können durchaus gelegentlich heftige Wut auf ihr Kind empfinden, sie besitzen aber die Fähigkeit, diese Wut zu empfinden, ohne zu handeln, ohne sich gegen das Kind zu wenden. Sie können auf eine Belohnung warten, vielleicht kommt sie später, oder auch nicht. Sie können auch warten, ob das Kind kommt – oder ob es vielleicht auch nicht kommt. Wenn sie sich entschließen, mit medizinischer Hilfe dem Kind »auf die Sprünge zu helfen«, dann haben sie sich bereits vorher mit der Kinderlosigkeit auseinandergesetzt und verschieben das nicht auf später. Sie wissen beide etwas über die Entstehung ihres Kinderwunschs und sind so eher in der Lage, die Ambivalenz einem Kind gegenüber in sich selbst zu empfinden und zu verarbeiten. Sie sind sich im Klaren darüber, welche Umstellung und Belastung ein Kind für ihr Leben bedeuten würde. Sie haben sich geeinigt und kennen die Grenzen dessen, was sie versuchen wollen – und sie sind bereit, bei Erreichen dieser Grenze ein Nicht-Kommen des Kindes zu akzeptieren. Das mildert die Hypothek des Kindes.

Paare ohne Kinder im Legitimationsdruck

> Ist Kinderkriegen jetzt zur einzig möglichen Form geworden, gesellschaftlich nützlich zu sein?
> Christiane Grefe: *Das kinderlose Land.*
> ZEITdokument 1. 2005

Kinderlosigkeit ist wieder in die Schlagzeilen geraten, nachdem die leeren Rentenkassen, das finanziell marode Gesundheitssystem ein nie versiegendes Thema. Die Zukunftsangst der Menschen angesichts steigender Arbeitslosenquoten und immer neuen »Restrukturierungen« mit Abwanderung ganzer Industriezweige ins Ausland schaffen im Verein mit dem eklatanten Mangel an aussichtsreichen politischen Maßnahmen eine bedrückende Atmosphäre, in der der Rückgriff auf einfache Lösungen Erleichterung verspricht. Schwer lösbare politische Knackpunkte werden auf das Schlagwort von der »Überalterung« der Gesellschaft reduziert, und das Allheilmittel, mehr Geburten, leuchtet jedermann ein. Wenn nur nicht die Verschiebung der Ursachen vom Gesellschaftspolitischen aufs Individuelle einer Lösung dieser Schwierigkeiten im Wege stünde. Wenn tatsächlich, wie manchmal geschätzt wird, 30 Prozent aller Frauen in Deutschland *freiwillig* kinderlos bleiben, ist das nur die zahlenmäßige Illustration des Umstands, dass Deutschland von der UNO als kinderfeindliches Land deklassiert worden ist. Die soziale Belastung mindert dem Kinderwunsch: nach kinderschwachen Jahrgängen nun Kinderschwäche als Nationalverfassung.

Andererseits: Lässt man den zwischenzeitlichen Anstieg bei den Jahrgängen zwischen 1915 und 1945 außer Acht, so bewegt sich in Westdeutschland der Anteil kinderloser *Frauen* der Geburtsjahrgänge nach 1950 wieder auf dem gleichen Niveau wie vor 1915, gemäß Schätzungen bei etwa einem Viertel bis einem Fünftel aller Frauen. Von den 1973 bis 1977 geschlossenen *Ehen* blieben etwa 18 Prozent kinderlos.

Die Geburtenraten westlicher Gesellschaften sind unmittelbar abhängig von der Vereinbarkeit von Kindern und Ausbildung oder

Beruf. Öffentliches Leben, Berufsleben und Familienleben zu verbinden, ist hierzulande hochgradig kompliziert. Ein Kunststück, das nur wenigen Paaren gelingt. Nach einem Überblick von Engstler (1997) liegt Deutschland in Europa mit 21,3 Prozent kinderloser Frauen in der Spitzengruppe, wobei aber die Quote in den neuen Ländern bei Frauen des Jahrgangs 1960 noch weniger als halb so hoch ist. (Zum Vergleich: Frankreich liegt bei unter 15 Prozent, Spanien bei nur sieben Prozent kinderloser Frauen.) Die Beispiele aus anderen Ländern zeigen: Geburten werden wirksam gesteigert durch sozialpolitische Unterstützungssysteme und die Infrastruktur, die eine Gesellschaft bereitstellt, um (Eltern-) Paaren zu helfen, auch mit Kindern selbstverständlich eine egalitäre, gleichberechtigte Beziehung aufrecht zu erhalten. Denn Kinder wünschen sich die allermeisten jungen Frauen, und sie sind noch immer der Hauptgrund für die Eheschließung. Dass die Familiengründung im individuellen Lebenslauf immer weiter aufgeschoben wird, hat damit zu tun, dass der Konflikt zwischen Elternschaft und Beruf im Sinne eines Entweder-Oder erlebt wird und damit kaum entscheidbar ist. Der Aufschub aber, das zunehmende Lebensalter ist es, was die Konzeptionswahrscheinlichkeit bei denen, die noch Kinder wollen, am stärksten mindert.

Der Egoismus-Vorwurf

> Wir machen nie ein Kind für das Kind. Im Übrigen haben wir längst akzeptiert, dass es uns nicht um das Recht des Kindes geht.
>
> *Elisabeth Badinter*

Roland ist alleinstehend und kinderlos. Seine Familie ist der Sportverein. Er macht alles: wirbt neue Mitglieder, pflegt Halle und Sportplatz, hilft mit beim Training, fährt die Nachwuchstalente am Wochenende zu den Wettkämpfen und in der Woche auch schon mal nach Hause, wenn einer noch keinen Führerschein hat. Er verdient beruflich nicht sehr viel und im Verein gar nichts, aber er ist zufrieden: Längst nicht alle Kinderlose sind Karriere- und Genussmenschen. Es gibt Menschen ohne Kinder, die sich täglich für andere engagieren und wenig Geld haben, es gibt reiche Familien mit vielen Kindern, in denen es vor allem um Mehrung des eigenen Aktienvermögens geht. Die gesellschaftlichen Trennlinien verlaufen aber nicht mehr so sehr zwischen Wohlstand und Armut, sondern zunehmend zwischen Alt und Jung, zwischen egoistischen Kinderlosen und sich selbst aufopfernden Familienmenschen.

Kinderlosen Paaren, die sich mit ihrer Kinderlosigkeit einverstanden erklären und sie nicht als Krankheit oder Unglück empfinden, wird dann der Vorwurf gemacht, sie seien egoistisch und nur aufs Geld aus. DINKS, berufstätige Paare ohne Nachkommen (Double Income, No Kids) sind Objekte des Neids, v. a. aber der Verachtung. »Ihr müsstet doch in der Lage sein, eine Person mitzuernähren!«, heißt es dann vorwurfsvoll. Oft äußern sich Menschen so, die selber um ihrer eigenen Kinder willen große Opfer gebracht haben. Die »egoistischen Kinderlosen« bieten eine Projektionsfläche für den Neid derjenigen, die die Mühen der Elternschaft auf sich genommen haben, so wie umgekehrt die »glücklichen Eltern« von den Kinderlosen um ihre Elternfreuden beneidet werden. Jeder beneidet den anderen um das, was er nicht hat, aber gerne hätte. Wem fehlt nicht etwas?

Die Werbebildchen unserer Konsumgesellschaft nutzen und nähren diese Wünsche: Der Duft nach Freiheit und Abenteuer einer androgynen Glitzer- und Erfolgswelt unabhängiger Menschen und die sorgenfreie Geborgenheit eines kuschelweich gespülten Familienglücks mit Verwöhnaroma. Wer hätte nicht gerne beides? Die Kinderlosen beneiden die Paare mit Kindern um die Lebendigkeit und Bereicherung, die im Leben mit Kindern liegen kann. Die Eltern beneiden die Kinderlosen um die freie Verfügung über Energieressourcen und finanzielle Mittel und um die Unabhängigkeit in der Lebensgestaltung, die Kontrollmöglichkeiten über das eigene Leben. Dass auf der Schattenseite dieser Lebensformen einerseits Sinnleere und Einsamkeitsgefühle und andererseits permanentes Eingespannt- und Überfordertsein warten können, wird, wenn gerade das andere fehlt, gerne ausgeklammert.

Vor allem von kinderlosen Frauen wird anscheinend selbstverständlich erwartet, dass sie Frauen mit Kindern beneiden. Natürlich gibt es diesen Neid, und er kann zugespitzte Formen annehmen, im seltenen Einzelfall bis hin zur spektakulären Kindesentführung. Es ist aber schon erstaunlich, mit welcher Selbstverständlichkeit das Neidmotiv gerade den Menschen ohne eigene Kinder unterstellt wird. *Muss* das so sein? Und *darf* eine Mutter nicht die kinderfrei Lebenden beneiden? Das Leiden der Frauen, die um der Kinder willen auf vieles verzichten mussten, ist alltäglich und verbreitet. Depressionen junger Mütter (und Väter!) oder verstärkte Wechseljahresbeschwerden, wenn die Kinder aus dem Haus gehen, werden nicht als strukturelle Begleiterscheinungen einer eingeschränkten Lebensform gewertet. Sie werden als individuelle Erkrankung betrachtet, die mit notwendigerweise unerfüllten Wünschen nach eigener Lebensgestaltung scheinbar nichts zu tun hat. Auf diese Weise kann das Idealbild vom wohlfeilen »Mutterglück« aufrechterhalten werden.

Nicht so selten ist auch eine regelrechte Vorwurfshaltung zu spüren bei solchen Eltern, die sich alleingelassen und überfordert fühlen. Der Vorwurf richtet sich gegen die, die es vermeintlich leichter haben oder größeren Wohlstand genießen. Dieser Vorwurf ist oft Ausdruck der uneingestandenen Ahnung, die Welt und das eigene Leben könnten nicht allein dadurch besser werden, dass es Kinder gibt.

Den Menschen, die Kinder großziehen, seien bei aller Anstrengung ihre Freuden gegönnt. Wir sollten dabei nur nicht denken, es sei selbstlos oder in jedem Falle verantwortungsvoll; und Kinderlosigkeit müsse infolgedessen das Gegenteil sein.

Gib mir ein Kind, wenn nicht, dann sterbe ich!

> Der heikelste Punkt des narzißtischen Systems, die von der Realität hart bedrängte Unsterblichkeit des Ichs, hat ihre Sicherung in der Zuflucht zum Kind gewonnen.
>
> *Sigmund Freud*

Es versteht sich von selbst: Gesellschaften sind für ihr Überleben auf Nachwuchs angewiesen. Im Normalfall stellen sie, um ihr Überleben zu gewährleisten, möglichst günstige Bedingungen für diesen Nachwuchs bereit. Diese günstigen Bedingungen scheinen in unserer Gesellschaft nicht mehr gegeben: Die Geburtenrate sinkt. Die Menschen in unserer Gesellschaft bekommen immer weniger Kinder. Unerträgliche Widersprüche in den Rollenanforderungen an Frauen werden ebenso verantwortlich gemacht wie die Fruchtbarkeit schädigende Wirkung von Umweltgiften. Sind wir tatsächlich vom Aussterben bedroht?

Das ungeheure Interesse an Aussterbephänomenen, das sich vor einiger Zeit im Dinosaurier-Kult zeigte, bestätigt die große unbewusste Bedeutung des Themas. Die »Dinos« sind, wie der zutrauliche Kosename auch suggeriert, sehr familiär mit uns: Wir Menschen gehören ja mittlerweile selbst zu den Gattungen, die – undenkbar ist das nicht mehr – wie die Dinosaurier aussterben könnten: Wir sind existentiell bedroht durch Atomwaffen, entgleiste Atomkraft, Vernichtungskriege, terroristische Attacken und ökologische Weltzerstörung. Wir haben die Möglichkeit, Leben zu vernichten, sind aber auch diejenigen, die das Potential haben, neues Leben entstehen zu lassen (Fertilitätstechnologie, Klonen) und zu gestalten (Gentechnologie). Wir sind Täter und Opfer, grandios übermächtig wie ein Tyrannosaurus Rex und gefährdet wie die armen ausgestorbenen Dinos.

In dieser Situation liegt es nah, dass das Kind zum Retter mystifiziert wird. Weil wir alles, was neu und jung ist, als etwas Gutes ansehen, stehen Kinder für eine heile Welt. Kinder werden zu Abgesandten von Eltern und Lehrern im Wunsch nach besseren Lebensverhältnissen. Sie werden idealisiert oder politisch missbraucht. Das Generationenverhältnis wird umgekehrt: Nicht mehr die ältere Generation sorgt für die jüngere, sondern Kinder sollen als Garanten für eine bessere Welt dienen. Erwachsene flüchten in die schöne heile Kinderwelt, weil sie die selbst geschaffene oder mit zu verantwortende Realität nicht mehr ertragen, geschweige denn sie so verändern könnten oder wollten, dass die nächsten Generationen gesicherte Lebensgrundlagen vorfinden würden.

Wie irrational und voller Sentimentalität die Frage nach der biologischen Elternschaft behandelt wird, zeigt sich in der Abtreibungsdiskussion: Weder eine alle Bedenken abwehrende rein funktionale und rationalistische Haltung (»Mein Bauch gehört mir«, »Abtreibung ist schmerz- und damit bedeutungslos«) noch die ideologische bzw. religiös-fundamentalistische Position, die Abtreibungen als etwas Böses (»Kultur des Todes«) betrachtet, das um jeden Preis verhindert werden muss, wird dem individuellen Erleben und der Problematik gerecht. Abtreibungsgegner sprechen der schwangeren Frau ihr Recht auf die eigene Lebensgestaltung ab, kollektivieren flugs das ungeborene Kind und behandeln es, als gehöre es allen. Wohingegen das geborene Kind ebenso schnell wieder als Privateigentum und private Last in die alleinige Verantwortung eben derselben Mutter übergeht: Eine Spende von einigen hundert Euro setzt schließlich niemanden in die Lage, ein Kind großzuziehen, und sie schafft auch keine kinderfreundlichen Lebensbedingungen. Kinder werden, obwohl die Bevölkerungsentwicklung seit vielen Jahrzehnten absehbar ist, bei politischen Entscheidungen vernachlässigt. Ungeborenes Leben dagegen soll z. B. in den USA mit Macht »geschützt« und gefördert werden. Mir scheint hier weniger Mitleid am Werk als Sentimentalität.

Überdies wird biologische Elternschaft häufig auf biologische Mutterschaft verkürzt in Regression auf ein Verständnis von Mutterschaft, dem Erdmutter-Mythen zugrunde liegen. Neben der wachsenden Reduktion des Kindes auf einen Kostenfaktor gibt es immer noch das sentimentale und mystifizierende Verhältnis zum Kind. Frauen, die keine Kinder haben, empfinden sich unter diesem Einfluss leicht als weniger weiblich. Kinder erhalten eine Bedeutung über sich selbst hinaus und sind so einer Art ideellem Missbrauch für unsere Defizite ausgesetzt. *Das Kind* als Idee oder als *eigenes* biologisches Kind wird dadurch überwertig, während das Interesse an *den Kindern* und ihrer Lebenswelt immer mehr schwindet. Wird aber in dieser Weise das Kind an die Stelle konkreter Utopien für notwendige soziale und politische Veränderungen gesetzt, wird Kinderlosigkeit zur Provokation nach außen und zur persönlichen Katastrophe alttestamentarischen Ausmaßes, wie es in Rahels Ausspruch: »Gib mir ein Kind (einen Sohn) – wenn nicht so sterbe ich« (1. Buch Moses 30, 16) zum Ausdruck kommt.

Susanne Mayer beklagt in schönster Aussterbemetaphorik die Selbstüberschätzung einer Gesellschaft, die sich aus Unreife nicht als Glied eines Generationenzusammenhanges begreifen kann. Sie diagnostiziert: »Im Gerangel um die letzten Sicherheiten ist eine mentale Schwäche spürbar, als wären wir im Zeitraffertempo schon zu jenen Greisen geworden, deren Nahen uns die Demografen prophezeien, in einer Gesellschaft ohne Perspektive jenseits der letzten Lebensphase.« (*Die Zeit*, Nr. 11, 2004) Diese mentale Schwäche ist offenbar rezidivierend. Bereits zehn Jahre zuvor klagte dieselbe Journalistin, vor der Einführung des Rentenversicherungssystems im Jahre 1957 hätten Kinder ihre Eltern im Alter unterstützt. »Seither wird denjenigen, die Kinder, also die späteren Rentenzahler, aufziehen, Unterstützung durch diese Kinder genommen – und denen zugeschoben, die sich eben nicht um Kinder kümmern. Ein legalisierter Diebstahl. (...) Kinder, so macht diese Politik klar, sind eine Falle und machen arm. Kein Imagegewinn in einer Gesellschaft, die dem leichten Leben und dem flotten Konsum huldigt.« (Susanne Mayer, Leitartikel zum »Jahr der Familie« in: *Die Zeit*, Nr. 1, 1994)

Ging es damals oder geht es heute bei der Frage »Kinder oder keine?« wirklich nur um Konsum und ums Image? Auf einer ernsthafteren Ebene könnte tatsächlich größere Wertschätzung und Unterstützung für das schwierige Geschäft des Kinderaufziehens beansprucht werden. Sinnvolle familienpolitische Forderungen werden aber wie hier leider häufig polemisch-vorwurfsvoll und bitter mit Vorurteilspflege gegenüber Kinderlosen aufgeputzt: Kinderlose kümmern sich eben nicht um Kinder und leben auf Kosten anderer, ja von »Diebstahl«!

Die neue Mütterlichkeit – Idealisierung in guter Absicht

> Man sollte den Leuten, die Mutterliebe preisen und Nächstenliebe predigen, nicht unbedingt Vertrauen schenken.
>
> *Vilém Flusser*

Kinderlosigkeit wird überwiegend von oder für Frauen problematisiert. Das mag mit der besonderen Bedeutung der Kinderphantasie im Zusammenspiel mit der körperlichen Weiblichkeitsentwicklung zusammenhängen. Nachdem nicht nur die männliche Rolle bei der Zeugung seit langem bekannt ist, sondern neuerdings auch der bedeutende männliche Anteil an den Fruchtbarkeitsstörungen, wäre es aber an der Zeit, auch nach den Bewältigungsformen für männliche Kinderlosigkeit zu fragen.

Die Zentrierung auf die Frauen liegt sicher auch daran, dass biologische Mutterschaft zur Mütterlichkeit schlechthin mystifiziert worden ist. Ginge es aber weniger um Schwangerschafts- und Geburtserleben und mehr um die Möglichkeit zur Fürsorge für Kinder, kämen automatisch die Männer stärker ins Blickfeld. Als könnten Erdmutter-Mythen für unser Leben Gültigkeit haben, scheint man jedoch immer noch gerne davon auszugehen, dass Frauen bei Kinderlosigkeit die Hauptbetroffenen sind. Fruchtbarkeit als Domäne der Frau und weibliche Bestimmung? Da die Bestimmung dessen, was eine Frau ist, jenseits der Biologie so schwer ist und sich ein androgynes Geschlechterbild, in dem Mann und Frau sich ähneln, immer mehr durchsetzt, scheinen sich viele Frauen vor allem dann weiblich zu fühlen, wenn sie ihre biologischen reproduktiven Fähigkeiten ausleben.

Was soll Frau auch nicht alles können! Ein Blick in eine beliebige Frauenzeitschrift lässt schwindeln: Ausbildung, Weiterbildung, Karriereleiter, richtiger Umgang mit Chef und Kollegen, wie flirte ich richtig am Arbeitsplatz. Durchsetzungsstark und anpassungsfähig. Immer freundlich, aber durchaus sehr bestimmt. Schlank, schön und schlau sind alle sowieso oder sie bemühen sich doch ernsthaft und täglich darum. Die alte Anforderung, etwas zu Essen auf den Tisch zu bringen, gilt heute nicht mehr. Es sollte schon Gourmetküche oder Vollwert- oder sonst eine Kochwissenschaft sein, gesund und preiswert, versteht sich. Während der Kuchen im Ofen ist, lernt sie: Wie umgarne ich meinen Liebsten mit einem selbst gestrickten Norwegerpulli, und falls er seine Krawatte nicht selber binden kann, packt sie das selbstverständlich auch noch. Das Heim verschönern als Freizeit-Innenarchitektin, Möbel selber bauen, vierzehn Gäste zu einem sechsgängigen Menü bewirten. Bei alldem immer das tadellos repräsentative Auftreten, das richtige Outfit, perfekt manikürte Nägel ohne abgesplitterten Lack an Händen und Füßen und abends schnell das selbst genähte Kleid aus dem tipptopp aufgeräumten Kleiderschrank für die Frau an seiner Seite. Und die Haare immer vorteilhaft geschnitten und selber gewaschen und gestylt (was war noch mal die richtige Fönlotion?) Und was durchs Selbermachen eingespart wird, muss selbstverständlich perfekten Geldanlagen zugeführt werden. Zwischendurch ein Psycho-Kurs für die Karriereberatung des Ehemannes und das tägliche Yoga zur Entspannung nicht vergessen, denn natürlich stiftet sie immer noch Harmonie und ist nicht etwa gestresst. Es ist einfach nicht zu schaffen. Was gehört nun zu einer Frau und was kann weggelassen werden? In dem ganzen Wirrwarr von überfordernden Weiblichkeitspostulaten scheint der Ausweg, sich durch ein Kind als Frau zu definieren, einfach und nahe liegend.

In der Frauenbewegung hat sich nach der Anti-Gebärmaschinen-Kampagne der 1970er Jahre bis Ende der 1990er eine Strömung entwickelt, die aus Enttäuschung über nicht erreichte Ziele im Kampf um Emanzipation und gegen Sexismus sich auf das »ureigenst Weibliche« besinnt. Nicht nur, dass die Väter dabei manchmal kaum mehr als Samenspenderfunktion zugesprochen bekommen, irritiert dabei. Sicherlich: Frauen wollen sich den Bereich des Schwangerseins und Gebärens nicht durch eine von Männern geprägte unnatürliche Medizin enteignen lassen. Wenn Schwangerschaft, Geburt und Stillen jedoch als Non-Plus-Ultra und Sine-qua-Non der Weiblichkeit begriffen werden, liegt darin auch eine Entwertung anderer, kinderloser weiblicher Lebensformen. Schon Marie Langer konnte sich in den 1950er Jahren immerhin vollwertige »Kompensationsformen« für Mutterschaft vorstellen. Sollen wir dahinter nun wieder zurückfallen?

Schwangerschaft, Geburt und Stillen als Versprechen, endlich eine eigene Identität zu finden? Das ist paradox, erfordert doch gerade der tägliche Umgang mit Kindern in besonderem Maße eine bereits gut etabliertes Selbstgefühl und ein Absehen von sich selbst, zumal in der sozialen Isolierung der Mütter mit kleinen Kindern.

Bei aller Sympathie für das Besinnen auf die eigene Körperlichkeit und ihren Wert: Schwangerschaft und Geburt als Identitätsverheißung, das ist ein uneinlösbares Versprechen. Nicht zuletzt: Allein stehende Mütter – seien sie noch so selbständige und emanzipierte Frauen, sind nun einmal alles andere als »befreit« lebende Menschen. Sie leben manchmal am Existenzminimum und oft am Rande der Erschöpfung. So kann Mutterschaft tatsächlich zur Entwicklungsfalle für die Frau werden.

Es könnte leicht sein, dass der neomatriarchale Kult in einer Gesellschaft, deren Geschlechterrevolution auf halbem Wege stehen geblieben ist, der Sache der Frauen mehr schadet als nützt. Auch das Konzept »Kind ohne Mann« ist keine Lösung für einen Geschlechterkonflikt. Für emanzipatorische und gesellschaftspolitische Ziele einsetzen können sich immer noch diejenigen Frauen am ehesten, die zuverlässige und dauerhafte Unterstützung bei ihren Mutterpflichten oder eben keine Kinder haben.

Der in den letzten Jahren geführte Diskurs um Weiblichkeitstheorien und weibliche Entwicklung ist lange überfällig und hat die vom Männlichen abgeleitete Sicht der Frau gründlich in Frage gestellt. Erik H. Erikson war einer der wenigen psychoanalytischen Autoren, der den weiblichen Funktionen und dem »inneren Raum« früh einen Wert aus sich selbst heraus zubilligte. Damit verspricht er einen Ausweg aus dem phallozentrischen Argumentationsghetto im Versuch, Weiblichkeit und Mutterschaft zu würdigen (Erikson, 1973). Er behandelt die Frauen als Gentleman, sieht man genauer hin, muss man sagen, er idealisiert sie. Frauen, so wünscht er sich, sollen mit ihren Fähigkeiten die Menschheit retten. Vermutlich hat die Idealisierung der Frau vom mittelalterlichen Minnesang bis heute ihren Ursprung im männlichen Narzissmus: Die Frau als Spiegel, in dem man die eigenen Ideale sehen will. Bei genauem Lesen ist festzustellen, Erikson spricht zwar auch von Vorbestimmung, aber immerhin nicht von Vorbestimmung zur biologischen Mutterschaft, sondern von Bestimmung zur »Sorge für ein Kind«. Das lässt noch einigen Spielraum.

Neugier auf das Erleben innerer Genitalität, Wiederaneignungswünsche in Bezug auf den früher entwerteten weiblichen Körper und einen Stolz auf die eigene Geschlechtlichkeit zu entwickeln sind grundlegende weibliche Wünsche. Auch wenn die körperbezogene *Phantasie* von einer Schwangerschaft durchaus dazugehören kann, müssen Frauen diese Phantasie nicht unbedingt ausleben, brauchen sie kein reales leibliches Kind, um sich in ihrem weiblich empfundenen Körper wohl zu fühlen. Sicherlich können Schwangerschaft und Geburt zu einer Erweiterung im körperlichen und seelischen Erleben führen. Ebenso sicher ist jedoch auch, dass diese potentielle Erweiterung durchaus krisenhafter Natur ist, d. h. wie jede Krise mit Ängsten und Schwierigkeiten verbunden bleibt. Elternschaft ist eine Krise und beinhaltet damit immer auch die Gefahr des Scheiterns. Der Zuwachs an Reife und innerer Vereinheitlichung, der erhofft wird, kann sich leicht als sein Gegenteil entpuppen: als Zuwachs an Schwierigkeiten mit Gefühlen der Unzulänglichkeit oder gar der Desintegration.

KINDER IN DER PAARBEZIEHUNG – PAARBEZIEHUNG OHNE KIND

Das Kind ist kein Heilmittel für die Ehe.

Manès Sperber

Der Wunsch nach einem gemeinsamen Kind dient Partnern sehr häufig als Liebesbeweis und als Absichtserklärung, zusammen zu bleiben. Viele Paare heiraten auch erst, wenn sich ein Kind angekündigt oder eingestellt hat. In der Schweiz z. B. sind ein Fünftel aller Erstgeborenen überhaupt erst der Heiratsgrund für ihre Eltern. So selbstverständlich und »normal« es einerseits immer noch für ein verheiratetes Paar zu sein scheint, zu Eltern zu werden (»Kinder gehören einfach dazu«), so wenig Informationen gibt es darüber, was dieser Übergang vom Paar zum Elternpaar für die Partnerschaft eigentlich jenseits der Klagen über einen schwierigen Alltag bedeutet. Das Zusammenleben soll schöner werden. Unzufriedenheiten sollen verschwinden, der Wunsch nach mehr Gemeinsamkeit und Nähe soll sich erfüllen. Die meisten Menschen hoffen auf Erneuerung, Erfüllung. Vor allem der Wunsch nach emotionaler Stabilisierung und Wertschätzung durch andere spielt eine Rolle, ein richtiges Zuhause haben, dem Leben einen Sinn geben. Für Menschen mit geringem Einkommen oder unsicherer beruflicher Situation ist der Kinderwunsch vor allem mit dem Wunsch nach sozialer Anerkennung verbunden. Sie haben aber mehr Angst vor persönlichen und materiellen Einschränkungen durch ein Kind.

Zeitliche und finanzielle Begrenzungen durch die Elternschaft werden generell gefürchtet, aber die Veränderungen für die Persönlichkeit des einzelnen, für das Selbstkonzept und Selbstgefühl, die Veränderungen in Hinblick auf die Paarbeziehung werden unterschätzt. Destabilisierung der Paarbeziehung durch den Übergang zur Elternschaft ist weniger die Ausnahme als die Regel.

Ein Vater von zwei Kindern ist überzeugt, dass viele Kinder auf folgende Weise zur Welt kommen: Die Paarbeziehung kriselt, das Paar bekommt ein Kind. Die Krise verschärft sich, und als Alternative zu einer Trennung beschließt man ein weiteres Kind. Mir selbst ist ein – zum Glück wohlhabendes – Paar bekannt, das auf diese Weise vier Kinder bekam. Statt dem Fünften erfolgte schließlich die Trennung.

Die Veränderungen durch das reale Kind und die fehlenden sozialen und gesellschaftlichen Unterstützungssysteme stellen nicht selten eine Überforderung für die Partnerschaft dar und können dann zum Scheitern der Beziehung führen. Solche voraussehbaren oder untergründig erahnten Belastungen bilden für sensible Menschen auch bereits im Vorfeld eine Ursache für Stress und können damit empfängnisverhütend wirksam sein. Wovor schützen sich kinderlose Paare auf der Beziehungsebene im Einzelnen? Was bleibt ihnen erspart?

Gemeinsam ein Drittes

Dieter Bürgin nennt als die drei wesentlichen Veränderungen, die sich durch die Elternschaft für ein Paar ergeben würden: die Erweiterung der Beziehung, die Neudefinition der eigenen Identität sowie der Kommunikationsmuster und die Arbeitsteilung des Paares.

Mit einem Kind würde die Zweierbeziehung zunächst in der Phantasie (vor der Zeugung), später ganz real auf eine Dreierbeziehung erweitert. Das schließt immer auch die Gefahr ein, dass der Dritte ausgeschlossen werden könnte oder er von Fall zu Fall schmerzlich erleben muss, wie zwei sich nah sind. Hier droht eine Wiederbelebung kindlicher Einsamkeitsgefühle angesichts der Exklusivität der Elternbeziehung. Mehr als eine bloße Ergänzung, ein Anbauen, ein Umbauen der Beziehung ist gefordert, was nicht ohne Mühen vor sich geht. Wenn der Lack schon ab ist, entstehen leicht Phantasien vom Aufpolieren und Renovieren der Beziehung. Solche Phantasien ermessen aber nicht, was Paare mit der Geburt eines Kindes leisten müssen.

Durch die wachsende Instabilität von Paarbeziehungen, abzulesen an den hohen Scheidungs- und Wiederverheiratungsziffern, wirkt in Beziehungen auch der Gegenpol: das enorm gestiegene emotionale Sicherheitsbedürfnis. Das gemeinsame Kind scheint hier einen Ausweg anzubieten: Auch hier kann etwas ganz Neues entdeckt werden, und man erfährt sich selbst im Kind neu. Das Kind »verwandelt« einen und die gemeinsame Beziehung, in die sich vielleicht Alltagsroutine eingeschlichen hat und Langeweile, wenn der Partner kein Geheimnis mehr zu bergen scheint. Mit einem Kind ist diese Erweiterung der Beziehung und des eigenen Selbst möglich, ohne dass – wie in sexuellen Außenbeziehungen zum Beispiel – von vornherein die Beziehung aufs Spiel gesetzt würde.

Von vornherein nicht, oft aber hinterher: Paare beschreiben das erste Lebensjahr ihres ersten Kindes sehr häufig als eine einzige Krise. Manche erholen sich nicht mehr davon. Auch wenn Scheidungen oft erst einige Jahre später erfolgen, gehen doch die Schwierigkeiten vieler Paare auf den nicht bewältigten Übergang von der Zweierbeziehung zur Familie zurück. Die Scheidungsdaten zeigen jedenfalls, dass Kinder keinen Schutz vor Trennungen darstellen, im Gegenteil. Es kommt vor, dass verzweifelte Eltern, deren problematische Paarbeziehung die zusätzlichen Belastungen nicht verkraftet hat, nach Jahren zu der Erkenntnis gelangen:»Wir hätten besser keine Kinder bekommen.«

Vermeiden Paare ohne Kinder eine Konfliktkonstellation, wie sie in einer Dreierbeziehung in Permanenz auftaucht? Tatsächlich gibt es in unserer Zeit Tendenzen zur Dyade, zur ausschließlichen Zweierbeziehung, in der das gemeinsame Dritte allenfalls durch Sucht oder suchtartigen Konsum repräsentiert wird, durch unbelebte Objekte, an die sich Phantasien von einem besseren Leben knüpfen, die aber selbst keine Anforderungen stellen. Das Dritte dient dann nur als eine Art Übergangsobjekt.

In reifen erwachsenen Beziehungen ist dies nicht der Fall. Das gemeinsame Dritte kann hier in einem gemeinsam geteilten Interesse bestehen: im Freizeitbereich oder in gegenseitiger Anteilnahme am Beruf oder anderen gemeinsamen Projekten. Wohlwollen für etwas, eine Sache, einen Menschen, eine Menschengruppe zu entwickeln, diese als sie selbst wahrzunehmen, ihr Wohl zu fördern, sie vielleicht zu schonen, zu schützen, zu unterstützen. Diese Einstellung ließe sich als mütterlich oder väterlich bezeichnen. Sie kann in Hinblick auf sehr viele Bereiche und Menschen umgesetzt werden. Eigene Kinder sind für diese Haltung nicht erforderlich.

Vielen Paaren gelingt es, eine stabile Partnerschaft ohne Kinder aufzubauen, die von wechselseitiger Solidarität in beruflichen oder außerberuflichen Fragen, Verständnis und Unterstützung geprägt ist. Dies setzt beim Mann voraus, dass er seine Männlichkeit durch die »männlichen« Ambitionen und Wünsche der Partnerin nicht bedroht fühlt und dass er seine eigene sorgende Weiblichkeit gut integriert hat, also seine Frau auch unterstützen und in gewisser Weise »umsorgen« kann. Bei der Frau sind stabile berufliche Identifikationen hilfreich. Wenn das Kind die einzige aussichtsreiche Zukunftsperspektive ist, wird Kinderlosigkeit leicht zum Leiden oder zur Krankheit. Eine Frau, die von ihrer häuslichen Arbeit nicht befriedigt ist und die daneben keine Tätigkeit hat, die Bedeutung für sie selbst besitzt und die sie liebt und schätzt, wird dann ihre Weiblichkeit eher in Zweifel ziehen als eine Frau, die den Eindruck hat, sinnvolle und wertvolle Arbeit zu leisten, und deren Leben sie ausfüllt. Auch Männer leiden weniger unter ihrer ungewollten Kinderlosigkeit, wenn sie andere Lebensziele haben, auf die es sich für sie lohnt, hinzuarbeiten.

Für Franziska und Michael scheit diese Form von kinderloser Partnerschaft seit vielen Jahren gut zu passen. Sie haben den gleichen Beruf und arbeiten manchmal zusammen. Jeder hat aber auch eigene Projekte, die der Partner wertschätzt.

> Früher haben wir in einer Wohnung gewohnt, aber schließlich bin ich in die andere Wohnung im Haus gezogen. So ist es ideal. Kinder wollten wir schon, aber nicht sooo. Wie man so etwas eben will. Manche wollen das ja ganz unbedingt. In jedem Fall wäre es sehr schwirig geworden mit den ganzen Reisen. Gegangen wäre es vielleicht, mit viel Geld. Manche Frauen geben ja ihr ganzes verdientes Geld für Kinderbetreuung aus. Das ist heute viel teurer als früher.
> Ein Kind beginnt mit einem Paar, das Paar hat die Vorstellung von einem gemeinsamen Kind. Und ich denke heute, ich hatte eben ganz andere Vorstellungen im Kopf, als ich Michael kennen lernte. Ich hatte mein Arbeitsprojekt im Kopf, und er hat daran mitgearbeitet.

Die früher erprobte Fähigkeit des Kindergartenmädchens, den Jungen in ihren inneren Raum einzubeziehen, ihn ins Puppenhaus zu locken, zeigt sich bei Franziska im Erwachsenenalter an der Anteilnahme und Beteiligung ihres Mannes an Projekten und Interessen seiner Frau. Diese Beteiligung muss keine aktive Zusammenarbeit sein wie bei den beiden. Innere Teilnahme, Interesse und Wertschätzung an etwas, das außerhalb der Partnerschaft angesiedelt ist, kann als gemeinsamer Bezugspunkt dienen, ähnlich, wie das von biologischen Kindern erhofft wird. Im Fall, wo das nicht gelingt, wo die Frau mit ihrem Leben unzufrieden ist und Mühe mit der Berufsorientiertheit ihres Mannes hat, verdeckt der Wunsch nach einem gemeinsamen Kind oft eine tiefere Beziehungsstörung.

Beziehungswünsche

Wir leben in einer Kultur, die die Autonomie des Einzelnen sehr hoch einschätzt. Seelische Entwicklung wird gerne in Kategorien von Loslösung und Individuation beschrieben. Selbstständigkeit und Unabhängigkeit gelten als Kriterium für psychische Gesundheit. Sie werden von klein auf groß geschrieben, vor allem für Männer. Das Ideal des autonomen Menschen vernachlässigt jedoch eine andere Tendenz, das Miteinander, die Bindungsfähigkeit und die Beziehungswünsche. Weil sich Männer recht früh unabhängig machen müssen von der Mutter, um anders zu werden, um eben ein Mann zu werden, sind ihre Beziehungswünsche oft weniger dominant als bei Frauen, die in ihrer wachsenden Selbstständigkeit immer auch verbunden bleiben können mit ihrer wichtigsten Beziehungsperson, der Mutter.

Die unterschiedliche Bewertung von Beziehung bei Männern und Frauen führt oft zu Paarkonflikten: Die Frau will reden, im Gespräch sich bezogen und verbunden fühlen, eine Situation des Vertrauens, der Akzeptanz oder Übereinstimmung herstellen. Der Mann wird ungeduldig, weiß nicht, was sie will, wenn sie nicht konkrete sachliche Wünsche äußert. Je intimer die Beziehung, desto größer oft seine Angst, sich an die Frau zu verlieren, und desto größer der Wunsch nach Sachlichkeit und einer gewissen Distanz. Frauen, die sich innerlich nicht genügend mit ihrem Lebenspartner verbunden fühlen und nicht genügend Austausch finden, werden leicht niedergeschlagen, weil ihnen etwas ganz Zentrales fehlt. Bei ihnen ist der Wunsch, sich auf andere zu beziehen, in Beziehungen zu leben, sich in ihnen auch des eigenen Wertes zu versichern, sehr ausgeprägt. Der Verzicht auf Beziehungsaspekte, z. B. zu eigenen Kindern, fällt ihnen deshalb besonders schwer.

Wie beim Kind, das mit der Puppe spielt, geht es manchmal um den geheimen Wunsch, selbst zu bekommen, was man gibt. Dieses unausgesprochene Prinzip, etwas zu geben, was man eigentlich selbst erhalten möchte, motiviert Frauen häufiger: Für Paarbeziehungen setzen sie dann mehr ein, als sie letztlich vor sich selbst verantworten können. Sie gehen über ihre Grenzen, indem sie scheinbar »zu sehr lieben«. Sie vermeiden die Gefühle, die sich bei nüchterner Betrachtung einstellen würden. Statt sachlich zu bilanzieren, was zu erhalten ist und was nicht, statt die Beziehung im Gleichgewicht zu halten, vermeiden sie die Konsequenzen ihrer Ent-Täuschung. Weiteres Engagement deckt zu, was nicht sein soll, weil es nicht sein darf. Hier ist die mehr oder weniger eingestandenen Hoffnung am Werk, wenn nur sie selbst lange genug tun, was sie sich vom anderen wünschen, könne der Partner am Ende nicht mehr anders, als es ihnen in gleicher Münze zurückzugeben. Dabei werden andere, abgestufte Beziehungsmöglichkeiten zu Arbeitskollegen, Nachbarn, entfernteren und näheren Freunden vernachlässigt. Dabei sind vor allem die Freundschaftsbeziehungen zu anderen Frauen, in denen man sich wichtig genommen und verstanden fühlt, eine wichtige Ergänzung zur Partnerschaft. Sie sollten sorgsam gepflegt werden.

    Bleiben tiefere Beziehungswünsche in der Partnerschaft unerfüllt, werden sie leicht auf ein potentielles Kind übertragen. Es soll endlich geben, was so fehlt, und eine Gemeinsamkeit herstellen. Und wenn dieses reale Kind nach dem Ende der Säuglingszeit und mit wachsendem Eigenwillen mich nicht ausfüllt und glücklich macht, dann vielleicht das nächste. Dies wäre realitätsfernes Wunschdenken. Wenn die meisten Frauen *nicht* unentwegt Kinder bekommen, dann auch deshalb, weil sie in der Lage sind, aus ihren Erfahrungen zu lernen und realistischer abzuwägen, was auf sie zukommt. Was schon in erwachsenen Paarbeziehungen nicht funktioniert, weil der verwöhnte Partner ja immer weniger veranlasst ist, sich zu bemühen, kann mit Kindern schon gar nicht klappen. Oft genug bekommt gerade jemand, der aktuell gar nichts braucht, etwas zurück. Meist in unvorhergesehener Weise und nicht da, wo es erwartet wurde.

Die prekäre Situation von Ehepaaren, die immer seltener lebenslang zusammenbleiben, lässt die Partner häufig Veränderungen vermeiden, die zu einer Destabilisierung oder einem Lebensrisiko führen könnten. Arbeitslosigkeit, psychische oder körperliche Krankheit, Geliebte als »Dritte« sind Hauptfaktoren, die zu einer Überlastung der Beziehung führen können. Aber auch Kinder führen in der äußeren und inneren Realität des Paars, im Gefüge der eingespielten Rollen und Befriedigungsformen zu Umbrüchen mit oft orkanartiger Dynamik. Hat dann die Ehe keinen Bestand, steigern gemeinsame Kinder das Armutsrisiko für beide. Der Verzicht auf Kinder dient damit bewusst oder unbewusst dem Schutz der Paarbeziehung, die sich ohne Kinder ruhiger entfalten und im Sinne der Ko-Evolution entwickeln kann.

Länger verheiratete Paare ohne Kinder äußern im Vergleich zu Paaren mit Kindern in direkter Befragung größere Zufriedenheit mit ihrer Beziehung. Auch ohne Kinder, ja vielleicht gerade durch die freien Ressourcen, die in der Kinderlosigkeit liegen, kann es also gelingen, die Partnerschaft zu festigen und erfüllt zu halten, sich gegenseitig nicht an wichtigen Reifungsschritten zu hindern, sondern sich gemeinsam weiterzuentwickeln.

Absturzgefahr: Gleichberechtigung als Drahtseilakt mit Kind

Kommunikationsmuster und Arbeitsteilung eines Paares ändern sich mit einem Kind grundlegend. Was von weitem aussieht wie ein lösbares Organisationsproblem, entpuppt sich bei näherem Hinsehen, vor allem, wenn beide aus gutem Grund ihre Berufstätigkeit auch mit Kindern gerne aufrechterhalten wollen, sehr schnell als ein auswegloses Dilemma. Lösungen gehen oft zu Lasten der Frauen, die einen wichtigen Identitätsbaustein, ihre Beruflichkeit, aufs Spiel setzen müssen und dann auch oft verlieren.

Die emotionalen und sozialen Auswirkungen des Umbaus von Ehe zu Familie spielen ihre Rolle bei der bewussten Entscheidung, keine Kinder zu bekommen wie auch z. T. bei untergründigen, seelisch bedingten Ursachen der Kinderlosigkeit. In dem Alter, in dem Frauen am leichtesten schwanger werden können – also bis Mitte 20 – steht die Ausbildung im Vordergrund. Danach, bis Mitte 30, werden beruflich die höchsten Anforderungen gestellt. Dies führt dazu, dass viele Frauen den Mut verlieren, wenn sie sehen, dass Kollegen von vornherein weitaus bessere Chancen haben. Diese Männer denken und fühlen innerhalb von Arbeitsstrukturen, die voraussetzen, dass sie sich nicht um Haushalt und Kinder zu kümmern brauchen. Ganztags zu arbeiten und trotzdem »irgendwie« Kinder zu haben, wünschen sich viele Frauen mit qualifizierter Berufsausbildung, vor allem Studentinnen. Dass das ohne flexible Arbeitszeiten für beide Partner nicht geht, machen sich wenige klar. Ob der Freund/Partner im Fall des Falles überhaupt bereit und in der Lage wäre, sich an der Kindererziehung und am Haushalt über fast zwei Jahrzehnte zu beteiligen, ist selten Gegenstand konkreter *vor*ehelicher und partnerschaftlicher Verhandlungen.

Nur 2,5 Prozent der Väter nehmen eine »Elternzeit«. In Zeiten wirtschaftlicher Unsicherheit klammern sich die Männer an ihre Anstellung, obwohl es für sie vielleicht sogar leichter wäre, etwas zu reduzieren. Leichter als für die Frauen, ihren Job nicht wegen der Mutterschaft *ganz* zu verlieren. Die Vaterrolle bleibt dann das Sahnehäubchen der männlichen Biographie, ein Sahnehäubchen, mit dem sie die alleinverantwortliche Frau versorgt, deren Leben sich radikal verändert.

> Es ist nicht in jeder Zeitschriftenanzeige dieselbe Frau. doch die zugrunde liegende Idee ist dieselbe. Wie sie so vorwärts schreitet, in der einen Hand die Aktentasche, an der anderen ein lächelndes Kind, erkennt der Betrachter auf den ersten Blick: eine berufstätige Mutter. Sie geht ihren Weg, im wörtlichen wie übertragenen Sinn. Ist ihr Haar lang, fliegt es nach hinten, ist es kurz, bauscht es sich seitlich auf und suggeriert Mobilität und Fortschritt. Sie hat nichts schüchternes oder passives an sich. Sie ist selbstbewusst, aktiv, ›emanzipiert‹. Sie trägt ein dunkles, maßgeschneidertes Kostüm, dazu aber ein Seidentuch oder eine bunte Schleife, die signalisieren: ›Darunter bin ich eine richtige Frau.‹ Sie hat es in der Männerwelt zu etwas gebracht, ohne ihre Weiblichkeit zu opfern. Und sie hat es aus eigener Kraft geschafft. Wie durch ein persönliches Wunder, so suggeriert das Bild, ist es ihr gelungen, das wieder miteinander zu verbinden, was 150 Jahre Industrialisierung auseinanderdividiert haben: Kind und Beruf, Schleife und Kostüm, weibliche und männliche Kultur.
>
> Viele berufstätige Mütter, die ich für dieses Buch interviewt habe, lachten laut auf, als ich ihnen das Foto der Supermutter zeigte. (Hochschild: *Der 48-Stunden-Tag*, 1989, S. 23)

Im Seelischen scheint so etwas wie ein »Umbau« oder »Anbau« vorgenommen zu werden, wenn ein Kind in die Partnerschaft kommen soll. Die Selbstverständlichkeit, mit der sich ein berufstätiges Paar in emanzipierter Weise die Hausarbeit teilt, kann nach der Geburt von Kindern offenbar nicht aufrechterhalten werden. Im Gegenteil, selbst bei fortdauernder Berufstätigkeit der Frau nimmt mit der Geburt von Kindern die Arbeit des Partners im Haushalt ab! Um es ganz deutlich zu machen: In Deutschland wie in Amerika beteiligen sich Männer von berufstätigen Frauen nach der Geburt eines Kindes *weniger* an der Hausarbeit als vorher, auch wenn die Frau durch Berufstätigkeit und Kinderbetreuung nun zeitlich weitaus höher belastet ist und auf die Hilfe ihres Mannes weit mehr angewiesen wäre. Berufstätige Mütter haben zwar ein höheres Selbstwertgefühl und neigen weniger zu Depressionen als Hausfrauen, sie leiden jedoch mehr als jede andere Gruppe unter Angstgefühlen und Erschöpfung und sind im Vergleich zu ihren Ehemännern häufiger krank. Deutliche Hinweise auf eine Überforderung, die das harmlose Wort von der Doppelbelastung eher verschleiert!

Während sich das Frauenbild innerhalb von zwei Generationen völlig verändert hat, scheint das familiäre Rollenverständnis der Männer eher gleich geblieben zu sein. Die neue Funktion »Vater« und »Mutter«, die beide Partner nun übernehmen, ruft innere Bilder wach, wie wir sie in der Kindheit durch Identifizierung mit den eigenen und fremden Vätern und Müttern gebildet haben. Diese inneren Bilder scheinen (vor allem beim Mann) noch stark vom traditionellen Rollenbild geprägt. Auch wenn das Paar sich bereits im Übergang zu einem gleichberechtigten Paarbeziehungstyp befindet, kommt es unter dem psychischen und wirtschaftlichen Druck der Familiengründung zu einem Rückfall in die Modelle der früheren Generationen. Wo wenige oder keine Vorbilder für eine veränderte Aufgabenteilung vorliegen und die Gesellschaft nicht selbstverständlich von der Berufstätigkeit von Müttern ausgeht, ist es doppelt schwer, neue Lebensformen nicht nur im Kopf zu entwerfen, sondern im Alltag immer wieder in kleinsten Dingen durchzusetzen und nicht im Alltagsstress in die verinnerlichten Kindheitsmuster von »Papa, Mama, Kind« zurückzufallen.

Elternschaft als Überforderung

Allzu oft folgt für die Frauen nach dem beruflichen Arbeitsalltag ein gehetztes zweites Leben als Hausfrau und Mutter. Kinderlose Paare können hier eher ein Gleichgewicht herstellen. Was Wunder, wenn Kinder aufgeschoben werden, solange bis sie ungewollt ausbleiben oder das Paar sich an den kinderlosen Zustand gewöhnt hat und die Veränderung mit einiger Berechtigung fürchtet. Kinderlosigkeit ist eben nicht lediglich eine Laune unreif gebliebener egoistischer »alter Kinder«, sondern auch ein ernstzunehmendes Symptom für tief greifende und individuell oft unlösbare soziale Probleme.

Sowohl im Zusammenspiel von Seele und Körper (der Autosphäre, könnte man sagen), als auch in der Mikrosphäre der Paarbeziehung kann die Kinderlosigkeit, gewollt oder ungewollt, als sinnvolles Anzeichen einer Überforderung betrachtet werden, die aktuell besteht oder die durch ein Kind drohen könnte. Die realen Überforderungen können oftmals nicht gesehen werden, weil die Kinderlosigkeit als eigenes Versagen erlebt wird. Viele Menschen haben ja die Vorstellung, sie müssten mit allen Belastungen alleine fertig werden. Unsere Kultur neigt dazu, Schwierigkeiten zu individualisieren. Wenn aber jeder für seine Kinder alleine verantwortlich ist, kaum soziale Unterstützungsangebote bestehen, bedeutet das auch eine Überforderung in der Makrosphäre, auf der sozialen und gesellschaftlichen Ebene. Der Einzelne kann nicht wettmachen, was im Großen und Ganzen fehlt.

Gesellschaftliche Faktoren können das Kinderkriegen erleichtern, wie beispielsweise in Frankreich, sie können es erschweren oder eben auch verhindern wie bei uns. Bei den Yatmul in Papua Neuguinea wird der Mann bereits während der Schwangerschaft durch soziale Regeln fest in die Elternschaft eingebunden, wie um ihm bewusst zu machen: »Ihr seid nicht mehr zu zweit, sondern zu dritt.« Es gibt eine sozial geförderte seelische Vorbereitung des Mannes. Das bedeutet, dass auch die Frau nicht allein bleibt, sondern die nötige Unterstützung bekommt. Auch nach der Geburt gibt es soziale Regeln, die zum Schutz der Frau und des Kindes und des Vaters verhindern, dass zu schnell eine erneute Schwangerschaft eintreten kann, und die den Mann verpflichten, die Entwicklung des Neugeborenen genau zu verfolgen.

Die Vorstellungen von dem, was ein Vater ist, scheinen in so genannten primitiven Kulturen den Realitäten oftmals besser angepasst als bei uns. Während hierzulande Eltern gerichtlich um das Besuchsrecht ihres Kindes streiten, die dieses Kind in der Vergangenheit vernachlässigt und misshandelt haben, während das Sorgerecht erstritten wird von Eltern, die mit ihrem Kind nicht gelebt haben und kaum eine Beziehung zu ihm haben, gilt in anderen Kulturen automatisch derjenige als Vater, der am längsten mit der Frau während der Schwangerschaft zusammen war und ihr Unterstützung geboten hat. Die soziale Elternschaft ist gegenüber der rein biologischen aufgewertet.

Der Wunsch nach einem »eigenen« biologischen Kind ist oftmals überlastet durch unerfüllte Wünsche, für die es keine anderen Befriedigungsmöglichkeiten zu geben scheint: Wünsche nach einem Bereich außerhalb von Berufs- und Leistungsstress, nach Kontakten und sinnlichem Genuss. Wenn diese Wünsche nicht ebenso gut außerhalb des phantasierten Umgangs mit dem Kind erfüllt werden können, kann das gewünschte Kind gewissermaßen bereits vor der Geburt überfordert werden, so dass sich eine Schwangerschaft gar nicht erst einstellt.

Es ist sinnvoll, das Kind nicht gegen diese Überforderung zu erzwingen, sondern wenn möglich diese Schwierigkeiten zu klären, um so vielleicht eine spontane Schwangerschaft zu ermöglichen oder aber die Kinderlosigkeit als Folge der einmal gewählten Lebensbedingungen, als Krankheitsfolge oder als Folge des Hinauszögerns zu akzeptieren. Auch wer sich für eine Fertilitätsbehandlung entscheiden möchte, tut gut daran: Die Chancen für eine Schwangerschaft sind dort größer bei Frauen, für die auch andere Lebensentwürfe als nur der mit »eigenem« Kind denkbar sind (Hölzle et al., 2000).

Zwischen Wunsch und Angst

> Un enfant si je veux, quand je veux.
> (Ein Kind falls ich will, wann ich will.)
>
> *Verhütungswerbung
> auf französischen Autobussen*

Bereits im Vorfeld einer Entscheidung bedeutet die Frage des Übergangs vom kinderlosen Paar zum Elternpaar eine Krise. Zu ihrer Bewältigung müssen die nötigen inneren und äußeren Ressourcen bereitstehen. Die Auflösung dieser Krise kann bewusst oder unbewusst durchaus das In-Kauf-Nehmen dauerhafter Kinderlosigkeit sein, wenn beide Partner in der Lage sind, diese Lösung zu akzeptieren. Dann kann dieser Ausgang zu größerer Paarzufriedenheit führen als die atemlose Jagd nach einem Kind oder ein aufreibender Elternalltag.

Letztlich wird es sich immer um ein Ja-Aber handeln. Viele Menschen fühlen sich nicht in der Lage, eine eindeutige Entscheidung zu treffen oder dieses Ja-Aber mit offenem Ausgang auszuhalten. Ein Kind zu wünschen und gleichzeitig nicht zu wünschen – dieses zwiespältige Gefühl teilt sich dann manchmal zwischen Körper und Psyche auf: Man will, »kann« aber nicht. Manche Paare lassen dieses zwiespältige Gefühl einem Kind gegenüber als Paarkonflikt erscheinen: Eine(r) hat den Part des Nicht-Wollens, die oder der andere den Part des Wollens. Tatsächlich haben aber beide mehr oder weniger bewusst Wünsche und Ängste in Bezug auf ein Kind, ohne diese Ambivalenz eingestehen zu können. Der Ausweg: Eine sagt *ja*, der andere sagt *aber* oder noch deutlicher *nein*. Die Rollenaufteilung zwischen Ja-Sager und Nein-Sager kann dabei wechseln. Die Psychoanalytikerin Thea Bauriedl bezeichnet eine solche Rollenverteilung als Ambivalenzspaltung. Da sich letztlich das Nein durchsetzt, bleibt es sehr oft bei der Kinderlosigkeit.

Aufschub

Häufig ist auch die Aufteilung gegenläufiger Tendenzen in der Zeit. Man möchte schon und möchte doch nicht, jedenfalls nicht zum gegenwärtigen Zeitpunkt. Für diese Lösung, die mehr ein Aufschub ist, spielen empfängnisverhütende Maßnahmen eine wichtige Rolle.

»Kinder ja, aber später.« Das ist die Formel, mit der sich die meisten kinderlosen Paare offen zu halten versuchen, wenn sie keine Möglichkeit sehen, wie Kinder in ihr gegenwärtiges Leben integrierbar wären und andererseits auch (noch) nicht auf Kinder verzichten wollen. Also wird die Kinderfrage aufgeschoben. Wir haben die Mittel dazu. Oft steht dahinter die Phantasie, das spätere Weglassen eines Verhütungsmittels führe zur Schwangerschaft.

Noch vor wenigen Jahren war es für viele Menschen selbstverständlich, den Geburtenrückgang mit der Anwendung zuverlässiger Verhütungsmittel in Verbindung zu bringen. Man machte das Mittel, nicht die Anwender und ihre inneren und äußeren Lebensbedingungen verantwortlich. 1978 nannten 40,7 Prozent der Frauen in einer Umfrage über die Gründe für die Beschränkung der Kinderzahl in heutigen Ehen das Vorhandensein von Verhütungsmitteln als wichtigen Grund. 1983 waren es dann nur noch 29 Prozent, während »Angst vor der Zukunft« vom sechsten Rang der Liste auf Platz eins avancierte (Pohl, 1985). Natürlich erfassen solche Umfragen nur die Oberfläche und nicht die tieferen Gründe für den Geburtenrückgang. Zudem ist zu berücksichtigen, dass unterschiedliche Themen zu unterschiedlichen Zeiten ins öffentliche Bewusstsein rücken. Immerhin wurde der Verhütung von den Frauen doch eine wichtige Rolle zugeschrieben, und die hat sie auch.

Die hormonellen Verhütungsmittel haben der Illusion Vorschub geleistet, dass jedes Paar ein selbstverständliches Recht habe zu entscheiden, wann es Kinder hat und wie viele Kinder es hat. Damit hat die Pille indirekt der Fertilitätstechnik enormen Aufschwung verschafft und diese wieder der Gentechnik.

Aber sind Kinder wirklich planbar? Planbar ist, wann Kinder *nicht* kommen sollen, nur das. Und ab dem Alter von 25 Jahren sinkt mit jedem Jahr des Nicht-Kommens die Wahrscheinlichkeit, ab 30 deutlich und ab 35 fällt die Kurve dramatisch steil ab. Im 35. Lebensjahr soll für Frauen die Chance, schwanger zu werden, nur noch elf Prozent betragen. Dazu kommt die ebenfalls nachlassende Fruchtbarkeit des Mannes. Rund ein Drittel der Paare, die nach 35 heiraten, bleibt kinderlos – sehr oft ungewollt. Zahlen machen manches plausibel. Leider befriedigt das nicht das einzelne Paar mit Kinderwunsch. Ihm würde ein einziges gesundes Spermium und eine ganz geringe Chance ja genügen, wenn sie nur einträfe!

Lustvolle Tatsachen

Die Frage, welche Rolle sexuelle Lust und Zufriedenheit für die Partnerschaft spielt, füllt Bände. Zweifellos zählen aber sexuelle Störungen, Lustlosigkeit und sexuelle Enthaltsamkeit neben dem Aufschub ins höhere Alter zu den wichtigsten außermedizinischen Ursachen für die ungewollte Kinderlosigkeit.

> Ein männlicher Bergdorfbewohner in der Schweiz kam ins heiratsfähige Alter, ohne dass sich in seiner näheren Umgebung eine Partnerin für ihn gefunden hätte. Sie sollte romanisch sprechen und dem einsamen Le-

ben als Bergbäuerin gewachsen sein. Ein Mann aus dem Dorf, der gerade von einer Reise über den Pass zurückkam, sagte ihm eines Tages: »Ich weiß dir eine Frau.« Ohne ihn je gesehen zu haben, kam die Frau aus dem Engadin ins Albulatal, wo sie nie vorher gewesen war. Die beiden heirateten, lebten und arbeiteten miteinander jahraus jahrein, ohne dass sich Nachwuchs einstellte. Eine neugierige Nachbarin stellte der Bäuerin nach Jahren beherzt die Frage: »Warum habt ihr denn keine Kinder bekommen?« – Die antwortete schlicht: »Im Winter war es zu kalt und im Sommer hatten wir keine Zeit.« Damit war die Sache erledigt, und keiner fragte mehr nach. Diese Geschichte erzählte mir eine alte Frau aus Graubünden, als sie hörte, dass ich an einem Buch über kinderlose Paare schreibe.

Ganz anders in unserer Zeit, in der alles und jedes selbst bestimmt und selbst gerechtfertigt werden muss. Heute fällt selbst sexuell zufriedenen Paaren das Eingeständnis schwer, keine Kinder bekommen zu haben, weil sie einfach nicht gekommen sind. Eher äußert man, »den Zeitpunkt verpasst« zu haben, oder gibt zu verstehen, Kinder hätten eben nicht zum Lebensstil gepasst. Wer »einfach so«, ohne ausdrückliches Nicht-Wollen keine Kinder hat, gerät unter Verdacht, wie die Bergbäuerin sommers keine Zeit und winters keine Gelegenheit gehabt zu haben. Wo die sexuelle Identität durch ein leibliches Kind gesichert und ein erfülltes Sexualleben damit ausgewiesen werden soll, entsteht zusätzlicher Druck von innen.

Darüber hinaus können in der sexuellen Beziehung eines Paares Fortpflanzung und Phantasien über die Fruchtbarkeit beider Partner eine bedeutsame Rolle spielen. Oft bestehen auch mehr oder weniger bewusste Phantasien vom Zeugungsakt als Sinn des sexuellen Kontakts. Wer dann weiß, dass er keine Kinder bekommen wird, wird sich in seinem sexuellen Erleben beeinträchtigt fühlen.

Wird die ungewollte Kinderlosigkeit nicht als Misserfolg und Bestätigung der eigenen Wertlosigkeit erlebt und depressiv verarbeitet, muss aber die Sexualität eines Paares keineswegs darunter leiden. Rund ein Viertel der Durchschnittspatientinnen von Gynäkologen und Geburtshelfern klagen über einen Mangel an sexueller Befriedigung. Untersuchungen in Holland und der Schweiz ergaben bei ungewollt kinderlosen Paaren eine größere Zufriedenheit als beim Durchschnitt der Paare. Sie leben ein entwickelteres und erfüllteres Sexualleben (Pasini, 1980).

Anfänger oder Erwachsene

Mit einem Kind würde sich das Paar gegenseitig zu etwas Neuem machen: zum Vater, zur Mutter. Eine ganz neue Bestimmung und Veränderung des eigenen Bildes als Mann oder Frau muss stattfinden, auch in Hinblick auf die eigenen Eltern und die eigene Herkunftsfamilie. Es entsteht gewissermaßen noch einmal neuer Definitionsdruck wie bei allen größeren lebensgeschichtlichen Veränderungen. Man wird noch einmal zum Anfänger.

Unsere Gesellschaft weist einen Mangel an Ritualen auf, wie sie Bettelheim für den Übergang von Kindheit zum Erwachsenenalter beschrieben hat. Als Übergangsriten erleichtern sie in so genannten »primitiven« Kulturen den Übergang von einem sozialen und psychischen Status zu einem anderen. Wo es keine kulturell festgelegten Übergänge ins Erwachsenenalter gibt, rückt das Elternwerden leicht an die Stelle eines Beweises von Erwachsenheit. Dabei würde Erwachsenheit vorher schon als Voraussetzung gebraucht, um die Anforderungen von Elternschaft überhaupt zu meistern.

Wer das Kinderkriegen als Zeichen der Reife sieht, dem liegt es nahe, kinderlosen Paaren diese Reife abzusprechen. Unter ungewollt kinderlosen Paaren ist jedoch der Anteil an psychischen Störungen nicht höher als in der Normalbevölkerung. In einer großen Zahl inzwischen untersuchter psychologischer Merkmale sind ungewollt Kinderlose nicht von Fertilen zu unterscheiden (Strauß et al., 2004). Ein Nachweis für verallgemeinerbare Unterschiede zwischen fertilen und infertilen Paaren konnte bisher nicht erbracht werden. Durchgängig zeigten sich nur leicht erhöhte Depressivität und Ängstlichkeit mit körperlichen Beschwerden bei den Frauen. Dies könnte als Folge der Diagnose gesehen werden und nimmt unter einer Fertilitätsbehandlung zunächst auch noch weiter zu. Zu berücksichtigen ist bei diesen Ergebnissen, dass meist Patientinnen und Patienten in Fertilitätszentren befragt wurden und dass die Personen, die dort Hilfe suchen, nicht für die gesamte Gruppe der ungewollt Kinderlosen repräsentativ sein können.

Wie ungerechtfertigt das Vorurteil der Infantilität oder der Abwehr von Mütterlichkeit oder Väterlichkeit ist, zeigt sich oft da besonders deutlich, wo aus einer früheren Partnerschaft schon Kinder vorhanden sind. Wenn ein Paar sich entscheidet, keine »eigenen« Kinder mehr zu bekommen und beide – auch der kinderlose neue

Partner – den Kindern aus der ersten Beziehung nun als Eltern bzw. Stiefeltern die Treue halten, kann das ein Verzicht sein, von dem die Kinder aus der ersten Beziehung profitieren. Ihnen bleibt zumindest als Heranwachsenden die Zumutung erspart, von ihrem 60-jährigen Erzeuger zu hören, dass er mit seiner jungen neuen Partnerin nun »zum ersten Mal wirklich erleben kann, wie es ist, Vater zu werden«.

Voraussetzung für ein gedeihliches Miteinander ist, dass Eifersucht, Besitzdenken, Egoismus aufgegeben werden können zugunsten einer wirklich fürsorglichen und respektvollen elterlichen Einstellung. Selbst wenn nicht mit dem Kind zusammengelebt wird, scheint mir gelungene Stiefelternschaft (wie die geglückte Adoption) weit eher ein Reifekriterium als der aus dem Biologischen kurzgeschlossene oder aus seelischen Defiziten stammende Wunsch nach »eigenen« Kindern. Über der scheinbaren Unantastbarkeit biologischer Elternschaft kommt aber leider allzu oft die Sorge um bereits vorhandene Kinder zu kurz.

Hier und da ist auch in Fachkreisen noch die Ansicht zu hören, Frauen, die kein Kind haben, seien infantil und narzisstisch-egozentrisch, ihnen fehle die seelische Bereitschaft für ein Kind, weil sie nach Art eines Babydoll-Syndroms selber innerhalb der Paarbeziehung die Rolle des Kindes einnähmen. Diese Ansicht können wir getrost ins Reich der Vorurteile verweisen. Offenbar wird hier die Psychopathologie bemüht, wo es um Weltanschauliches geht und Mutterschaft zur einzig möglichen Lebensform erhoben werden soll. Wer möchte, kann die Elternschaft als Symbol für Entfaltung oder Erfüllung in der Partnerschaft sehen. In der Realität sieht es oft anders aus. Eindeutig ist: Geburten taugen nicht als Reifekriterium.

Alles klar, alles im Griff?

> Die Umstände haben weniger Gewalt, uns glücklich oder unglücklich zu machen, als man denkt; aber die Vorwegnahme zukünftiger Umstände in der Phantasie eine ungeheure.
>
> *Hugo von Hofmannsthal*

Seit den 1960er Jahren, in denen Pille und Spirale populär wurden, besteht die Möglichkeit, wirkungsvoll zu verhüten. Die Möglichkeit, ein Kind zu empfangen oder zu zeugen, kann leichter ausgeblendet werden als bei den vorher bekannten Verhütungsmethoden wie Diaphragma, Präservativ und den so genannten »natürlichen Methoden«. Sexualität ist damit von Schwangerschaftsängsten »befreit« worden. Gleichzeitig wurde der Umgang mit Sexualität dem Umgang mit einer Sache oder Ware immer ähnlicher. Der hochexplosive Charakter, der der Sexualität auch heute noch innewohnt, wird verleugnet. Man »macht« oder »verschafft sich« Lust, wie man sich beliebige Konsumartikel beschafft. Diese Entwicklung lässt wichtige Grundbedürfnisse unbefriedigt. Dies zeigt das nie erlahmende Interesse an (fremden) Leidenschaften. Als Kompensation für die Verdinglichung der sexuellen Beziehungen wird dann insgeheim immer wieder das große Gefühl propagiert.

Gespenstergeschichten

»Geburtenplanung« gilt seit der Pille als Selbstverständlichkeit. Paare wollen und sollen selbstverantwortlich bestimmen, wann und wie viel Nachwuchs sie sich zumuten möchten. Kinder werden seitdem »gemacht«, das gewünschte Geschlecht soll durch geschicktes Timing oder durch Präimplantationsdiagnostik wahrscheinlicher werden. Obwohl die vorgeburtliche Diagnostik wie die PID durchaus falsch positive und auch falsch negative Ergebnisse hervorbringen, gelten angeborene körperliche oder geistige Erkrankungen zunehmend als vermeidbare Risiken.

Ich sehe oft Eltern, die schamhaft berichten, ihr Kind sei nicht geplant gewesen, so als gebe es ein ungeschriebenes Gesetz, dass nur solche Eltern gute Eltern sind, die ihre Kinder vorausberechnet haben.

Das planbare Kind ist Bestandteil einer Gespenstergeschichte. Es existiert in den Köpfen der Menschen als angenommene Möglichkeit, es ist nicht real. Sexuelle Lust ist nicht »machbar« und Kinder sind nicht planbar, ihr Aufwachsen und ihre Entwicklung schon gar nicht. Ihr Kommen kann – in gewissen Grenzen muss man wohl einschränken – gefördert und vor allem verhindert werden.

Natürlich gibt es diese Art von Wunschkindern: Soeben gewünscht – und schon hat's geklappt. Volltreffer. Andererseits werden aber die meisten Kinder ungeplant geboren. Im deutschsprachigen Raum sind etwa zwei Drittel aller Schwangerschaften nicht geplant, die Hälfte zu Beginn unerwünscht. Legt man die Zahlen des Statistischen Bundesamts für 2004 und 2005 zu Grunde, dann wird in Deutschland jedes sechste Kind abgetrieben, davon jedes zweite in einer Ehe. (Gemeldete Zahlen, de facto waren es sicher mehr.) Dass es meist Frauen zwischen 25 und 28 Jahren sind, ist einleuchtend: Ausbildung und Berufsorientierung sind mit Kindern schlecht vereinbar. Fertilitätstechnologie für die Paare, die dann später doch noch Kinder wollen und in jungen Jahren vielleicht abgetrieben haben, ist Bestandteil dieser unheimlichen Geschichte.

Auch wenn von den Ärzten keine Hoffnung auf eine Schwangerschaft gemacht werden kann, gibt es spontane Schwangerschaften. »Sie werden nie Kinder bekommen können«, sagte der Gynäkologe einer am Boden zerstörten Freundin. Ihre Töchter bekam sie nach zwei und fünf Jahren spontan und ohne jede »Beihilfe«. Vor allem bei den 30 bis 40 Prozent (Köhn und Schill, 2000) der ungewollt kinderlosen Paare, in denen ohne ersichtliche Ursache Schwangerschaften ausbleiben, ist es durchaus *möglich*, dass ein Wegfallen unerkannter Belastungsfaktoren die Lage wieder ändert. Nicht selten treten nach erfolgreicher Psychotherapie Schwangerschaften ein. Es gibt sogar immer mal wieder Fälle, in denen nach der Adoption eines Kindes plötzlich ein leibliches Kind kommen kann. Nur verlassen sollte man sich darauf nicht.

Wer weiß und akzeptieren kann, dass Kinder kommen oder nicht, hat eher die Möglichkeit, ihr Nicht-Kommen zu ertragen. Ich will das ungeborene Kind nicht mit einem Willen und einer Macht ausstatten, die es nicht hat. Mir geht es nicht um eine Mystifizierung der Ei- und Samenzellen oder des Embryos. Mir geht es um die Einstellung zum phantasierten Kind. Diese Einstellung sollte sich auf das mögliche, das gedachte, das ersehnte Kind als ein Subjekt richten und nicht als ein Objekt, über das beliebig verfügt werden kann. Denn dann erscheint jedes Nicht-Gelingen, jede mangelnde Verfügungskraft als individuelles Scheitern, als ohnmächtiger Misserfolg, als Kränkung und unendliches, weil nicht zu milderndes Leiden.

Zur Ideologie des selbstbestimmten Menschen, der unabhängig, autonom und mit absoluter Selbstkontrolle sein Leben gestaltet, wollen Vorstellungen und Gefühle von Vergänglichkeit, Widersprüchlichkeit, Trauer oder Verzicht nicht passen.

Da aber letztlich alles, was mit Sexualität und Fortpflanzung zu tun hat, nicht völlig kontrollierbar ist oder »im Griff« gehalten werden kann, empfiehlt es sich, sich so gut es geht mit dem unerfüllten Kinderwunsch einzurichten, Abschied zu nehmen und das Leben so genussvoll und zufrieden stellend wie möglich weitergehen zu lassen.

Produktive Verwirrung

> Auch wenn die Uhr abgelaufen ist, kann uns der Wecker aus Träumen reißen.

Manchmal ist es da, das Gefühl von Leere, bei Menschen ohne Kinder jenseits der 50 oder 60, als sei da nichts mehr, was nach ihnen kommt. Wer das ins Auge fasst, bekommt Angst:

> Was übrigens noch dazu kommt, bei der Kinderfrage: Ich besuche meine Großmutter, die ist 96 Jahre alt, wenn ich kann, einmal die Woche im Altersheim. Da sitzen dann die ganzen alten Frauen, die ja nun meistens ihre Männer überleben, und ich weiß nicht, ob die besucht werden. Und ich stelle mir vor, wie ist es im Alter. Diese Vorstellung, seit ein paar Wochen taucht die immer wieder auf, dass ich nicht weiß, wie ich alt werde ohne Kinder. Das ist eine Frage, die mich richtig bedroht.

Dieses Gefühl von Verlassenheit, das Elsa hier schildert, ist alterstypisch. Es stellt sich auch bei Menschen mit Kindern ein; sie erleben sich z. B. von ihren Kindern im Stich gelassen und verlassen, wenn sie feststellen, dass die Kinder ihr eigenes Leben haben und ihnen die Last des Alterns nicht abnehmen können. Kinder zu haben und trotzdem einsam zu sein, ist ebenfalls nicht selten und wohl noch schmerzlicher.

Kinderlose Menschen können nicht die Verantwortung für ihr Unglück oder für Widersprüchlichkeiten in ihrem Leben den eigenen Kindern zuschieben. Sie müssen sich selbst dieser Herausforderung stellen. Sie können nicht klagen, wie das üblich geworden ist, über das schwere Leben als Eltern. Am ehesten mindert die fehlende Kontaktmöglichkeit zum Nachwuchs im höheren Alter die Lebenszufriedenheit. Hier wirkt sich fatal aus, wenn früher die Verbindung zu Freunden oder Verwandten mit Kindern nicht gepflegt oder vielleicht sogar zur Vermeidung schmerzlicher Gefühle ganz abgebrochen wurde.

Zukunftsangst, Neid auf die Möglichkeiten der anderen, Verwirrung über sich gegenseitig ausschließende Wünsche, Identitätskonflikte und die Unklarheit darüber, wer und was man sein möchte und noch sein kann, gestehen wir allenfalls Jugendlichen zu. In der Adoleszenz kann es noch offen bleiben, ob das Schwergewicht der Lebensführung auf beruflichem Fortkommen oder sozialem Eingebundensein und familiärer Verantwortung liegen soll. Dass sich auch erwachsene und sogar alte Menschen mit ähnlichen Fragen herumschlagen, das widerspricht unserer Vorstellung von reifer Erwachsenheit. Trotzdem kann es sein, dass der Konflikt »Kinder oder keine« auch dann wirksam bleibt und noch Brisanz besitzt, wenn wir uns selbst längst entschieden haben oder über das Alter hinaus sind. Es könnte sogar sein, dass dieser Konflikt zeitlebens vom Erleben her nicht wirklich »gelöst« werden kann.

So ordentlich, überschaubar und widerspruchsfrei geht es im Seelischen selten zu, auch wenn wir versuchen, unsere Sicht von uns selber möglichst vereinheitlicht und zusammenhängend zu halten und »Unlogisches«, weniger Organisiertes aus unserer Wahrnehmung von uns selbst auszuschalten. Unter der Oberfläche könnte es trotzdem recht uneinheitlich aussehen. In der Praxis zeigt sich ja, dass gerade eine überaus klare und feststehende Vorstellung von sich selbst oft den Zweck hat, beunruhigende Wahrnehmungen von Widersprüchlichkeit auszuschalten. Das mag momentan entlasten und beruhigen, führt aber letztlich zu einer Verarmung der Persönlichkeit. Glatte Lösungen und konfliktfreie Eindeutigkeiten bieten keinen Entwicklungsanreiz. Wer widersprüchliche Bilder von sich selbst zulassen kann, Wunsch *und* Angst tolerieren kann, bewahrt sich eine wichtige Energiequelle und ein Entwicklungspotential.

Für die Eigendefinition der Geschlechter könnte das bedeuten, dass ein Mann sich als männlich erlebt und dabei doch seine Abneigung gegen »Weiblichkeit« überwindet und Fürsorge- und Mitleidsfähigkeit und Wünsche nach tiefergehendem emotionalem Austausch entwickelt. Dann braucht die Frau nicht ein Kind als Kommunikations- und Beziehungsersatz. Sie könnte es wagen, neben ihren als weiblich empfundenen Tendenzen auch die eher männlichen Identifikationen bei sich wahrzunehmen und diese zu leben. Es könnte bedeuten, sich von einem einerseits einengenden, andererseits überfordernden Weiblichkeitsideal zu verabschieden, nicht mehr »weiblich« um jeden Preis sein müssen, sich anders, freier definieren zu können und innere Widersprüche auszuhalten: z. B. den Widerspruch, ein Kind *gewünscht, doch nicht gewollt* zu haben.

Männer, aber besonders Frauen erlauben sich sehr oft nicht, ein Nicht-Wollen bei sich wahrzunehmen. Als würde der *Wunsch* durch die Anerkennung des Nicht-Wollens dann auch gleich verschwinden müssen. Da der Wunsch nach einem Kind aber in verschiedener Weise ein unverzichtbarer Bestandteil einer weiblichen oder männlichen Identität sein kann (s. Kap. »Wie sich das Kind im Kopf entwickelt«), kann das oft nicht gewagt werden ohne Gefahr, das Erleben intakter Weiblichkeit oder Männlichkeit aufs Spiel zu setzen.

Wer das Wünschen und Nicht-Wollen nebeneinander bestehen lassen kann, darf auch wahrhaben, dass er unter den gegebenen Umständen kein Kind gewollt hat oder nicht zur rechten, frühen Zeit gewollt oder vielleicht einfach mit hormonellen und medizintechnologischen Mitteln nicht gewollt hat; dass sich dieser Wunsch einfach nicht durchgesetzt hat gegen andere Tendenzen im Leben und in der Paarbeziehung und dass er deshalb eine der vielen ungelebten Möglichkeiten bleibt, die nicht Wirklichkeit geworden sind.

Es gibt Paare, die sehen, dass es einen guten Sinn hat, dass sie kein Kind bekamen: »Wenn ich mir's so überlege, wenn ich Kind wäre, ich hätte auch nicht kommen mögen, in dieses Leben, in diese Situation.«

Eine Lösung sind Kinder nie, allenfalls eine neue Aufgabe. In einer Zeit der Technisierung der Natur und der Gesellschaft bis hin zu einer Technisierung des Menschen scheint mir diese Widerspenstigkeit der Lebensläufe und der Wiederkehr des verdrängten Unbewussten nicht nur tragisch unausweichlich. Als bleibende Aufgabe und Herausforderung bildet sie einen wichtigen Gegenpol gegen die allfällige schnelle Verfügbarkeit von (meist technologischen) »Lösungen«, die die zugrunde liegenden (z. T. gesellschaftlichen) Schwierigkeiten zudecken und einer tief greifenden Nicht-Lebendigkeit Vorschub leisten.

PAARE IN DER LEBENSMITTE

> Jetzt, da er die Vierzig hinter sich hatte, würde er nicht mehr Pianist werden wollen, würde er auch nicht mehr Japanisch lernen, das wusste er mit Sicherheit, zugleich aber ließ diese Sicherheit ein kummervolles Gefühl in ihm aufkommen, ihm war, als mache das Leben jetzt endlich seine Einschränkungen geltend, als würde dadurch der Tod sichtbar: Es stimmte nicht, dass alles möglich war. Vielleicht war alles einmal möglich gewesen, doch jetzt war das nicht mehr so. Man war das, wofür man sich vielleicht unabsichtlich entschieden hatte.
>
> *Cees Nooteboom*

Frauen mit hohem Ausbildungsstandard haben besonders häufig keine Kinder. Unter Akademikerinnen sind inzwischen 40 Prozent kinderlos. Auch der Anteil von kinderlosen Ehepaaren nimmt zu. In der Altersgruppe der heute 36- bis 40-Jährigen sind es 17 Prozent (Onnen-Isemann, 2000). Darunter sind viele, die ein Gefühl der Torschlusspanik entwickeln, die sich vielleicht fragen, soll es dabei bleiben, oder sollen wir nicht in letzter Minute noch alles daransetzen, uns doch noch gegenseitig zu Eltern zu machen? Männer empfinden diese Frage entsprechend ihrer eigenen, langsam abnehmenden Fruchtbarkeit oft weniger zugespitzt. Für Frauen »tickt die biologische Uhr«, und das hört sich verdammt gefährlich an.

> Ich bin 41. Und da ging das los bei mir. Ich war jetzt vor kurzem bei der Frauenärztin. Die hat mir dann alles erklärt, die physischen Komplikationen, die eintreten können, wenn man mit 41 noch ein Kind bekommt. Die hat mir unterschwellig abgeraten, vor allen Dingen, weil mein Mann partout kein Kind mehr will. Wir hatten da auch im Urlaub eine sehr heftige Auseinandersetzung darüber, weil mir da zum ersten Mal klar wurde, wie definitiv sein Nein ist und wie wenig Möglichkeiten ich noch habe, mich umzuentscheiden, weil die Zeit einfach abläuft. Ich müsste mir einen anderen Mann suchen. Er hat mir richtig gesagt, dann such dir

einen anderen Mann. Und dieser Satz, der hat mich also sehr verletzt, weil ich wusste, ich hab die Möglichkeiten nicht mehr. Er wollte zu Beginn unserer Beziehung intensiv ein Kind haben, und ich wollte nicht. Absolut nicht. Ich steh' auch dazu: Ich wollte bis jetzt wirklich kein Kind haben, habe mich aber auch nie dagegen entschieden. Ich habe immer gesagt, den Zeitpunkt bestimme ich: Wenn ich es will, dann krieg' ich das Kind. Und dann hab' ich eben gemerkt, jetzt will ich es und jetzt geht es nicht mehr.

Für Elsa beginnt an dieser Stelle ein Abschied von Vorstellungen über sich und über ihre Partnerschaft. Viele Paare tun sich schwer damit. Glorifizierende Darstellungen über späte Elternschaft erschweren es ihnen zusätzlich, diesen Verzicht zu leisten.

Späte Mütter: Höhenflug statt Niederkunft?

Als die Schauspielerin Grit Boettcher nach sieben (!) Fehlgeburten mit 43 Jahren einen gesunden Jungen zur Welt brachte, jubelte die *Münchner Abendzeitung*, die Mutter sei »überglücklich«. Glück allein, für Generationen von Philosophen das höchste Gut, reicht heutzutage nicht mehr aus. »Überglücklich« erinnert zwar an übersättigt und übermüdet, immerhin ist es mehr, als zu erwarten war. Doris Papperitz vom ZDF war mit 41 Jahren nur »sehr sehr glücklich« (*Hamburger Abendblatt*, 6.3.1990), obwohl sie ebenfalls einen Jungen hatte. Hildegard Knef bekam mit 42 ihre Tochter Christina, Ursula Andress wurde mit 44 Mutter eines Sohnes. Späte Mütter mit hohem Bekanntheitsgrad. Dem Statistischen Bundesamt zufolge bringen nur ca. zwei Prozent der Mütter ihr Kind zwischen 40 und 44 Jahren zur Welt, zwischen 44 und 50 sind es weniger als 0,1 Prozent. Auch das Medieninteresse an den »späten Müttern« hat nicht zu einem dramatischen Anstieg der Zahlen geführt.

Die Frauen kennen im Allgemeinen die Grenzen ihrer Belastbarkeit und haben sich in ihrem kinderlosen Leben eingerichtet. Die Publizität von »Müttern im Rentenalter« ist jedoch groß, seit der italienische Arzt Severino Antinori Reklame für künstliche Befruchtung nach den Wechseljahren machte: »Ein Kind ist eine Freude in jedem Alter.« Schwer, ihm zu widersprechen, oder? Dabei werden die gesundheitlichen Risiken gerne heruntergespielt. Sie klingt schon ketzerisch, die Frage: Macht es vielleicht doch einen Unterschied, ob Frau knapp 30 oder knapp 60 ist, wenn sie eine Schwangerschaft und Geburt durchsteht und später mit Einkaufstüten und Kleinkind auf dem Arm die Treppen zur Etagenwohnung hochkeucht?

> Was ich so merke, bei einer Freundin: Was die für Sorgen hat mit ihren Kindern und dass sie da nie rauskommt! Sie wird jetzt 70 und muss zum Teil finanziell für die aufkommen, und die Kinder kommen mit dem Leben nicht so zurecht, so dass sie da nie frei ist! Für mich, ohne Kinder, heißt das einfach, ich bin frei. Sagen wir mal für mein Leben. Ich muss nicht sparen für die Kinder oder mich sorgen und helfen, wenn sie krank sind oder wenn sie Examen machen. Also ich hab die Freuden nicht, aber ich hab' auch die Sorgen nicht. Und das wird immer wieder übersehen, auch gerade bei diesen idealisierten Schwangerschaften, dass ein Kind auch ganz viel Sorgen macht. Es ist nicht nur ein Leid oder ein Verzicht, keine Kinder zu haben, sondern wir haben auch einen Vorteil davon. Also Elternschaft ist etwas, was u. U. aus dem Leichtsinn entsteht, aber lebenslange Folgen hat. Manche werden ja durch ihre Kinder versorgt, aber wenn ich das bei dieser einen Freundin so mitkriege: 70 Jahre und immer noch Sorgen um die Kinder!

Offiziell gilt eine Frau, die ab Mitte 30 Mutter wird, als so genannte Spätgebärende. Bis 1980 konnte sich eine Frau über 30 des allgemeinen Interesses an ihren späten Mutterfreuden sicher sein. Die Frage, ob es in diesem Alter möglich und vertretbar sei, ein Kind zu bekommen, füllte Bücherbände. Für uns ist das heute kein Thema mehr. Zehn Jahre später musste dieselbe Frau schon mindestens die 40 überschritten haben, um noch eine Nachricht wert zu sein. Aber die Zeitmaschine war nicht zu stoppen. Die Überschriften 1993:

»Mit 59 – Frau bekam Zwillinge« (*Bild*, 28.12.1993), »60jährige gebar gesundes Kind« (*Frankfurter Rundschau*, 25.9.1993) »Mutter werden nach den Wechseljahren« (*Die Welt*, 10.2.1993). »Späte Mütter« sind nun nicht mehr Erstgebärende um die 40, sondern Frauen nach den Wechseljahren, die sich mithilfe von Ärzten und künstlichen Befruchtungsmethoden zu Schwangerschaften verhelfen lassen.

Früher hat es ausgereicht, wenn eine Frau in mittlerem Alter einer jungen an Lebenserfahrung und Weisheit überlegen war. Heute soll sie genauso schön wie die Jungen, dabei aber möglichst noch attraktiver sein und natürlich gesund und fit. Und – ja, vergessen wir es nicht – schneller. Nicht auf der Aschenbahn, das denn doch nicht, aber, man höre und staune, bei der Niederkunft, die gerade für ältere Gebärende zunehmend als Höhenflug beschrieben wird. Da wird verglichen und gejubelt – »Bei der Geburt sind späte Mütter sogar schneller!«; »Bei allen ging es leicht und schnell« (*Eltern*, 6/1988) –, als ginge es um den großen Preis der Generationen.

Schwer, sich solcher Propaganda zu entziehen. Vielleicht hilft es, sich zu überlegen, worin das Interesse bestehen könnte, wenn so die Werbetrommel gerührt wird. Im Grunde ist die Verherrlichung der Mutterschaft ja altbekannt. Die Generationen vor uns wussten jedenfalls, dass Geburten meist anstrengend und schmerzhaft und Kinder bei aller Freude auch eine Last sind. Und dass diese Last mit den Jahren nicht leichter wird.

Wendezeit

Männer haben Wechseljahre, auch wenn dies weniger thematisiert wird und weniger offensichtlich ist als bei der Frau. Die Vorstellung, sich mittels eingefrorenem Sperma für Zeiten mit nachlassender Potenz die Option auf leiblichen Nachwuchs offen zu halten, die Möglichkeit einer nach außen hin »jung« erscheinenden Familie selbst bei nachlassender oder gar verlorener Potenz – das mag für manchen verlockend erscheinen. Ich frage mich immer, wie es wohl den Kindern aus den früheren Ehen ergeht, wenn dann in den Medien die gegenwärtige, zweite, dritte Familie als das ultimative Glück und die aktuelle Vaterschaft als die einzig Wahre dargestellt werden.

Meist sind die Veränderungen im männlichen Körper allmählich fortschreitend und der hormonelle Wechsel weniger störend, als dies von Frauen empfunden wird, besonders von Frauen, die mit ihrem Leben unzufrieden sind.

Die Fortpflanzungsvorgänge im weiblichen Körper werden gerne in einer Bildersprache beschrieben, die aus der Technik entlehnt ist. Der Hypothalamus »kontrolliert« oder »befiehlt« die Ausschüttung von Hypophysenhormonen und damit die Eierstockproduktion und

»macht den Körper bereit für Empfängnis und Gebären.« Die Beschreibung der Körperfunktionen geschieht meist nicht als Rückkoppelungssystem, nach Art eines Teams, in dem man sich wechselseitig Informationen übermittelt, sondern gemäß der hierarchischen Organisationsstruktur in einer Fabrik. Wenn man, wie in medizinischen Lehrbüchern und populärmedizinischen Darstellungen verbreitet, den Körper als Produktionsanlage beschreibt, dann wirkt auch ganz konsequent, dass die Menstruation im Falle ausbleibender Befruchtung als »Produktionsausfall« erscheint und die Wechseljahre als Funktionsverlust, als Zusammenbruch eines Herrschaftssystems mit Beschäftigten, die ihrer Aufgabe nicht mehr nachkommen. Im Extremfall wird sogar eine Bildersprache von Auflösung und Zerfall dieser Funktionen bemüht. Minderwertigkeit scheint hinter diesen Körperprozessen zu lauern.

Wer gelernt hat, drohenden Verlust durch Wiedergutmachung am Objekt zu bewältigen, wie ich das am »Kind mit der Puppe« beschrieben habe, wird noch viel eher mit Kinderwünschen reagieren, wenn Weiblichkeit in dieser Weise auf die Gebärfunktion hin definiert wird. Dieses Maschinenmodell des weiblichen Körpers verstärkt den Wunsch nach einem Kind zur vermeintlichen Wiederherstellung und zur Wiedergutmachung des am Körper erlittenen Leidens. Die Wechseljahre als seelisch-körperlichen Umstrukturierungsprozess zu begreifen – als *Wechsel*-Jahre eben – und nicht als Krankheit oder Zerfall, das ist leider noch keine Selbstverständlichkeit.

Wie sollen aber Frauen eine angemessene Sicht auf ihre Kinderlosigkeit entwickeln, wenn sie befürchten müssen, ohne eigene biologische Kinder an ihrem Geschlecht vorbeigelebt zu haben?

Solange es für Frauenkörper darum geht, entweder als Betrieb zu funktionieren oder aber »funktionsuntüchtig« zu sein, wird der neugierige Blick auf alles andere, was sonst noch wichtig und wünschenswert sein könnte im Leben, verstellt. Die Energie, andere bedeutsame Ziele zu finden und zu erreichen, wird aufgezehrt durch die Sisyphusarbeit, dem realitätstuntauglichen weiblichen Idealselbst gerecht zu werden. Der Platz, an dem sich die Wünsche zeigen könnten, ist dann immer schon besetzt durch den Drang, ich will, ich muss Mutter werden.

Sinnfragen

Die Frage nach dem Sinn stellt sich nicht aus dem Gefühl der Freude und des Überschwangs heraus, sie ist gebunden an Stimmungen, die durch Niedergeschlagenheit, Trauer oder Verlust gekennzeichnet sind. Menschen, die nicht an und für sich wichtig sein durften in ihrer eigenen Familie, Menschen, die sich hauptsächlich über Leistung definieren müssen oder über Besitz, werden in Krisen eher die Erfahrung von Sinnlosigkeit machen als Menschen, deren frühe Erfahrungen ihnen das sichere Gefühl vermittelt haben, durch ihr bloßes Da-Sein Bedeutung zu haben und die sich in wichtigen (Freundschafts-)Beziehungen dieses Gefühl immer wieder bestätigen können.

Sich im Leben wiederfinden

Solange unsere wichtigen Wünsche befriedigt sind, fragen wir nicht nach dem Sinn, wir erfahren ihn anscheinend im Leben selbst.

Anders, wenn wir Verlusterfahrungen machen müssen: Ein wichtiger Mensch entfernt sich aus unserem Leben, eine Aufgabe oder Arbeit geht verloren, bisher selbstverständliche körperliche Möglichkeiten müssen nach einem Unfall, einer Krankheit oder einfach altersbedingt verloren gegeben werden. In jedem Leben wird es auch bedeutsame Hoffnungen geben, die unerfüllt bleiben. Bei solchen Verlusterfahrungen werden oftmals Sinnkrisen erlebt, die das bisherige und das zukünftige Leben in Frage stellen. Aber auch ohne aktuellen dramatischen Verlust kann ein tiefgehendes Erfassen der Vergänglichkeit eine Krise und Lebenszweifel auslösen. Was wir »Midlife-Crisis« nennen, ist ja häufig veranlasst durch ein deutliches Erleben von Vergänglichkeit und dem unausweichlichen Verlust der unbegrenzten Möglichkeiten, die wir uns in der Jugend noch phantasieren konnten. In einer Zeit, in der Jugendlichkeit als sehr hoher Wert angesehen wird und der Gewinn, den das Alter bringen kann, eher gering geschätzt wird, ist das Gewahrwerden des Alterns für sich genommen oft schon der Anlass, über Sinn und Zweck des bisherigen Lebens nachzudenken. In dieser Situation entwickeln vor allem Frauen, denen Jugendlichkeit und körperliche

Attraktivität als unverzichtbare Bestandteile ihrer Identität erscheinen, Zweifel an ihrer bisherigen Lebensführung, die Erfahrung innerer Leere und depressiver Stimmung: »Das hat doch alles keinen Sinn!«

Wenn in dieser Situation Kinderwünsche auftauchen, steht oft der tiefere Wunsch dahinter, durch einen Neubeginn von Leben, in den noch alle Hoffnung gelegt werden kann, diese Gefühle von Sinnlosigkeit und Leere zu vermeiden.

In der Tat bieten sich die Sorge um andere und das Gefühl, gebraucht zu werden, geradezu an, wenn es darum geht, Lücken in der eigenen Sinnerfahrung aufzufüllen.

Ganz pragmatisch betrachtet, hält uns kaum etwas auf der Welt so in Atem wie die Sorge um kleine Kinder: Zwischen Fläschchenwärmen und Windelwechseln, zwischen Schnürsenkelbinden und der Fahrt in den Kindergarten, zwischen Trösten, Streit schlichten, Hausaufgaben überprüfen und Abendessen richten ist schlicht und einfach keine Zeit für die Frage nach dem Sinn. Erschöpfung liegt dann nicht mehr in falscher Lebensführung begründet, die wir uns selbst vorwerfen müssten: »Ich rackere mich ab, warum tue ich das denn alles?«, Erschöpfung hat dann einen Namen, den des Kindes, und damit eine Notwendigkeit und einen individuellen Sinn. Und doch kann auch hier die eigene Lebendigkeit auf der Strecke bleiben. Wer »im Kind aufgeht«, steht auch in der Gefahr, ein fremdes Leben zu leben und nicht das eigene.

Ich muss nicht beweisen, dass das verkorkste Leben meiner Eltern doch hätte gelingen können

Umgekehrt werden natürlich auch die Kinder einbezogen in das Lebensgefühl und in die Bewältigungsstrategien der Erwachsenen. Die Erneuerung des eigenen Lebens durch Kinder bewirkt eben auch ein Weiterschreiben eigener ungelöster Lebensschwierigkeiten, mit denen man dann in den Kindern wieder neu konfrontiert ist. Den Kindern der zweiten oder dritten Generation bleibt dann die Aufgabe, die Existenzprobleme ihrer Eltern und Großeltern zu lösen. Oftmals wissen sie nichts davon, tragen eine Lebenslast an Konflikten und seelischen oder psychosomatischen Problemen, deren Sinn ihnen verborgen bleibt, wenn nicht der Zusammenhang mit der Familiengeschichte hergestellt werden kann.

Es gibt Menschen, die für sich diese Aufgabe ganz bewusst ablehnen, die sich weigern, die Lebensschwierigkeiten ihrer Eltern weiter zu bearbeiten. »Ich muss nicht beweisen, dass das verkorkste Leben meiner Eltern doch hätte gelingen können«, sagte mir ein Mann in mittleren Jahren über seine Kinderlosigkeit. Seine Lebensführung unterscheidet sich deutlich von der seiner Eltern. Vaterwerden gehört für ihn nicht dazu. Er will nicht versuchen, es besser zu machen als die eigenen Eltern, deren Ehe und Elternschaft er sehr kritisch sieht, sondern versuchen, ein eigenes, befriedigendes Leben zu führen.

Ich habe ihn gefragt, worin er für sich den Sinn des Lebens sieht. Er beantwortete diese Frage mit schallendem Lachen, gefolgt von einer überraschenden Überlegung:

> Der Alltagskrimskrams vielleicht. Es ist ja nicht so, dass man nichts zu tun hat. Der Tag hat für mich 24 Stunden und ist für mich so ausgefüllt, obwohl ich nicht viel tue. Dicht und voll. Ich wüsste nicht, wo da noch Kinder auftauchen sollten. Und wenn ich abends ins Bett gehe, sinke ich zwar nicht erschöpft, aber doch zufrieden ins Bett.

Sich selbst zu finden, also im Einklang zu sein mit sich und seinem Fühlen und Handeln, und lieben zu können, das sind Auswege aus dem Gefühl der Hoffnungslosigkeit.

Eigen-Sinn

Manche Frauen sind froh, nach den Wechseljahren auf ihren Körper weniger Rücksichten nehmen zu müssen. Sie haben die Fortpflanzungsfunktionen als Möglichkeit, aber auch als Einschränkung erlebt und freuen sich nun, dass die prokreative Phase vorbei ist. Keine Last mehr mit »den Tagen«, keine Verhütungssorgen mehr! Während die Kinderlose, gut angeleitet durch die oben beschriebenen Auffassungen, sich im Rückblick seit der Menarche vielleicht soundsoviele Monatszyklen errechnet und sich dann unweigerlich die Frage stellt: *Und wozu das alles?* Unweigerlich?

Hier könnten wir uns doch tatsächlich wieder einig fühlen mit den Frauen, die Kinder hatten und uns gemeinsam auf einen goldenen Herbst freuen: Entlastet von den übertriebenen Sorgen um Schönheit und Attraktivität unsere ungeteilten Kraftressourcen zur optimistischen Durchsetzung dessen verwenden, was wir – außer Kindern – immer schon wollten: Golden Girls sind schließlich nur ohne Kindersorgen denkbar.

> In der Bibliothek. Überwiegend junge Leute büffeln für eine Prüfung oder schreiben ihre Seminararbeit. Eine grauhaarige, vielleicht 60-jährige Frau sitzt regelmäßig an ihrem Notebook und arbeitet mit beeindruckender Konzentration. Sie ist hübsch, scheint aber wenig Zeit vor dem Schminkspiegel oder beim Coiffeur zu vertrödeln. Meinen Gruß beim Gehen erwiderte sie mit einem strahlenden Blick. Trotzdem schaut sie auch seither nicht auf, wenn ich komme. Während die jungen Frauen für einen Plausch mit der Kollegin gerne mal ihre Arbeit unterbrechen, mir die eine oder andere Frau auch gelegentlich grinsend und interessiert in meine konzentrierte Grimasse schaut und ich zurücklächle, die Herren Studenten auch durchaus einmal Karten spielend in der Cafeteria anzutreffen sind, habe ich derlei bei der älteren Dame nie beobachtet. Kein Vergleich mit der 34-Jährigen, die eben mit der Tüte aus der Nobelboutique ins Freihandmagazin hetzt und wieder zurück in den Katalograum. Angestrengt sieht sie aus, trotz der eleganten Aufmachung.
> Über eine Woche sitze ich nun schon neben der älteren Frau am gleichen Arbeitstisch. Außer für ihre Arbeit und ihre Bücher hat sie für nichts und niemanden Augen. Sie scheint nichts zu vermissen. Mit ernsthaftem und freundlichem Gesicht sitzt sie Stunden über Stunden und geht ihrer Arbeit nach. Sie weiß, was ihr wichtig ist, und das tut sie, ohne sich ablenken zu lassen, ohne Anti-Aging-Stress. Diese ältere Frau scheint auf ihre Figur nicht sehr zu achten und kleidet sich eher beliebig. Die grauen Haare stehen ihr schmucklos und etwas widerspenstig ums Gesicht. Aber heute hat sie ein weißes mädchenhaftes Sommerkleid an und sieht wunderschön aus.

Der sinkende Östrogenspiegel soll ja verantwortlich dafür sein, dass Frauen ihre tradierte Milde und nachsichtige Einstellungsbereitschaft verlieren und kompromissloser sagen und tun, was sie wollen. Zugleich werden die Haare im Alter oft störrischer und fester, nicht nur grau oder weiß. »Wie das Haar, so der Charakter«, sagte Theodor Fontane. Wie Recht er doch auch darin hatte! Kinderlose Frauen, wartet nicht auf die hormonelle Umstellung, fangt gleich an! Werdet störrisch und unnachgiebig! Dem Körper allein brauchen wir die Definition unserer Bestimmung so wenig zu überlassen wie die Definition unserer Stimmung.

Das heikle Thema: Schuld, Scham und Trauer

> Und einen Verdienst hab ich noch, ich hab kein Kind gezeugt.
>
> *Sören A. Kierkegaard*

Die Lebensmitte als Alter der Verantwortlichkeit für das Gelebte und Ungelebte ist oft krisenhaft. Die Bereitschaft zu Schuldgefühlen ist ein bedeutsamer Belastungsfaktor. Unbewusste Schuldgefühle können wie andere seelische Überlastungen dazu beitragen, dass sich ein Kind trotz körperlicher Gesundheit nicht einstellen will.

Wenigstens habe ich das alles nicht weitergegeben

Eine kinderlos verheiratete Frau der Kriegsgeneration hatte sich in einer früheren Beziehung schon einmal mit einer Abtreibung gegen ein Kind entschieden. In der Lebensmitte, als die Ehe sie enttäuschte und sie einen beruflichen Rückschlag erleiden musste, geriet sie in eine schwere depressive Krise. Weder ihre Freundschaften noch ihre Arbeit vermittelten ihr hinreichend das Gefühl, wichtig zu sein und in dieser Welt dazuzugehören. Die Beziehung zu ihren angeheirateten erwachsenen Stiefkindern und deren Kindern empfand sie zwar als gelegentlich bereichernd, aber nicht als dauerhaft tröstlich. In ihrer eigenen Herkunftsfamilie war die Erfahrung von extremem Leiden und Tod verleugnet und verdrängt worden. Über ihr eigenes bedrohtes Leben als kleines Kind im Krieg konnte zwar gesprochen werden, nicht aber über das Leiden und die Bedrohungen, denen die Eltern- und Großelterngeneration ausgesetzt war. Dieser Frau begann es erst besser zu gehen, als sie merkte, dass sie stellvertretend litt, stellvertretend für die Eltern und Großeltern, die unter schwierigen Umständen zahlreiche Kinder großgezogen hatten und sich dem Schmerz und Schrecken über das Schicksal von Familienangehörigen in der Nazizeit nicht hatten stellen können.

Diese Frau konnte klar sehen, wie sich gewisse krankmachende Umgangsweisen von Eltern mit ihren Kindern über die Generationen in ihrer Familie »vererbt« hatten, wie jede Generation die nächste brauchte und überforderte. Sie litt unter ihrer selbst gewählten Kinderlosigkeit, aber sie fand auch einen Trost in ihrer Entscheidung: »Wenigstens habe ich das alles nicht weitergegeben.« Für ihre Kinderlosigkeit haben Schuldgefühle denjenigen gegenüber, die nicht überleben konnten, eine Rolle gespielt.

Bleiben aber Kinder aus, kann das zu neuen Scham- oder Schuldgefühlen führen, die den Betroffenen meist gar nicht bewusst sind und die sie deshalb nicht offen ansprechen können.

Schuldgefühle werden in gewisser Weise erlernt. Sie entstehen, wenn ein Wert oder eine Verhaltensnorm verletzt wird und Furcht vor Bestrafung besteht. Diese Furcht vor Bestrafung kann ganz unbewusst und irrational sein und auch dadurch ausgelöst werden, dass das fremde Leiden als eigenes erlebt wird und wichtige Personen mitleiden. Schuldgefühle sind vor allem bei Frauen nicht selten eine Folge unverarbeiteter Trennungserfahrungen und enttäuschter Harmoniewünsche. In völliger Übereinstimmung mit den Menschen seiner Umgebung und ihren Erwartungen zu leben, ist aber in letzter Konsequenz nur möglich, wenn auf die eigene Meinung und die eigenen Wünsche verzichtet wird. Harmonie und Übereinstimmung sind also nur in Relation zur Autonomie möglich: Wer nie Disharmonie riskieren wollte, müsste auf alles Eigene verzichten. Jeder Mensch hat aber das Recht auf eine abweichende Meinung und eine eigene Lebensgestaltung. Sie ist es gerade, die einen für andere interessant macht. Manche Menschen, die in ihrer Kindheit für die seelische Stabilisierung eines Elternteils zur Verfügung stehen mussten und nur ein ungenügendes Eigenleben führen konnten, erleben die Erfahrung, sich von wichtigen Anderen zu unterscheiden, als bedrohlich. Anders sein heißt dann, schlecht zu sein. Die Befürchtung, dadurch allein zu bleiben, bestätigt sich letztlich nicht. Nur unreife Menschen erwarten, dass man sich ihnen völlig anpasst.

Getrennt von Möglichkeiten

Auch wer das Kinderkriegen als etwas Naturgemäßes ansieht und die Übereinstimmung mit der Natur als wichtigen Wert betrachtet, kann über seine Kinderlosigkeit Schuldgefühle entwickeln, weil auch hier eine Form des »Getrenntseins« erlebt wird. Nur: In dieser Weise von der Natur getrennt sind wir in vielen Bereichen, ohne dass wir deshalb Schuldgefühle hätten. Wer lebt schon völlig »natürlich«?

Kinderlosigkeit als Schuld – klingt das nicht allzu sehr nach Altem Testament? Wir sehen Unfruchtbarkeit nicht mehr als Strafe Gottes für ein sündhaftes Leben. Das entspricht nicht mehr unseren aufgeklärten Vorstellungen. Unvorstellbar? Weit gefehlt! Wir müssen gar nicht auf die Wirksamkeit biblischer und anderer Mythen zurückgreifen, um diese Möglichkeit in Betracht zu ziehen. Emotionspsychologen gehen nämlich davon aus, dass alle Menschen die Möglichkeiten, die sie haben, nutzen wollen und dass sie mit Schuldgefühlen reagieren, wenn ihnen das nicht möglich ist.

Vor allem in der Lebensmitte entstehen oft Schuldgefühle, weil nicht alle Fähigkeiten und Möglichkeiten im Leben entwickelt worden sind und in fortgeschrittenem Alter die Illusion verloren geht, doch noch irgendwann all das verwirklichen zu können, was möglich gewesen wäre. Wir wählen immer aus verschiedenen Möglichkeiten unseres Lebens aus, niemals können wir alle verwirklichen. Wer kann schon gleichzeitig eine erfolgreiche Wissenschaftlerin und eine ernst zu nehmende Künstlerin werden? Wer zu Hause seinen Garten pflegen möchte, kann nicht gleichzeitig auf Weltreise sein. Wir treffen Entscheidungen oder sind gezwungen, einzelne Möglichkeiten zu leben und andere zurückzustellen oder ganz fallen zu lassen. Dies tun wir in jedem Moment, in dem wir leben. Sich dessen bewusst zu werden, beinhaltet einen Abschied von Omnipotenzphantasien und ein Betrauern ungelebter Möglichkeiten.

Scham entsteht nur, wenn Kinderlosigkeit als eigenes schweres Versagen erlebt wird. Kinder zu haben kann ein wichtiges Lebensziel darstellen und zum eigenen Idealbild gehören. Kann diesem Idealbild nicht entsprochen werden und können diese Ziele nicht erreicht werden, kann das als sehr beschämend erlebt werden.

Kaum jemand würde heute offen von einer Pflicht zum Kinderkriegen reden. Eine »moralische Pflicht zur Fortpflanzung« (Ch. Grefe) ist allenfalls suggestiv die Konsequenz, wenn gestresste Eltern mit Kinderlosen von der Versorgungslücke sprechen. Im schlimmsten Fall heißt es: Wir finanzieren eure Renten. Dass mit dem unsinnigen Egoismusvorwurf ein sozialer Druck entstehen kann, davon war schon die Rede. Fatal sind oftmals aber nicht diese mehr oder weniger deutlich ausgesprochenen gesellschaftlichen Normsetzungen oder die impliziten Erwartungen der Umgebung, die schon in der harmlosen Frage mitschwingen können: Willst du eigentlich kein Kind? So bedrückend und einengend das auch erlebt wird, letztlich ist es einfacher, sich gegen solche Erwartungen von außen abzugrenzen, als gegen einen vagen Druck von innen.

Scham und Schuldgefühle spielen also eine doppelte verhängnisvolle Rolle und tragen auf lebensfeindliche Weise zum Leiden der Betroffenen bei. Kein Wunder, wenn die Frage, Kinder oder keine, lange Zeit virulent bleibt, auch wenn vielleicht die Entscheidung durch den biologischen Reifungsplan überholt scheint und es sich auf der Körperebene bereits entschieden hat: keine Kinder mehr. Wünsche, die biologische Uhr zurückzudrehen, sind dann kein Wunder. Aber auch Frauen, für die es nie eine Möglichkeit gewesen wäre, der Natur ins Handwerk zu pfuschen oder ihr auf die Sprünge zu helfen, sind z. T. in erschütternd sprachloser Weise mit dem Thema befasst. Sprachlosigkeit aus Scham? Aus unbewusstem Schuldgefühl?

> Eine Lehrerin erzählt: Ich habe mehrere Freundinnen und Kolleginnen, die keine Kinder haben. Aber das Verrückte ist, dass wir dieses Thema überhaupt nicht besprechen. Das wird versteckt. Ein Erlebnis mit einer Kollegin hat mich sehr eigenartig berührt: Sie hatte in ihrem Auto eine Zeit lang eine Puppe, aber fast kindergroß, angeschnallt auf dem Beifahrersitz. Das hat sich bald gelegt, aber damals habe ich dadurch gemerkt, dass sie sich ein Kind wünscht und dass sie damit fertig werden muss, dass es nicht geht. Das war so echt, wenn du da nicht genau hingeguckt hast, hast du gedacht, da sitzt ein Kind. Das ist schon sehr eigenartig und sehr traurig, dass es sich nur so ausdrücken konnte. Später hat sie sich eine große Puppensammlung angeschafft, von z. T. sehr kostbaren Puppen. Das ist es, was mir damals schon aufgefallen ist: dass wir nicht darüber sprechen. Wir kinderlosen Frauen sprechen da nicht drüber. Es ist ein heikles Thema.

Die Sprache finden

Mutige sprechen dann doch darüber, über ihre widersprüchlichen Gefühle gegenüber der eigenen Kinderlosigkeit, selbst in höherem Alter, über den Neid auf die Enkelkinder der Freundin, aber auch über Erleichterung angesichts nie endender Verantwortlichkeiten in der Elternschaft:

Als ich 40, 41 war, hat eine Freundin sich entschlossen, ein Kind zu kriegen, die wollte also unbedingt ein Kind haben. Adoptieren ging nicht, weil sie allein stehend war, und da haben ihre Freunde gesagt, krieg doch selber eins. Darauf ist sie von einem Freund, den sie nicht heiraten wollte, ohne dessen Einverständnis schwanger geworden. Die wurde dann aber schwanger hoch drei, es gab nichts anderes nebenher. Sie meinte, die Welt müsse ihr zu Füßen liegen. Die Schwangerschaft wurde so idealisiert, weil auch Ängste da waren – so allein ohne Mann. Ich konnte mich damals nicht so gut damit konfrontieren. So mit 40 war auch für mich klar, wenn Kind, dann jetzt. Und ich wollte das so nicht. Ich wollte ein Kind nur in einer Beziehung, innerhalb einer Familie haben. Und damit war es dann vorbei.

Später ist mir irgendwann noch mal so bewusst geworden, dass ich ja auch keine Oma werden kann. Eine andere Freundin hat jetzt sieben Enkel und ist ganz stolz und glücklich damit. Ich denke, das ist so das weitergegebene Leben. Und auf der rein biologischen Ebene geben wir das Leben nicht weiter. Das, was wir tun, ist weniger vordergründig, da purzelt dann nicht irgendwo so was Niedliches durch die Gegend.

Meine kinderlosen Kolleginnen und ich leben unseren Kinderwunsch in etwa über unseren Beruf, oder zumindest haben wir da so eine Art Ausgleich. Und ich glaube, dass das Kindern ganz gut bekommt, wenn da noch mal jemand guckt nach ihnen außer den Eltern. Die Liebe, die wir empfinden könnten für unser Kind, die können wir an fremde Kinder weitergeben, die ist dadurch nicht verloren.

Aber ich denke mir, dass es auch Frauen gibt, die mit Kindern und Müttern nichts zu tun haben wollen, weil sie so neidisch sind, weil sie's nicht verarbeitet haben.

Dieser Verarbeitungsprozess, der sich in einer Krise äußern kann, der sich aber auch in kleinen Dosierungen und Etappen, in vielleicht immer einmal wiederkehrenden Gedanken und Gefühlen des Bedauerns äußern kann, ist letztlich hilfreich: Nur so kann die innere Lebendigkeit erhalten bleiben und damit die Energie für eine Umgestaltung des eigenen Bildes von sich selbst, entsprechend den Möglichkeiten.

Lebensformen ohne Kinder

Manche Frauen ohne Kinder fürchten im mittleren Alter, ihr Mann könne irgendwann doch noch ein eigenes Kind wollen und sich deshalb von ihnen trennen.

Es lohnt sich, über solche Ängste nachzudenken, nachdem man sich die Realität vor Augen gehalten hat. Und die sieht – in den Zahlen des Statistischen Bundesamtes für 2004 – ungefähr so aus:

Die Väter von 59,2 Prozent der Neugeborenen sind noch unter 35 Jahre alt. 27,0 Prozent aller Babys haben Väter zwischen 35 und 39 Jahren. Bei Männern über 39 wird Nachkommenschaft zur Seltenheit: 10,1 Prozent zwischen 40 und 44 Jahren und nur spärliche 2,6 Prozent der Väter sind 45 bis 50 Jahre alt, wenn ihr Nachwuchs das Licht der Welt erblickt. Zwischen 50 und 54 Jahren liegt die Rate bereits unter einem Prozent und sinkt weiter gegen Null.

Tatsächlich ist die Neigung von Männern, im späten Alter noch Kinder zu zeugen, also relativ gering. Berühmte Ausnahmen sorgen denn auch für wenig Aufregung. Es sind eher die späten Mütter, die Schlagzeilen machen, wenn plötzlich Berühmtheiten auch »nur« ein Kind wollen wie die Durchschnittsfrau, da rücken wir doch alle gleich ein wenig enger zusammen, oder?

> Marlene: Ich bin nicht so erzogen worden, dass ich unbedingt Kinder haben müsste, dass meine Identität darin besteht oder davon abhängt. Für manche Frauen ist das ja so, dass ihre ganze Identität darin besteht. Zuerst hatten wir kein Geld, beide haben wir noch studiert. Mit 30 haben wir uns dann gefragt, wollen wir nun oder wollen wir nicht? Und irgendwie wollten wir wohl nicht so. Es lief alles so. Zudem war mein Mann als Kind sehr krank, und das wollte er nun keinesfalls, dass so etwas vielleicht mit seinem Kind wieder passiert. Damals waren wir zehn Jahre verheiratet. Jetzt sind es 23. Wir waren neulich gerade in Urlaub, Wandern. Da fällt man in einen Trott, kriegt so einen Rhythmus, da kann man gut nachdenken. Und da habe ich gedacht, dass Manfred gut noch ein Kind bekommen könnte, wenn er nun plötzlich den Wunsch hätte. Er könnte sich eine jüngere Frau nehmen, das machen Männer ja oft. Das haben wir so ausphantasiert, er könnte noch ein Kind haben, und ich (sie lächelt) könnte dann die Tante spielen.

Marlenes Überlegungen sind typisch für viele Frauen, die sich mit ihrer Kinderlosigkeit arrangiert haben, aber sich durchaus vorstellen können, dass Kinder etwas Bereicherndes sein könnten. Nun, wo sie sich selbst zu alt fühlen und es biologisch vielleicht auch sind, fürchten sie, dass sich ihr Lebenspartner diesen Wunsch erfüllen könnte, anderweitig mit einer jüngeren Frau. Natürlich gibt es Männer, die nach dem Scheitern einer Partnerschaft sich an eine jüngere Frau binden und in dieser neuen Beziehung dann auch Kinder bekommen. Das hat oft aber eher damit zu tun, dass sie es in einer zweiten Ehe oder Partnerschaft »richtig« machen wollen. Sie wollen nicht denselben Fehler noch einmal machen. Also machen sie es anders. Wer keine Kinder hatte, wünscht sich nun welche und – auch das ist häufig –, wer welche hatte, will dasselbe nicht noch einmal durchmachen. Sich nicht noch einmal von einem Kind trennen zu müssen ist für viele Männer in Zweitpartnerschaften ein wichtiges Motiv für Kinderlosigkeit. Dass oft am Anfang, in der Verliebtheitsphase der neuen Beziehung, noch Kinder gewünscht werden, mag durchaus sein. Wenn aber dann die ersten Risse und Brüche auftauchen, wenn aus der Verliebtheit eine Liebe werden soll, rückt mit der Realität auch die Möglichkeit einer erneuten Trennung näher in den Bereich des Vorstellbaren. Und das ist für diese Männer – die sich schuldig fühlen, das Kind aus der ersten Beziehung in gewisser Weise im Stich gelassen zu haben – eindeutig ein Argument gegen Kinder. Wenn sie schon nicht mehr mit dem Kind zusammenleben konnten, halten sie ihm auf diese Weise doch die Treue – auch wenn dies in erster Linie geschieht, um sich selber Schmerz und Schuld zu ersparen.

Oftmals ist die Angst der Frau, der Mann könne doch noch wollen, eine unbewusste Projektion der eigenen Wünsche. Selber hat sie sich dagegen entschieden, noch große Verrenkungen zu machen, fühlt sich ganz zufrieden, spürt vielleicht gar nicht mehr die Lust zum Kind. Die wird – weil im Seelischen selten Eindeutigkeit herrscht und frau vielleicht gar nicht wüsste, wohin damit in ihrem ausgefüllten Leben –, diese Lust wird also flugs beim Partner deponiert: Der habe, so wird nun vermutet, doch noch uneingestanden oder in der Zukunft, Gelüste zur Vermehrung. Angst und Wunsch liegen hier nahe beieinander. Angst, es könnte so sein, aber auch der geheime Wunsch, es möge so sein: Er wenigstens halte stellvertretend für beide an dem Wunsch fest, denn sonst wäre ja der endgültige Abschied nötig, der Abschied vom Wunsch nach einem Kind, der Abschied vom Phantasiekind.

Dabei ist nicht völlig ausgeschlossen, dass versteckter Neid eine Rolle spielen könnte: Die Angst davor, der Mann könne noch seine prokreativen Möglichkeiten nutzen, die die Frau selber nicht mehr hat. Marlene geht mit dieser Angst humorvoll und kreativ um, sie phantasiert sich als Tante, die in Kontakt und in Beziehung bleibt. Männer kommen und gehen, Freundschaften bestehen. Vielen Frauen fehlt aber dieser Humor. Sie fürchten tief im Inneren, ihren Mann jederzeit verlieren zu können, und glauben, dies könne mit ihrer Kinderlosigkeit zusammenhängen. Die Kinderlosigkeit wird zum Etikett für einen vage empfundenen Mangel, der das Selbstbewusstsein als Frau beeinträchtigt und die geheime Befürchtung nährt, nicht vollkommen, nicht vollwertig, ja vielleicht nicht einmal liebenswert zu sein.

Beziehungen können enden. Bei Frauen, die sich völlig klar darüber sind, dass sie kein Kind wollen, habe ich selten Angst vor den Kinderwünschen ihres Partners gefunden und ebenso selten hatten sie Angst vor einer Trennung, weil der Partner vielleicht später doch noch ein Kind wünschen könnte. Es kommt für sie selbst nicht in Frage, der Mann weiß das – und es ist gut so.

> Anais und Friedrich sind seit acht Jahren kinderlos verheiratet. Sie haben diese Lebensform frei gewählt. Beiden fehlen Kinder nicht. Friedrich stellt fest: »Es ist ja symptomatisch, dass es für uns nie ein Thema war. Gut, hin und wieder, wenn andere Leute uns gefragt haben, kann es sein, dass wir uns mal angeguckt haben oder auch zwei Sätze gewechselt haben, und der Tenor war immer Nein. Es war nie ein Problem, es war allenfalls mal ein beiläufiges Gesprächsthema. Wir haben keine Kinder, und es ist nicht mal begründungbedürftig, dass wir keine haben.
> Es kommt mir nicht in den Sinn, es ist nichts, von dem ich glaube, dass es für mich eine Bereicherung wäre.
> An was ich mich erinnere, was wir schon einmal gesagt haben, das ist, wir haben für Kinder nichts übrig. Nicht, dass wir keine Kinder mögen, aber im ernsten Sinne nichts übrig: Alles was wir haben und geben können, brauchen wir eigentlich für uns. Für einander. Andere brauchen vielleicht die Vermittlung durch ein Drittes.«
> Dass sie sich gegenseitig bemuttern, lassen sie sich denn auch durchaus sagen. Friedrich belustigt zu Anais: »Ich bemuttere dich und du bevaterst mich.« Sie sei mehr nach seinem Vatervorbild gewählt, nicht nach dem Muttervorbild, und umgekehrt entspreche er mehr einem Muttervorbild für sie.

Anais ist 45. Friedrich ist erst 40. Auf die Frage nach der Zukunft meint Friedrich, er mache sich keine Gedanken darüber, ob er später vielleicht noch Kinder wolle. Lachend und etwas kokett fügt er hinzu: »Die Frage ist, woher nehmen und nicht stehlen, wenn man mal so alt ist!« Anais aber ergänzt klar entschlossen: »Das würde für unsere Beziehung das Ende bedeuten.«

Das denkt Marlene auch. Aber sie erlebt sich, wenn sie daran denkt, als passiv Erleidende. Im Gegensatz zu Anais fürchtet sie einen späteren Kinderwunsch ihres Mannes, und sie fürchtet eine Trennung. Aber ist es nur das? Und weshalb fehlt ihr die mutige Entschlossenheit und Gelassenheit, die Anais in ihrer Ehe eine so starke Position verschafft? Marlene hat es schwerer, sie hat mit ihren Kinderwünschen noch keinen Frieden geschlossen, sie nagen noch an ihr als Rest von sozialer Erwartung getarnt. Sie ist sich noch nicht ganz sicher, ob es in Ordnung ist, keine Kinder zu haben.

Als Friedrichs bester Freund einen Sohn bekam, fragte Anais ihren Mann, ob er immer noch keine Kinder wolle. Friedrich findet das Verhältnis, das er zwischen diesen Eltern und dem Kind beobachtet, sehr schön: »Ich mag beide, ich mag auch den Sohn. Ich guck mir das an mit Wohlgefallen. Ich denke, die machen das prima. Aber das ist nicht, dass ich denke, ich möchte das jetzt auch haben.«
Anais kann sich vorstellen, dass Kinderwünsche ansteckend sind, aber bei ihr selbst war das nicht so. Sie steht ganz klar zu ihrer Kinderlosigkeit: »Kinder waren für mich nie eine Frage. Kinder wollte ich nicht. Ja, und deswegen hat es sich sehr gut bei uns getroffen.« Auch ein anderer Konflikt, den viele Frauen haben, die ohne Kind fürchten, als Frau nicht ganz vollständig zu sein, ist ihr fremd: »Ich unterscheide zwischen Mütterlichkeit und Femininität. Ich glaube, ich bin ein femininer Typ, aber ich bin nicht mütterlich. So ist mein Bild von mir.« In einem Satz: »Ich genüge mir.«

LEBEN IN GANZHEITLICHER SICHT

Wenn sich Nachwuchs nicht spontan einstellt, wenn vielleicht sogar Behandlungsversuche fehlgeschlagen sind, dann muss sich das Paar einer schmerzlichen Realität stellen. Ob es der plötzliche Schock ist, die ärztliche Diagnose mit der schlagartigen Erkenntnis, unbewohnbar wie der Mond zu sein, oder ob in Jahren die Gewissheit wächst, letztlich wohl kein Kind mehr zu bekommen: Der Zeitpunkt wird kommen, wo Stellung zu nehmen ist. Vielleicht durchaus in einem Akt der persönlichen Entscheidung: Nun habe ich so lange gewartet, nun will ich nicht mehr. Eine solche Entscheidung kann befreiend sein und Energie freisetzen für die autonome Lebensgestaltung im Gegensatz zum »Erleiden« des Lebens.

Kinderlosigkeit ist eine Chance

> O, welch eine Sehnsucht ich habe! Was für eine Sehnsucht könnte das sein?
>
> *Robert Walser*

Die Binsenweisheit, dass jedes Ding (mindestens) zwei Seiten hat ist auch für die Kinderlosigkeit zutreffend: Der enttäuschte Wunsch bedeutet auch ersparte Angst und ersparte Belastungen. Die Kinderlosigkeit ist die Lösung eines immer bestehenden Konflikts, auch wenn diese Lösung ungeliebt und aufgezwungen erscheint. In stabilen Partnerschaften gelingt das. Diese Paare schaffen es, ihre Schuldgefühle oder gegenseitigen Beschuldigungen durchzuarbeiten und diesen Ausgang zu akzeptieren, auch wenn er für einen oder beide nicht frei gewählt war und lange unannehmbar schien. Die positiven Seiten der Kinderlosigkeit sind dem Paar oft erst dann zugänglich, wenn der Verzicht geleistet werden konnte. Eine gewisse Trauer wird sich einstellen über das gewünschte und nicht stattfindende alltägliche Zusammenleben mit einem Kind, das einem selbst und dem Partner ähnelt, an dem man eigene Wesenszüge und kleine Verhaltensweisen entdecken und verewigen könnte. Hoffnungen, Wünsche nach lebendiger Spiegelung, Verdoppelung, Verlängerung des eigenen Selbst – von diesen narzisstischen Wünschen muss Abschied genommen werden. Sie müssen einen anderen Ausdruck finden außerhalb des phantasierten Kindes. Andere Möglichkeiten zur Stabilisierung des Selbstwerts können gefunden werden. Eine mögliche Quelle ist am Ende der Stolz, diese schwierige Lebensphase mit ungewünschtem Ausgang gemeinsam bewältigt zu haben.

Wie bei Paaren, die Kinder bekommen, gibt es also auch für das kinderlose Paar eine Krise der Elternschaft.

Die innere Auseinandersetzung, das Aufspüren und kritische Beleuchten der ursprünglichen Motive für den Kinderwunsch ist die wichtigste Voraussetzung für einen befriedigenden Ausgang: Sind es überwiegend soziale Erwartungen? Ist es ein verbliebener Wunsch aus der eigenen Kindheit, der Wunsch, eine schmerzliche Lücke zu füllen? Geht es um die Einhaltung eines Partnerversprechens oder um einen Liebesbeweis? Geht es um die innere Verbindung zur eigenen Mutter, zum eigenen Vater? Geht es um eine körperliche Selbsterfahrung, soll die sexuelle Potenz unter Beweis gestellt werden? Steht das eigene Kind für Erwachsensein? Welche eigenen Wünsche und Tendenzen sollen im Kind weiterleben oder überhaupt erst sich entfalten? Wer sich klarer ist über die zugrunde liegenden Motive, dem wird es leichter fallen, eine Lösung zu finden, die nicht weiteres unvorhergesehenes Leiden in sich birgt, sondern tatsächlich zu einem erfüllteren Leben führt.

Das Suchen der eigenen Position im Austausch mit anderen Kinderlosen hilft bei der Etablierung einer neuen Identität ohne den Baustein leiblicher Elternschaft. Aber auch das Gespräch mit »praktizierenden Eltern«, die ihr Leben realistisch – und das heißt eben von zwei Seiten her – betrachten können, ist überaus hilfreich. Dann können sich zwei Freundinnen, die Mutter und die Kinderlose, lächelnd gegenseitig anseufzen: »Du hast es vielleicht gut!« »Und du erst!«

Vorausgesetzt, man steckt nicht mehr in der Phase des akuten Schmerzes und des Sich-Aufbäumens, ist auch der regelmäßige

Kontakt mit Kindern tröstlich: Einerseits verschafft es die Erfahrung, ein wichtiger Erwachsener für die jüngere Generation zu sein, andererseits wird bei längeren Aktivitäten mit Kindern auch deutlich, was einem erspart bleibt an körperlicher und emotionaler Anstrengung. Kinder im Beisein ihrer Eltern lösen allerdings oft noch lange Wehmut und schmerzliche Gefühle aus. Und regelrechtes Gift für den Trauer- und Heilungsprozess sind Leute, die ihre Kinder und ihr Elternsein idealisieren müssen. Auf ihre Gesellschaft zu verzichten, dürfte allerdings auch kein großer Verlust sein. Man kann diese Menschen ja ohne ihre Kinder treffen, falls sie ein Leben und ein Gesprächsthema jenseits ihres Nachwuchses haben.

Die besten Paarbeziehungen scheinen mir die, in denen beide Partner Aufgaben oder Lebensinhalte haben, in denen sie aufgehen. Partnerschaften, in denen keine Kinder als »Bindemittel« oder »Füllstoff« gebraucht werden und in denen es beide auf Verschiedenheit und auf Begegnung in der Verschiedenheit ankommen lassen können, ohne Harmonieillusionen nachzuhängen. Das setzt voraus, dass das Paar nicht in einem pseudoharmonischen Bündnis »gemeinsam gegen den Rest der verständnislosen Welt« kämpft oder sich auf die Zweisamkeit zurückzieht. Jeder sollte Verantwortung für sich selbst übernehmen und nicht die Schuld dem Partner, der Partnerin zuschieben oder den jeweils gerade »unfähigen« Ärzten.

Von der Selbstwert- und Machtbalance in der Beziehung hängt viel ab. Wenn die Stärken und Schwächen beider Partner ausbalanciert sind, beide einmal den reifen, starken, unterstützenden Part übernehmen können und ein anderes Mal sich auch schwach, Hilfe und Unterstützung suchend zeigen können, wenn also keine starre Verteilung der Rollen und kein strukturelles Machtgefälle in der Partnerschaft besteht, dann sind gute Voraussetzungen gegeben, in der Liebesbeziehung ohne Kinder zu einem reifen erwachsenen Lebensgefühl zu kommen und neue Befriedigungen zu finden.

> Anais meint, sie brauche ihren Beruf und ihre Freizeit. In der Sorge um ihre Klienten fühlt sie sich noch am ehesten mütterlich. Da spürt sie eine große Verantwortung, fühlt sich sehr gebraucht. Friedrich schreibt nebenberuflich. Das ist für ihn etwas, das er in die Welt entlässt, was sich in der Diskussion mit anderen vielleicht noch entwickeln kann, vielleicht fühle er sich da auch etwas väterlich. Von seinem ersten Buch habe er als einem »Kind« gesprochen, erinnert ihn Anais.

Männer und Frauen können ein Gleichgewicht in der Verschiedenheit erreichen, in das Gegensätze und Widersprüche integriert sind. Die Ebene des reibungslosen Funktionierens zu verlassen und die Größenphantasie von der Machbarkeit (anything goes) aufzugeben, kann befreiend wirken.

Der narzisstische Glaube an ein Stückchen eigene Unsterblichkeit durch das Kind wird den Paaren ohne biologische Kinder verunmöglicht. Genau das kann sich dabei als neue Chance herausstellen und als Herausforderung, das eigene Leben bewusster und vielleicht auch illusionsloser zu gestalten. »Der Gedanke, dass er ein Kind gezeugt hatte, machte ihn überglücklich. Jetzt fehlte ihm nichts mehr. Jetzt kannte er das Menschenleben in all seinen Höhen und Tiefen...«, schreibt Gustave Flaubert in seinem berühmten Roman *Madame Bovary* über Charles, den Ehemann, als sich der gemeinsame Nachwuchs angekündigt hat. Welch große Täuschung das war, sollte sich bald herausstellen. Die Beziehung zu seiner Frau hatte er aus den Augen verloren. Wenig später fehlte ihm viel. Die Glück-Unglück-Bilanz eines Lebens lässt sich eben erst an dessen Ende ziehen. Vorschnelle Schlüsse auf das gemachte Glück sind so wenig angebracht wie allzu rasche Mutlosigkeit und Resignation.

> Ich habe einen Satz gelesen, der hat mich tief berührt, da ist mir ganz heiß geworden: Dass Kinderkriegen-Wollen etwas Archetypisches in unserer Gesellschaft ist. Das ist einfach da. Und es sind eigentlich immer solche Menschen, die sehr kreativ sind, die einen Bezug zu dem Kind in sich selbst haben, die kriegen möglicherweise keine Kinder. Und dann habe ich gedacht, wenn ich kein Kind kriege, dann will ich mein Leben ändern. Dann will ich vielleicht mal wirklich alles auf den Kopf stellen. Denn dann bin ich wirklich keinem verpflichtet und dann kann ich wirklich machen, was ich will. Und dann werde ich wirklich kreativ – dann werde ich Malerin oder sonst was. Ich merke, dass mich das sehr radikalisiert, innerlich. Das geht im Augenblick richtig sturzwellenartig, dass es mir also sehr oft durch den Kopf geht und ich denke, da ist jetzt etwas entstanden, ein Wunsch – wie kriege ich den *anders* befriedigt? Danach suche ich jetzt.

»Wer die Regeln der Logik beherrscht, dessen Kreativität sind keine Grenzen gesetzt.« Dieses Zitat von Jean Amery könnte ermutigen, logisches Denken und kreative, ungebundene freie Vorstellung zu verbinden: vernünftiges Analysieren der Situation *und* emotionales

Erleben. Nur so können Männer und Frauen sehen, wo sie Unmögliches von sich verlangen. Gegensätze und Widersprüche auszuhalten und ins Gleichgewicht zu bringen, erfordert sicherlich den Abschied von einfachen Wahrheiten und liebgewordenen Vorstellungen über uns selbst und unser Leben. Wer vermeintliche Selbstverständlichkeiten aufgeben kann, wie die, dass Kinder »einfach dazugehören«, eröffnet sich selbst neuen Spielraum für eine alternative Lebensgestaltung. Die Trauerarbeit, die in jedem Verzicht zu leisten ist, kann zur Integration von Widersprüchlichem und zur Bereicherung und Ausdifferenzierung unserer Identität führen und zu einem Gefühl, als Person vollständiger zu werden.

Mit Trauerarbeit meine ich allerdings nicht ein lähmendes Sich-Versenken in die Qual der Unmöglichkeit. Es geht um ein Abschiednehmen von Phantasien und Lebensmöglichkeiten, die vielleicht zentral mit unserem Selbstbild verbunden sind. Solche Abschiede begleiten uns lebenslang. Sie werden mit einem Gewinn an Lebenszugewandtheit, an Realismus und damit Lebensintensität belohnt. Ein Beispiel: Viele Mädchen, die begeisterte kleine »Ballettratten« sind, träumen von einer Karriere als Primaballerina. Die wenigsten haben tatsächlich die Anlagen, das enorme Durchhaltevermögen und die Verzichtsbereitschaft, sich das Tanzen als Beruf zu erkämpfen. Die allmähliche Einsicht in die Begrenztheit der eigenen Möglichkeiten führt, wenn es gut geht, zu einem Zuwachs an Realismus: Die Schule kann wichtiger werden, und mit einer erfolgreichen Schullaufbahn eröffnen sich schließlich andere Berufsmöglichkeiten. Ein erworbener Realismus setzt also die Energie frei, sich andere Bereiche zu erschließen, in denen dann der ursprüngliche Wunsch in einzelnen Tendenzen weiterleben kann. Die Freude an der Körperbeherrschung z. B. ist nicht an das Ballett gebunden, und die Freude am Sich-Zeigen lässt sich in vielen anderen Bereichen erfahren.

Dieser zunehmende Realismus ist als »Erwachen zur Wirklichkeit« eine Chance und ein wichtiger Boden für das Lebensglück. Er beinhaltet ein Abstandnehmen von den ursprünglichen Triebregungen und eine Aufmerksamkeit für die Existenz anderer. Erweiterung der Genussfähigkeit (nicht zu verwechseln mit Konsum) und der Erlebensintensität, Lust und Kraft für neue Projekte sind die Belohnung.

Wann ist ein Leben »gut«, wann ist es »glücklich« zu nennen? Geht es nur um das eigene höchstpersönliche Glück? Oder ist dieses vielleicht nur in angemessener Rücksicht auf andere zu erreichen? Alleine ist noch keiner glücklich geworden. Wie groß man den Rahmen zieht, hängt von den inneren Möglichkeiten und Energien ab. Für Menschen mit Kindern sind sehr viele Energien in den Anforderungen der Elternschaft gebunden. Aus einem individuell bewusst erlebten Verzicht auf Kinder kann neue kreative Kraft erwachsen, die an die Stelle von Leere oder Verlusterleben tritt. Wer allerdings spürt, dass das Kind die fehlende innere Lebendigkeit ersetzen soll, wenn Depressivität den Trauerprozess und den Abschied vom Kinderwunsch erschweren, dann empfiehlt es sich, professionelle psychotherapeutische Hilfe in Anspruch zu nehmen, um aus der Krise herauszufinden. Die Auseinandersetzung mit der eigenen Lebensgeschichte, mit dem inneren Kind, zu der auch die ersten Kapitel anregen wollten, hilft beim Aufspüren der im Kinderwunsch enthaltenen tieferen Wünsche.

> »Ich bin jetzt so 40, 41 und ich denke, was kann ich noch erreichen in meinem Leben? Dieser Wunsch, zu malen und Musik zu machen, der war immer intensiv bei mir. Und es ist natürlich so, dass ein Kind die Möglichkeit darstellen kann, das weiterzugeben, nicht? Ihm 'ne kleine Geige in die Hand zu drücken oder ganz früh das Kind im Malen zu fördern.«
>
> Was Elsa manchmal für ihr Leben mit einem Kind erträumte, konnte sie schließlich für sich selber beanspruchen: Sie machte Kurse und beschäftigte sich ernsthaft mit Malerei. Als ich zuletzt mit ihr telefonierte, hatte sie gerade an einer Ausstellung teilgenommen und sagte mir: »Ich glaube, meine Bilder sind meine Kinder.«

Adoption als Wahlverwandtschaft

> Erwachsenwerden bedeutet Elternstelle einnehmen.
>
> *Donald W. Winnicott*

Während es für künstliche Befruchtung in manchen Ländern keine Altersgrenze und kaum Einschränkungen gibt, haben adoptionswillige Menschen vielfältige Hürden zu überwinden. Gesetzliche Regelungen sind zu beachten und die Anforderungen an Adoptiveltern sind bereits im Vorfeld der Adoption nicht unerheblich. Die Zahl der Adoptionswilligen ist gestiegen, dabei sinkt mit der Geburtenzahl auch die Zahl der zur Adoption freigegebenen Kinder. Die Möglichkeit, ein wenige Wochen oder Monate altes Kind zu adoptieren, besteht selten. Die Adoption ist zudem in Verruf geraten durch Auswüchse wie Kinderhandel und Kindesentführungen z. B. von Straßenkindern aus armen Ländern. Rund 16 Prozent der Adoptivkinder sind im Ausland geboren. Bei diesen Zahlen ist allerdings zu berücksichtigen, dass ohnehin die Hälfte aller Adoptionen Verwandtenadoptionen sind, also z. B. durch Stiefvater oder Stiefmutter.

Alte Loyalitäten

Die Adoption älterer Kinder gelingt nur als Adoption auf Gegenseitigkeit. Weil die Kinder noch weniger als die Adoptiveltern wissen können, worauf sie sich einlassen, gibt es keinerlei Erfolgsgarantie. Maßgeblich scheint mir nicht nur die Toleranz, Beziehungs- und Liebesfähigkeit der adoptionswilligen Erwachsenen, sondern auch die Bindungsfähigkeit dieser Kinder. Sind sie in der Lage, Vertrauen zu fassen und eine tiefere Beziehung einzugehen, oder haben sie im Verlauf einer leidvollen Vorgeschichte nur gelernt, zu überleben, sich oberflächlich anzupassen ohne tiefere innere Beteiligung? Manche Adoptivkinder vermeiden die tiefe innere Bindung an ihre Ersatzeltern, um Loyalitätskonflikte und Gefühle der Untreue den leiblichen Eltern gegenüber zu vermeiden. Auch wenn sie sich der Unmöglichkeit, mit ihnen zu leben, bewusst sind und auch dann, wenn sie von ihnen schlecht behandelt worden sind, besteht unbewusst der Wunsch nach einer guten Beziehung zu ihnen. Diese gute innere Beziehung zu den biologischen Eltern ist wichtig und wird vom Kind oft um jeden Preis aufrechterhalten, damit es sich nicht selbst schlecht und unwert fühlen muss. Wenn das Kind nun seinerseits die neuen Eltern adoptiert, kann dies dem Aufgeben einer unbewussten Hoffnung gleichkommen, doch noch eines Tages die guten leiblichen Eltern zu finden. Das Kind hat dann den Eindruck, als zerstöre es nun seinerseits die gute (Phantasie-) Beziehung zu den biologischen Eltern und damit einen wichtigen Teil seiner eigenen Identität.

Die Enttäuschung beim Aufgeben dieser Hoffnung kann deshalb von den Kindern und ihren Adoptiveltern oft nicht allein bewältigt werden. Vielfach ist die Situation gar nicht verstehbar, weil die Oberfläche des kindlichen Verhaltens, das die ihm entgegengebrachte Liebe zu verschmähen scheint und sich nicht anpassen kann, eine enorme Belastung für die Adoptiveltern darstellt.

Auslandsadoptionen auf eigene Faust bieten besondere Schwierigkeiten, weil ein Verständnis der Herkunftssituation oft kaum möglich ist. Schon deshalb empfiehlt sich der Weg über die Jugendämter bei der Stadtverwaltung bzw. beim Landratsamt oder über die zugelassenen Adoptionsvermittlungsstellen in freier Trägerschaft. Sie vermitteln nur Kinder ohne eigene Familie, bei denen dann zumindest die Loyalitätsfrage weniger zugespitzt ist.

Eine gute Voraussetzung scheint zu sein, wenn die Adoptiveltern eine gute Portion Realismus und Pragmatismus, aber auch Vertrauen in die Möglichkeit positiver Veränderung aufbringen. Je besser und genauer die Vorgeschichte und die früheren Erfahrungen des Kindes bekannt sind, desto eher wird das gelingen. Dann wird es eher möglich sein, sich in befremdliches und provozierendes Verhalten einzufühlen und eine hilfreiche erzieherische Haltung zu entwickeln. Wer älteren oder behinderten Kindern Vater und Mutter werden möchte, sollte nicht zögern, die Familienbildung gegebenenfalls fachlich oder therapeutisch begleiten zu lassen.

Die subjektive Macht der Gene

»Es ist eben nicht mein Fleisch und Blut.« So pathetisch es sich anhören mag, diese Redewendung habe ich oft auch von aufgeklärten und rational eingestellten Adoptiveltern gehört. Beschrieben wird damit ein Gefühl der Distanz und der Fremdheit, mit dem Eltern ihren adoptierten Kindern gegenüber zu kämpfen haben. Das Fremdheitsgefühl wird gerade in schwierigen Situationen mit dem Kind spürbar und erschwert dann das Finden einer Konfliktlösung. Sündenbock-Projektionen oder Ausstoßungstendenzen werden dadurch begünstigt. Auch Babyadoptionen bilden keine Ausnahme: »Ich hatte zwar das Gefühl, das schönste Baby der Welt zu haben, so wie wahrscheinlich jede Babymutter, aber ein Gefühl der Fremdheit wurde ich nicht los, und das habe ich heute noch manchmal«, so beschreibt eine Adoptivmutter die erste Zeit mit ihrer adoptierten Tochter, die ihr in Haut- und Haarfarbe sogar zufällig ähnelt. Eine solche Ähnlichkeit scheint das Gefühl der Zugehörigkeit auch beim Kind zu verstärken. Trotzdem ist die Neigung groß, das Gute im Kind dem Einfluss der Adoptivfamilie und unerwünschte Eigenschaften den Erfahrungen vor der Adoption oder der genetischen Ausstattung anzulasten. Da die biologische Abstammung aber ein wichtiger Teil der kindlichen Identität ist, leiden die Kinder erheblich, wenn sie sich ihre leiblichen Eltern nicht als Gute vorstellen dürfen und wenn nicht auch positiv über sie gesprochen werden kann.

Gewöhnlich wirkt das genetische Band zwischen Eltern und Kindern als wechselseitige Bestätigung des eigenen Selbstwertes. Dieses Gefühl der Verbundenheit und die Selbststabilisierung wirken als Schutz vor Aggressionen gegen das Kind, bilden im guten Fall ein wohltuendes narzisstisches Polster. Konflikte können dadurch etwas glatter bewältigt werden und gewinnen nicht so schnell an Tiefe, erscheinen weniger grundlegend und ausweglos. Adoptiveltern müssen diesen Mangel durch Gelassenheit, Engagement, Mut, Selbstdisziplin, Toleranz und selbstkritisches Nachdenken am besten im Kontakt mit anderen wettmachen.

Phantasien über die leiblichen Eltern und die genetische Ausstattung des Kindes sind immer belastend, auch wenn vom Kopf her den neuen, positiven Erfahrungen eine prägende Rolle zugeschrieben wird. Das sichere Gefühl, Teil einer langen Verwandtschaftskette mit identitätsstiftender Funktion zu sein, fehlt hier. Natürlich lässt es sich zum Beispiel auch beim biologischen Kind einer tüchtigen Handwerkerfamilie nicht sicher vorhersagen, ob es eines Tages seinen Lehrabschluss schaffen wird oder nicht. Angst und Anspannung bei kleinen Misserfolgen werden aber in aller Regel geringer sein, wenn das sichere Familienbewusstsein über Generationen hin besteht: »Wir in unserer Familie haben das immer geschafft.«

Richtige Eltern oder doch nicht?

Auf Adoptiveltern lastet ein großer Erfolgsdruck. Bei Schwierigkeiten kommt aus dem Umfeld schnell die Bemerkung: »Ihr wolltet es ja unbedingt, wir haben euch ja gewarnt. Wir haben immer gesagt, seid froh, dass ihr keine Kinder habt.« Die Schuldgefühle sind daher größer als bei Eltern mit biologischen Kindern. Dass oft von »normalen« statt von »biologischen« oder »leiblichen« Kindern respektive Eltern gesprochen wird, steigert diesen Erfolgsdruck noch; schließlich gilt es zu beweisen, dass man eine »ganz normale Familie« ist.

Adoptiveltern fürchten schneller als andere, dass mit dem Finger auf sie gezeigt wird, und haben deshalb oft eine größere Hemmung, sich professionelle Hilfe zu suchen. Sie werden idealisiert und für ihr Engagement bewundert, aber es fällt ihnen noch schwerer als leiblichen Eltern, offene Ohren und kompetente Unterstützung bei Schwierigkeiten zu finden. Mit wem auch können sie ihre Erfahrungen teilen? Wer kennt den Hintergrund dieser Kinder genau genug, um wirklich hilfreich sein zu können?

Selbst bei Kindern, die im Säuglingsalter adoptiert werden, bleiben erschwerende Faktoren: die oft mangelnde Information über Erfahrungen in der Schwangerschaft, unter der Geburt und in den ersten Lebenstagen. Selbst wo angenommen werden kann, dass das Kind in dieser Zeit gut versorgt war und keine traumatisierenden Erfahrungen machen musste, hat es doch immer noch die Erfahrung eines Herausgerissen-Werdens erlebt, was die anfängliche emotionale Abstimmung und die Abstimmung zwischen Mutter und Kind erschwert.

Erziehungs- und Entwicklungsstörungen bei Kindern mit komplizierter, oftmals traumatisierender Vorgeschichte, aber auch die Regressionen der Kinder bei einer »geglückten« Adoption, wenn das Kind die neuen Eltern als Eltern annimmt und nun wie ein jüngeres Kind oder Baby seine früheren Defizite mit ihnen auffüllen will, bieten Herausforderungen auch über die Adoptionspflegezeit (Eingewöhnungs- und Erprobungszeit) hinaus. Bei älteren Kindern geht es oft um die Frage, kann eine emotionale Beziehung auf Gegenseitigkeit aufgebaut werden oder hat das Kind vielleicht bereits zu viele enttäuschende Beziehungserfahrungen gemacht? Bei allem guten Willen der Adoptiveltern gilt auch hier oft: Liebe allein genügt nicht. Der vertrauensvolle Kontakt zu erfahrenen Personen in den Vermittlungsstellen kann hilfreich sein. Oftmals ist auch Erziehungsberatung oder Psychotherapie des Kindes mit Elternberatung angezeigt.

Immer bleibt es eine schwere Aufgabe, das Kind aufzuklären über die Tatsache der Adoption. Die Wahl der Worte und des guten Zeitpunkts: nicht zu früh, um dem kleinen Kind das Gefühl der Sicherheit nicht zu nehmen, wo es hingehört; aber auch nicht zu spät, um nicht durch unnötige Verheimlichung oder gar eine plötzliche »Enthüllung« in Kindergarten, Nachbarschaft oder Schule das Vertrauen in die Verlässlichkeit der Adoptiveltern zu erschüttern. In der Pubertät besteht für die adoptierten Kinder einerseits das Recht auf Einsicht in die Akten, andererseits bei der altersentsprechenden Frage, wer bin ich, wer will ich werden, ein selbstverständliches Interesse an der eigenen Herkunft, das Adoptiveltern irritieren kann. Die Kinder können meist klar äußern, dass es ihnen gar nicht darum geht, »neue« Eltern zu finden, sondern dass sie sich ein realistisches Bild machen wollen, anstatt sich mit Phantasien herumschlagen zu müssen. Manchmal ist allerdings die Angst, die Adoptiveltern zu verletzen oder ihre Liebe zu verlieren, so groß, dass dieser Wunsch gar nicht geäußert wird. Dass er geäußert werden kann, ist gerade ein Zeichen der Tragfähigkeit der Beziehung.

Die selbstverständliche Sicherheit, zusammenzugehören, kann immer wieder in Frage gestellt werden. Solche Belastungen und Aufgaben wollen gemeistert sein. Im guten Fall verschaffen sie aber auch eine tiefe Befriedigung, wie jede schwere, aber sinnvolle Aufgabe, die bewältigt werden kann. Wenn es gelingt, über diese Klippen hinweg eine stabile familiäre Bindung aufrechtzuerhalten und einen sicheren Rahmen für das Aufwachsen zur Verfügung zu stellen, können die Beteiligten mit Recht stolz auf ihre Gemeinschaftsleistung sein.

Es gibt Adoptionen die gelingen, und, auch das darf gesagt werden, es gibt Adoptionen, die glücken nicht. Sei es, dass ein älteres Kind und seine neuen Eltern keine liebevolle Bindung aufbauen können, sei es, dass ein schon lange in der Familie lebendes Kind nicht wirklich integriert und an Kindes statt angenommen werden kann, »nicht das richtige Kind« ist, wie ein Kind es ausdrückte. Das Kind wurde zwar vor dem Gesetz adoptiert, musste aber aufgrund seiner Schwierigkeiten immer wieder auch ausgestoßen werden aus der elterlichen Beziehung oder sich selbst ausschließen. Es hat schließlich vorgezogen, in einem Kinderheim zu leben.

Vor allem Eltern mit unverarbeitetem unerfülltem Kinderwunsch werden Mühe haben mit einem Adoptivkind. Gerade da, wo die Adoption eine schmerzliche Lücke füllen soll, wird die Enttäuschung aneinander fast unausweichlich, weil die eigenen Unzulänglichkeitsgefühle aus der Kinderlosigkeit jederzeit aktiviert werden.

Auch das Kind hat seine Verwundbarkeit aus der speziellen Situation und aus seiner traumatisierenden Vergangenheit. Wenn es dann im Konfliktfall etwa noch hervorstößt: »Ihr seid ja gar nicht meine richtigen Eltern!« und damit situativ die Adoption aufzukündigen scheint, bedeutet das für die hilflosen Eltern oft eine emotionale Katastrophe. Was in jedem »normalen« Eltern-Kind-Verhältnis eine banale Phantasie sein kann, nämlich der gelegentliche Wunsch des Kindes, andere, »bessere« Eltern zu haben, gerät im Falle der ungewollt kinderlosen Eltern zum Messer in der Wunde, keine »richtigen« Eltern sein zu können.

Sich gut vorzubereiten und sich über die tieferen eigenen Motivationen für den Kinderwunsch klar zu werden, scheint mir deshalb gerade auch für werdende Adoptiveltern besonders wichtig, damit sie eine realistische Einstellung zu ihrer Aufgabe gewinnen können und nicht ihrerseits mit einer dann vom Adoptivkind zu tilgenden Hypothek in dieses spezielle Eltern-Kind-Verhältnis eintreten. Die psychischen Altlasten dieser Kinder sind schon groß genug. Eine überlastete Familie ist aber wie ein überschuldetes Haus: kein Ort der Sicherheit und Geborgenheit mehr.

Kind der Liebe –
Wenn's sein muss, geht's auch ohne dich

> Vielleicht hat das Geborenwerden
> nur diesen einzigen Zweck:
> Lieben zu lernen und darüber
> Prüfungen abzulegen.
>
> *Vilém Flusser*

Menschen streben nicht nur nach Lust und wollen Unlust vermeiden, erwachsene Menschen schon gar nicht.

Der Kinderwunsch, sofern er an der Realität orientiert ist und keinen Lückenfüller darstellt, ist vielleicht der verbreitetste Ausdruck dessen, dass wir alle auch Belastungen und Herausforderungen suchen, dass wir uns bewähren wollen, etwas zu Werke bringen, neue Aufgaben und Verantwortung übernehmen wollen. Diese Wünsche tauchen dann auf, wenn wir nicht mehr mit anderen aufzehrenden Lebensaufgaben, z. B. einer Berufsausbildung, oder der Einkommenssicherung beschäftigt sind und ganz besonders dann, wenn uns eine befriedigende Liebesbeziehung Kraft gibt.

Generativität als Entwicklungsaufgabe

Erik H. Erikson hat sich zeitlebens mit der Frage beschäftigt, welche spezifischen Entwicklungsaufgaben in verschiedenen Lebensaltern auf uns zukommen. Er hat 1953 Generativität als Entwicklungsphase des Erwachsenenalters eingeführt. Obwohl auch Eriksons Einstellung zur Mutterschaft etwas Idealisierendes an sich hat, scheint mir sein Konzept von Generativität hilfreich für ein Verständnis der Lebenssituation im mittleren Alter. Er versteht Generativität als »zeugende Fähigkeit« und meint vor allem »das Interesse an der Erzeugung und Erziehung der nächsten Generation.« (Erikson, 1973, S. 117) Damit ist aber auch gemeint, dass biologische Elternschaft nicht unbedingt Voraussetzung für psychische Generativität ist. Erikson hat ausdrücklich darauf hingewiesen, dass er Generativität nicht mit Elternschaft gleichsetzen will. Generativität als seelischer Reifungsschritt ist durch das Erleben und Durcharbeiten der biologischen Elternschaft zwar günstigenfalls möglich, sie ist aber keinesfalls an sie gebunden oder ihre selbstverständliche Folge. Ich bezweifle stark, dass das Erleben von Zeugung, Schwangerschaft und Geburt, wie Gambaroff (1984) es beschreibt, bereits automatisch ein tieferes Interesse an den eigenen Kindern und der nächsten Generation nach sich zieht.

– Dem Wunsch, sich tief ineinander zu verankern, könnte die Zeugung vielleicht noch am ehesten Ausdruck geben. Sie verleiht ihm aber keineswegs Dauerhaftigkeit. Andere Formen der Gemeinsamkeit, gemeinsame Ziele und Projekte, können nachhaltiger und weniger belastend sein als die gemeinsame biologische Elternschaft.
– Größengefühle können nicht nur durch Zeugung und Schwangerschaft erlebt und durchgearbeitet werden. Bei allem, was uns gelingt, bei jeder Art von Produktivität oder auch körperlicher

Leistung können sich solche Gefühle der Großartigkeit einstellen, die sich dann im Kontakt mit der Alltagsrealität relativieren müssen.
- Das Gefühl des Gehaltenwerdens und des Sich-überlassen-Könnens ist neben der Eigenständigkeit beider Partner ein wichtiger Bestandteil in jeder Liebesbeziehung – mit und ohne Kinder.
- Die Furcht vor Kontrollverlust wird überall da auftauchen, wo die Hingabe an Menschen oder Aufgaben in Konflikt gerät mit Wünschen nach Selbstbestimmung und Autonomie.
- Das Erleben, spendend zu sein oder sich vereinnahmt und aufgefressen zu fühlen, hängt eng damit zusammen. Dieser Konflikt stellt sich ebenso bei sozialem Engagement ein, wo ein Gleichgewicht gesucht werden muss zwischen beiden Polen.
- Die Furcht, der oder die ausgeschlossene Dritte zu sein, kann sich in jeder Dreierbeziehung einstellen. Der Neid auf ein Kind, das als Eindringling und Störenfried erlebt wird, kann in jeder engen Beziehung zu Kindern und manchmal sogar schon bei Gelegenheitskontakten, wie sich in Nachbarschaftskonflikten zeigt, aktualisiert werden. Auch im Alltag ohne eigene Kinder ist es also möglich und nötig, sich mit solchen Gefühlen auseinanderzusetzen.

Elterliche Fähigkeiten

Wenn ein Mensch körperlich zu Zeugung und Gebären fähig ist, besagt das nichts über seine seelische Befähigung zur Elternschaft. Das Wort elterlich steht bei uns bezeichnenderweise fast ausschließlich im Zusammenhang mit dem juristischen Begriff der elterlicher Gewalt, könnte aber viel mehr und vor allem Positiveres bedeuten.

Liebe und Interesse an – nicht nur eigenen – Kindern wären das Kriterium. Die Liebe auch zu einem nicht gekommenen Kind, zum Kind im Kopf, hilft bei der Bewältigung des unerfüllten Kinderwunschs. Sie kann ausgeweitet und übertragen werden auf Kinder generell, deren Lebensumwelt es zu bewahren gilt und die selbst Hilfe und Unterstützung brauchen. Der Gegenpol zur Generativität ist Stagnation, Stillstand, Verarmung: ein Sich-Zurückziehen auf sich selbst, sich nur noch mit sich selbst befassen, als wäre man sein eigenes Kind, das verwöhnt werden muss. Eine Einengung der Interessen statt einer Ausweitung ist die Folge.

Ängstlichen und kränkbaren Menschen fällt es besonders schwer, Abschied vom Wirklichkeitskind zu nehmen. Der nicht zu erfüllende Kinderwunsch bedeutet vor allem dann eine tiefe Erschütterung, wenn er als persönliches Versagen erlebt wird, wenn die Erfüllbarkeit dieses Wunsches als Selbstverständlichkeit angenommen wurde und wenn der seelische Spielraum zur Verarbeitung fehlt.

In meiner eigenen Arbeit als Supervisorin sehe ich immer wieder, wie mütterlich kinderlose Frauen und wie väterlich kinderlose Männer im beruflichen Umgang mit Kindern sein können. Aber auch wer sich nicht therapeutischen oder pädagogischen Zielen verschreibt, kann in generativem Sinn nützlich werden. Politisches oder soziales Engagement sind eine andere Möglichkeit: Interesse an der Erzeugung und Erziehung der nächsten Generation kann sich darin zeigen, dass ich günstige Umweltbedingungen herzustellen helfe, unter denen die nächste Generation überhaupt erzeugt und erzogen werden kann, dass ich Eltern, die Kinder bekommen wollen, Mut mache und Unterstützung anbiete oder dass ich in einem größeren sozialen Rahmen zu besseren Lebensbedingungen für Kinder beizutragen versuche, nicht zuletzt auch durch ein Interesse für Kinder im Alltagsleben.

In der Biografie eines Menschen gewinnen oft kleine, unbedeutend erscheinende Situationen den Charakter von Schlüsselerlebnissen: Im negativen Sinn, wenn Erwachsene weggesehen haben und ein Kind ohne Hilfe blieb, aber auch im positiven Sinn, wenn jemand da war als Ansprechpartner. Ich rede also nicht einer gefühlsduseligen Kinderfreundlichkeit das Wort, sondern der ernsthaften und wohlwollenden Auseinandersetzung mit den Kindern der eigenen Umgebung. Jeder, der ab und zu ein öffentliches Verkehrsmittel benutzt, stößt auf Kinder und Jugendliche, die mit ihrem Verhalten eine Reaktion der Erwachsenen herausfordern. Die Flexibilität, sich in kindliche Wünsche einzufühlen und dabei eine erwachsen-verantwortliche, Gemeinschaftswerten verpflichtete Haltung einzunehmen, hilft beim Finden der richtigen »Antwort«. Auch wer ihnen freundlich und bestimmt Grenzen aufweist, mindert bei Kindern das Gefühl, letztlich allein, ohne Schutz und ohne Bedeutung zu sein. »Kümmert sich eh keiner, ist ja sowieso alles egal!« Diese Mentalität kann sich nur in einer Gesellschaft entwickeln, für die Kinder im Allgemeinen ohne Interesse sind.

Verantwortung übernehmen – für Kinderanliegen generell oder für eine lebenswerte Zukunft – ist ohne die Belastung durch eigenen Nachwuchs sowohl finanziell als auch kräftemäßig eher möglich. Paare, die sich Kinder wünschen und keine bekommen, könnten ihr Interesse und ihre elterlichen Fähigkeiten auf diese Weise umsetzen. Ein Ersatz für eine emotional befriedigende personale Beziehung zu Kindern ist es oft nicht. Dies ist allenfalls aufzubauen, wenn man die Kinder eines »eigenen« Förderprojektes besucht und kennenlernt oder Patenschaften für verwandte oder wahlverwandte Kinder übernimmt. Aus meiner psychotherapeutischen Tätigkeit kenne ich Fälle, wo kinderlose Menschen eine liebevolle und ernsthafte Beziehung zu einem Kind von Nachbarn, Freunden oder Kollegen aufnehmen konnten. Ohne es zu wissen haben sie manchmal damit geholfen, die Beziehungsfähigkeit dieser Kinder und ihr Vertrauen in eine letztlich gute Welt aufrecht zu erhalten, die durch die Einschränkungen der leiblichen Eltern gefährdet waren. Das war möglich, weil zu den Eltern kein Konkurrenzverhältnis aufgebaut wurde.

Jedes ungewollt kinderlose Paar könnte für sich klären, was am individuellen Kinderwunsch und was am Erleben von Generativität ihm unverzichtbar ist und welche geeigneten Möglichkeiten der Umformung sich finden lassen. Patentrezepte, die andere anbieten, führen oft nur in die Enttäuschung. Wie beim Elternwerden mit dem Kind, müssen Paare einen befriedigenden Umgang mit der Kinderlosigkeit gemeinsam erarbeiten. Sprechen und sich mitteilen über das eigene Erleben, die eigenen Wünsche, kann helfen, sich klarer zu werden und Lösungen zu finden. Voraussetzung ist, dass jeder für sich in der Lage ist, die Trauer über die nicht gelebte Lebensmöglichkeit zu spüren und sie nicht umzumünzen in einen Vorwurf an den Partner oder an das Leben, das einem diese Möglichkeit vorenthalten hat.

Kinder gibt es überall: Wahlverwandtschaft noch mal anders

Im Gegensatz zu früheren Zeiten, wo Kinder eher zu vermögenden Verwandten gegeben wurden oder wo Pflegekinder bei Krankheit oder Tod der leiblichen Eltern selbstverständlich zu Ersatzeltern kamen, ist die Familienbildung heute zunehmend auf biologische Elternschaft eingeengt. Paare, die ohne Kinder bleiben, bekommen bei uns nicht selbstverständlich ein Kind zugeteilt, das bei ihnen aufwachsen wird, wie das in manchen Kulturen noch der Fall ist. Sie müssen sich selbst Mandate erwerben für die Sorge um Kinder. Ferienkinder, Tageskinder, Patenkinder, Mittagstische oder anderweitige Unterstützung alleinerziehender Mütter...

Wer weitere Ideen sucht, dem könnte vielleicht auch die folgende Aufzählung helfen, ein direktes oder indirektes Engagement für den Nachwuchs zu finden (Auchter, 1994). In ihr ist zusammengefasst, welchen Formen von direkter und struktureller Gewalt Kinder hierzulande ausgesetzt sind:

- 60 bis 80 Prozent aller Kinder werden mit Prügeln erzogen;
- annähernd 400 Kinder pro Jahr werden von Autofahrern getötet, 50.000 zu Krüppeln gemacht;
- zwischen ein und zwei Millionen Kinder müssen mit nur einem Elternteil aufwachsen;
- Kinder leben in kalten, hellhörigen, trostlosen Betonplattensiedlungen eingepfercht;
- bestehende Strukturen in der Jugendarbeit werden ersatzlos vernichtet;
- Kinder werden massenhaft vor Fernseher und Video abgeschoben und dort alleine gelassen;
- Eltern vermitteln ihren Kindern keinen geistigen und emotionalen Halt, keine Grenzen, keine Sinn- und Wertorientierungen, sind oft nicht bereit, sich mit ihnen auseinanderzusetzen;
- Kinder sind der permanenten Vernichtungsdrohung ihrer Umwelt und ihrer Mitwelt ausgesetzt und entwickeln darüber z. T. apokalyptische Ängste.

Wer will mit solchen Schreckensmeldungen schon etwas zu tun haben? Wünschen wir uns nicht gerade Kinder, um an eine gute, eine frische neue Welt denken und glauben zu können? Nichts damit zu tun haben wollen, nichts dabei fühlen zu wollen oder sich einfach moralisch entrüsten und sich dabei besser zu fühlen als die anderen: Diese Reaktionen sind verständlich, passen letztlich aber ganz gut zu der Mentalität, die eine solche Realität geschaffen hat und weiterhin ermöglicht.

Es gibt also einiges zu tun. Einsatz für sozialpolitische Veränderungen oder Umweltverbesserungen als generatives Verhalten? Wer in erster Linie ein eigenes Kind wünscht, dem mag das erst einmal absurd klingen. Bei genauerer Überlegung ist es nur konsequent und sinnvoll: der Einsatz für bessere Lebensbedingungen der gegenwärtigen Kinder und der kommenden. Damit Kinder – »andere«, die genau genommen auch »unsere« sind – leben können. Menschen ohne eigene Kinder können keinen familiären Utopien nachhängen, können weniger unter Rückzug aufs Private die Vorstellung von der kleinen paradiesischen Familieninsel pflegen, aus der die Bedrohlichkeiten unserer Welt fernzuhalten wären. Aber die Sorgen und Bedenken, die uns dazu bringen, auf Kinder zu verzichten, frei gewählt oder erzwungenermaßen – sie könnten in Phantasien münden über mögliche Veränderungen und praktische Hilfsbereitschaft im Sinne sozialer Elternschaft. Phantasie und viel Energie braucht es, um zu verhindern, dass die Kinder »unserer« Kinder, der jetzigen Kindergeneration, den heute und in der Vergangenheit geschaffenen Problemen zum Opfer fallen.

Lieben – sich selbst und andere

Wer sich Kinder wünscht und keine bekommt, muss auf einen bestimmten Aspekt der Identität*serweiterung* verzichten. Das macht die Suche nach anderen Bereichen nötig, in denen sich Aspekte des Kinderwunschs ausdrücken können und in denen statt biologischer Elternschaft Elterlichkeit oder Kreativität gelebt werden können. Wie in anderen Lebensphasen vorher und nachher stellt sich auch im mittleren Erwachsenenalter eine spezifische Lebenssituation mit einem speziellen Lebensthema. Erikson hat dieses Lebensthema als Konflikt formuliert: Generativität gegen Stagnierung. Diesem Konflikt müssen wir uns stellen und zwischen diesen beiden Polen müssen wir unseren Weg suchen. Im Übernehmen elterlicher Verantwortung oder aber in schöpferischer Leistung besteht eine wichtige Bereicherung und eine Chance des Wachstums der gesunden Persönlichkeit, ohne die es zu einem übermächtigen Gefühl von Stillstand oder Verarmung in den zwischenmenschlichen Beziehungen kommen kann. Diese Lebensphase – wie die Adoleszenz oder das junge Erwachsenenalter, das Schulalter und alle anderen Phasen, in die Erikson den Lebenszyklus aufteilt – verläuft krisenhaft, für Menschen mit Kindern und für Menschen ohne Kinder. Diese sind dabei stärker auf sich selbst zurückgeworfen. Es kann so aussehen, als hätten sie vor allem Probleme mit sich selbst, während Eltern die Sorgen um die Entwicklungsprobleme der Kinder haben und in solchen Konflikten auch einen Teil ihrer inneren Problematik abarbeiten können. Ein Irrtum wäre es allerdings zu glauben, diese Krise bliebe Menschen mit Kindern erspart. Sie äußert sich anders, sie löst sich anders auf. Aber auch dieses Lebensthema müssen Menschen mit Kindern bearbeiten: Wer sind wir als Paar ohne die Kinder? Die notwendige Antwort zu finden und zu leben ist oft nicht leicht und wird vielfach aufgeschoben, bis es zu spät ist. Menschen mit Kindern erleben die Krise »Generativität gegen Stillstand« oft nicht so tiefgreifend, während Menschen ohne Kinder sich meist radikaler in Frage stellen.

Es mag eine Krise der Partnerschaftsdefinition geben: Wer sind wir als Paar, wenn wir nicht Eltern werden können? Aber ist man wirklich nur allein deshalb ein Paar geworden, um sich gegenseitig zu Vater und Mutter zu machen? Sollte es tatsächlich sonst nie etwas gegeben haben, was das Zusammenleben lohnenswert erscheinen ließ? In einem solchen Fall würde die ungewünschte Kinderlosigkeit tatsächlich eine zerstörerische Wirkung haben. Allzu wahrscheinlich ist dieser Fall nicht. Auch wenn es einem in Momenten der Verzweiflung manchmal so vorkommen mag: Eine Krise ist keine Katastrophe.

Gelegentlich ist die Ansicht zu hören, ungewünschte Kinderlosigkeit stürze die Betroffenen in eine tiefe Identitätskrise, sie habe eine »identitätsbedrohende Wirkung« (Bäumer, 1990, S. 104), und sie müsse betrauert werden wie der endgültige Verlust einer geliebten Person. Wäre Fruchtbarkeit ein »konstituierender Faktor für die Entwicklung persönlicher Identität« (Pöhler u. Weiland, 2000, S. 125), müsste ungewollte Kinderlosigkeit zwingend eine bedrohliche Erfahrung sein.

Im Einzelfall, v. a. wenn Selbstwert mindernde Diagnosen gestellt wurden, kann das durchaus so erlebt werden. Zwangsläufig ist es keineswegs. Tiefgreifender Verzicht und Veränderungen in der Lebensperspektive sind Gegebenheiten, die i. d. R. gemeistert werden können und oft mit persönlichem Gewinn gemeistert werden. Trauer zu verordnen erzeugt zusätzlichen emotionalen Druck, schadet also mehr als es nützt. Der Verzicht auf eine bestimmte Möglichkeit der Identitätserweiterung und der Lebensbereicherung ist schmerzlich und kann situativ zu Verzweiflung, Mutlosigkeit und Verwirrung darüber führen, wer man nun weiterhin sein will und wie man leben möchte.

Dieser Verzicht ist so viel oder so wenig identitäts*zerstörend* wie andere tiefreichende Lebenseinschränkungen, beispielsweise die Tatsache, einen Beruf nicht ausüben zu können. Gar keinen Beruf ergreifen zu können, arbeitslos zu werden, greift die Identität vieler Menschen gleichermaßen an. Ungewollte Kinderlosigkeit hat schwerwiegende Auswirkungen auf das Selbstwertempfinden, aber es hat nicht den Rang einer lebensbedrohenden Erkrankung, wie das manchmal zu lesen ist. Wer das behauptet, erhebt Extremreaktionen von Betroffenen zum Maßstab und stilisiert das Kinderhaben zum Zweck des Lebens hoch, und das – bei aller Bedeutsamkeit – ist wirklich nicht gerechtfertigt. Mir scheint es deshalb auch nicht hilfreich, von einer tatsächlichen Trennung wie beim Verlust eines Angehörigen auszugehen.

Ungewollt Kinderlose müssen sich nicht von einem Kind trennen, sondern von der Wunsch*vorstellung* Eltern zu sein. Genau genommen brauchen sie sich auch vom Wunsch nach einem Kind nicht völlig zu trennen. Sie können ihn, wenn es ihnen nicht zu schmerzhaft ist, aufrechterhalten. Auch 70-Jährige können sagen: Wir hätten gerne Kinder gehabt und wir hätten nun gerne Enkelkinder. Leider hat es nicht geklappt.

Das herbeigewünschte Kind hat entschieden, nicht zu kommen, und es wird seine Gründe gehabt haben. Das Kind im Kopf, das phantasierte, das vorgestellte, ist in Wirklichkeit ein Kind, das nicht kommen will. Kann ich es mitsamt seinem Nicht-kommen-Wollen akzeptieren, so wie ich ein bereits geborenes Kind mit allen, auch unerwünschten Eigenschaften akzeptieren lernen müsste?

Das nicht gekommene Phantasiekind zu lieben, kann helfen, die Wunden zu heilen, die aus der eigenen enttäuschten und verletzten Kindlichkeit entstanden sind und die oft den unerkannten Hintergrund bilden für die ungewollte Kinderlosigkeit.

Ich möchte deshalb Paaren, bei denen Kinder unerwartet ausbleiben, nicht Trauergefühle verordnen. Unbestritten, dass sie auftauchen, unbestritten auch, dass sie nicht unterdrückt werden sollten. Aber: Ein Leben ohne Nachkommenschaft, auch wenn es viel mehr ungewollt als bewusst gewählt war, ist weder ein Unglück noch eine Krankheit, wenn man nicht (mehr) darunter leidet.

Das Weinen über ungelebte Möglichkeiten ist auf Dauer nicht heilsam; Selbstmitleid liegt nahe, und das schwächt.

Hilfreicher und lebenszugewandter scheint es mir, sich der Sehnsucht, die im unerfüllten Wunsch nach einem Kind liegt, zu stellen, in einen inneren Dialog mit dem gewünschten Kind zu treten, es als Möglichkeitskind, dem man die Freiheit gibt, zu kommen oder nicht, in sich lebendig zu erhalten und sich mit seinem Nichtkommen-Wollen zu versöhnen. Die besten Entwicklungschancen hätte ein wirkliches Kind in einer Paarbeziehung, in der es nicht gebraucht wird, wo ihm aber Raum zur Verfügung gestellt werden kann, den es für seine Entwicklung als eigenständige Person benötigt. Wem es gelingt, einen solchen seelischen Freiraum zu schaffen, den das potentielle Kind einnehmen könnte, oder eben auch nicht, dem wird es auch gelingen, diesen Raum anders und sinnstiftend zu füllen, wenn sich biologische Nachkommen nicht einstellen. Dieser innere Raum hat dann die Qualitäten eines bergenden Spielraums und nicht die Qualität einer quälenden Leerstelle. Er ermöglicht es, eine Liebesfähigkeit in sich zu spüren, die nicht an das eigene gewünschte Kind gebunden bleibt, sondern sich auf andere Menschen oder andere Projekte übertragen lässt. Anstelle eines enttäuschten Rückzugs ist dann die Zugewandtheit zur Welt möglich. Wünsche nach Verwandlung – ein anderer, eine andere werden zu wollen – nach Herausforderungen und Ausgefüllt-Sein, nach dem Auffinden von neuem, nach liebevollem Bezogensein und interessanten Erfahrungen können dann im Bezug zur Realität eher einen befriedigenden Ausdruck finden und in eine ganz persönlich passende Lebensweise integriert werden.

»Ich kann ohne dich nicht leben!« Dieser Satz – auch wenn wir ihn mit Rührung hören – hat außerhalb gewisser Popsongs und Fernsehserien weit weniger mit tiefer Liebe als mit Sentimentalität oder süchtiger Abhängigkeit zu tun. Dass zur Liebe nicht nur Hingabe gehört, sondern auch Eigenständigkeit, Autonomie und die Fähigkeit, eigene Interessen zu wahren, ist uns eine Selbstverständlichkeit. Margarete Seiff soll das in Hinblick auf die Zweierbeziehung einmal so formuliert haben: »Ich kann auch ohne dich leben, aber mit dir zu leben ist schöner.« Dieselbe Einstellung wäre einem gewünschten Kind gegenüber hilfreich: »Wir können auch ohne Kind leben, vielleicht wäre es mit Kind schöner.« *Vielleicht*. Mal eben Ausprobieren geht nicht. Kinder bedeuten zwar Dauer, aber *nicht* für das Paar und *nicht* für die Liebe.

Die Frage nach dem Sinn oder Zweck des Lebens erübrigt sich, wenn wichtige Aufgaben da sind, die angepackt werden müssen. Die gibt es in Fülle. Und sonst? Für Anais ist das keine Frage: »Dass man lebt, dass man lebendig ist. Jemanden lieben, mit jemandem zanken, das alles! Die Auseinandersetzungspunkte. Oder lachen, oder weinen.« Gefühlsleben und In-Beziehung-Stehen zu anderen. Ein eigenes Kind braucht sie dafür nicht.

ETHIK DER REPRODUKTION

> »Und die aussortierten Embryonen landen im Mülleimer?«
> »Wenn sie intakt sind, können wir sie auch einfrieren. Wird die Patientin nicht schwanger, lassen sich die Embryonen auftauen und transferieren. Oder sie werden zur Adoption freigegeben – was in Deutschland allerdings nicht zulässig ist. Schadhafte oder nicht benötigte Embryonen sollten wir aber auch vernichten oder für die Forschung verwenden dürfen.«
>
> *Prof. Th. Katzorke, Leiter eines der größten deutschen IVF-Zentren, Geo 8/2003, S. 149*

Den Kinderwunsch in Frage zu stellen, das kommt einem Tabubruch gleich. Entsprechend spärlich sind die Publikationen, die sich mit dem Kinderwunsch kritisch auseinandersetzen und danach fragen, unter welchen Umständen er die persönliche Entwicklung fördert und wann er der seelischen Entwicklung abträglich ist (vgl. Zeller-Steinbrich 2001). Nur wenige Autorinnen, z. B. Sophinette Becker, Louise Kaplan oder Estela Weldon, wagen sich an das heikle Thema und beschäftigen sich mit problematischen Varianten des weiblichen Kinderwunschs. Dass manchmal mit dem Kinderwunsch »etwas nicht stimmt«, wird nur im Einzelfall zur Kenntnis genommen und meist erst dann, wenn die Kinder auf der Welt sind.

Deklariert man den Kinderwunsch als »per se normal«, wie viele Fertilitätsmediziner und -psychologen das tun, so hat das unbestreitbar einen positiven Effekt: Frauen und Männer in der Kinderwunsch-Sprechstunde geraten nicht automatisch unter den Verdacht, mit ihnen stimme psychisch gesehen etwas nicht. Andererseits wird aber auch verhindert, dass die Motivationen hinter dem Kinderwunsch erforscht werden. Mir scheint es wichtig, die Paare jenseits des offensichtlichen und vordergründigen Strebens nach einem Kind in ihrer individuellen Wunschgeschichte zu verstehen und ihnen so zu einer Lösung zu verhelfen, die ihnen persönlich entspricht. *Vor allem sollte der Kinderwunsch nicht verwechselt werden mit den Mitteln zu seiner Erfüllung.* Jeder Wunsch kann als normal gelten, sofern er Wunsch ist. Keineswegs normal ist es jedoch, sich jeden Wunsch unbesehen und mit allen Mitteln erfüllen zu wollen. Hier wird der Wunsch gar nicht mehr als Wunsch, mit einer Geschichte, einem Schicksal gedacht, sondern als Auslöser einer Erfüllungsmechanik. Die Symbolebene ist verloren.

Wer »ein Recht aufs eigene Kind« postuliert, versucht, den Weg der Klärung und Wunschverarbeitung abzukürzen und huldigt einer grandiosen Phantasie der Verfügbarkeit von Nachkommen und von Durchplanbarkeit des Lebenslaufs. Angesichts der hohen Misserfolgsraten in der Fertilitätsmedizin mutet es fast zynisch an, dass Paaren mit unerfülltem Kinderwunsch ein »Recht« zugesprochen wird, das letztlich nicht einlösbar, geschweige denn einklagbar ist.

Dass die Fertilitätsbehandlungen außerhalb von Religionsgemeinschaften kaum noch in Frage gestellt werden, verdankt sich der existentiellen Wucht des Kinderwunsches. Er gilt als naturgegeben, triebbestimmt und damit unhinterfragbar. Aber selbst wenn man von der Prämisse ausgeht, der Kinderwunsch sei in jedem Falle individuell und gesellschaftlich ein hoher Wert, muss doch gefragt werden, was zu seiner Verwirklichung vertretbar ist und was nicht. Seit wann heiligt der Zweck blindlings die Mittel? Im Umfeld der Reproduktionsmedizin werden jedoch ethische Fragen kaum gestellt.

Was wird eigentlich behandelt beim Versuch, ungewollte Kinderlosigkeit zu behandeln?

Ungewollte Kinderlosigkeit gilt nach den Kriterien der WHO als Erkrankung, und zwar aufgrund des beeinträchtigten Wohlbefindens und der Lebenszufriedenheit. Das Leiden an der Kinderlosigkeit besitzt Krankheitswert. Die zentrale Frage ist also, wird dieses Leiden durch die Fertilitätsbehandlungen beendet?

Das subjektive Wohlbefinden, die Lebenszufriedenheit und der allgemeine Gesundheitszustand von kinderlosen Paaren unterscheiden sich nicht von dem bei Paaren mit Kindern. Untersucht man speziell die psychischen Beeinträchtigungen von infertilen Frauen und Männern im späteren Erwachsenenalter, unterscheiden sie sich nicht von anderen Kinderlosen oder Menschen mit Kindern.

Die ungewollte Kinderlosigkeit als solche, wie auch schon die Diagnose und v. a. erfolglose Behandlungen dürften sehr wohl Auswirkungen auf das Befinden haben. Für die seelische Verfassung entscheidend ist dabei jedoch die Frage, wie sie verarbeitet werden kann und ob ein innerer Abschied erfolgen kann. In verschiedenen Studien konnte gefunden werden, dass kinderlose Frauen und Männer zwar weniger soziale Netzwerke haben als Personen mit Kindern, dass sie sich aber nicht einsamer oder sozial isolierter fühlen als Menschen mit Kindern. Die Partnerschaftszufriedenheit ist allerdings größer, wenn beide Partner für die Kinderlosigkeit verantwortlich waren, als wenn nur bei einem die Gründe lagen. (Hier stellt sich noch einmal die Frage nach dem Effekt der Diagnostik.) Auf lange Sicht kommen Personen, die das Schicksal oder äußere Faktoren für das Ausbleiben von Kindern verantwortlich machen, offenbar besser zurecht als Menschen, die sich selbst die Schuld zuschreiben. Die bewusste Trauer um eine verlorene Lebensperspektive ist für die langfristige Verarbeitung entscheidend.

Wer vor der Fertilitätsbehandlung stärker psychisch belastet ist, wird seltener schwanger und fühlt sich gesundheitlich und psychisch nach der Behandlung tendenziell schlechter, und zwar unabhängig davon, ob eine Schwangerschaft eingetreten ist oder nicht. Die Schwangerschaft bei erfolgreicher Behandlung steht in keinem signifikanten Zusammenhang zur allgemeinen Lebenszufriedenheit. Einen größeren Einfluss auf das Wohlbefinden hat offenbar die Zufriedenheit mit der Zärtlichkeit in der Ehe.

Im Misserfolgsfall können sich aber Versagensgefühle, Scham und Selbstentwertung verstärken und dadurch die Depressivität. Weil jedoch alles um den Kinderwunsch kreist, erfolgt eine Behandlung der Depressivität nicht oder viel zu spät.

> Anhand der vorliegenden Befunde ist eine psychotherapeutische Behandlung depressiver Verstimmungen eher geeignet, die Lebenszufriedenheit der Männer und Frauen zu verbessern, als die Erfüllung des Kinderwunschs mit allen medizinischen und technischen Mitteln. Ebenso könnte ein Abbau oder effektiverer Umgang mit den Belastungen des Arbeitsplatzes, Gesundheitsförderung und gezielte Beratung bei

partnerschaftlichen und sexuellen Problemen die Belastung der Paare mindern und ihre globale Zufriedenheit verbessern. Depressive Patienten sind als Risikogruppe in Hinblick auf medizinische und psychologische Erfolgsparameter einzustufen. (Hölzle et al., 2000, S. 205)

In der Medizin gibt es häufig Befunde, die von der Norm abweichen, vielleicht sogar einen Krankheitsnamen haben (z. B.»Morbus Meulengracht« bei erhöhten Bilirubinwerten der Leber), ohne jedoch eine Erkrankung zu sein und ohne behandelt werden zu müssen. Eine Behandlung macht generell nur Sinn, wenn sie in einem vernünftigen Verhältnis zur Besserung des Gesamtbefindens steht. Bei den aktuellen Fertilitätsbehandlungen verschlechtert sich das aktuelle Befinden durch die Hormonbehandlungen, die körperlichen und psychischen Begleiterscheinungen deutlich. Nicht selten gibt es bleibende Beeinträchtigungen im Bereich der Sexualität und der Partnerschaft, insbesondere bei fehlgeschlagenen Behandlungen.

Aus meiner Sicht ist im Gegensatz zur WHO-Definition nicht die ungewollte Kinderlosigkeit als solche eine Krankheit, sondern das unbewältigte Leiden an ihr. Nicht wenige Paare sind ungewollt kinderlos ohne das Gefühl, daran unbedingt etwas ändern zu müssen. Ohne das Leiden der Betroffenen wären IVF und ICSI keine (Kranken-) Behandlungen. Leiden aber die Betroffenen und bessert sich die Lebensqualität nach der Fertilitätsbehandlung nicht, dann war es die falsche Therapie. Zugespitzt ausgedrückt: Die Fertilitätstechnologie bewegt sich zwischen Lifestyle-Behandlung und dem Symptomkurieren einer larvierten Depression.

Pragmatik statt Ursachenforschung

Gibt es eine Fertilitätsmedizin? Oder doch nur eine Fertilitätstechnologie? Bei der Durchsicht der einschlägigen medizinischen Fachzeitschriften wird bald eine beträchtliche Einseitigkeit ersichtlich. Offenbar wird weit mehr Energie und Geld in die Entwicklung von neuen Techniken der Behandlung gesteckt als in die Erforschung der Ursachen des äußerst komplexen Zusammenspiels der vielen verschiedenartigen Bedingungsfaktoren von Fruchtbarkeit und ihren Störungen beim Mann und bei der Frau und bei beiden Partnern im Verlauf der Zeit. Medizin als Wissenschaft müsste zwar ein genuines Interesse an den Ursachen ungewollter Kinderlosigkeit haben. In diesem schwierigen Feld lassen sich jedoch absehbar nicht die narzisstischen Gratifikationen erwerben wie bei der Entwicklung sensationeller »Behandlungen« – von finanziellem Gewinn nicht zu reden. Für die Anwendung fertilitätstechnologischer Maßnahmen zahlen je nach Erstattungslage Betroffene oder Krankenkassen sehr viel Geld. Für die Ursachenforschung Gelder einzuwerben, ist vergleichsweise schwierig. Also wird das Problem auf der pragmatischen Ebene abgehandelt. (Um einen Vergleich mit der Zahnmedizin zu bemühen: Statt nach den Ursachen von Karies zu forschen, genügend Jod zu verabreichen, Zahnpflege zu propagieren und Anti-Plaques-Behandlungen einzuführen, was in der Schweiz zu sensationellen Erfolgen bei der Kariesprophylaxe geführt hat, hätte man immer nur neue Füllungen für die Löcher entwickelt.)

Wuscheltern sind oft nur unzulänglich über die Risiken und Erfolgsaussichten informiert, sei es, dass Informationen beiseite geschoben werden, sei es, dass die Aufklärung nicht deutlich genug ist. Schonungslose Aufklärung kann den Stress unter der Behandlung vergrößern und damit die Erfolgsaussichten schmälern. Dies stellt ein unbestreitbares Dilemma dar. Weniger einsichtig ist die Tatsache, dass unter dem Deckmantel der Information recht schamlos für diese Technologien geworben wird.

> In einem kostenlosen Gesundheitsmagazin (*Vista*) als Beilage mehrerer großer Tageszeitungen wird als »Thema für die Frau« die künstliche Befruchtung angepriesen: »Oft kann schon mit einfachen Methoden der Kinderwunsch erfüllt werden. In komplizierteren Fällen hilft die moderne Reproduktionsmedizin in spezialisierten Zentren.« Natürlich ist ein süßes Baby abgebildet. Eine frühe Diagnostik wird empfohlen ohne Hinweis auf die möglichen Folgen. Neben der Hormonbehandlung werden In-vitro-Fertilisation (IVF) und Spermieninjektion (ICSI) beschrieben. Zur IVF ist zu lesen: »Die Wahrscheinlichkeit, dass sich das Kind nicht normal entwickelt ist nicht größer als bei einer natürlich entstandenen Schwangerschaft. Dennoch wird man die werdende Mutter als Risikoschwangere betrachten und besonders engmaschige Vorsorgeuntersuchungen durchführen. Die bisherigen Erfahrungen mit der Reproduktionsmedizin haben gezeigt, dass schwangerschaftsbedingte Komplikationen und auch Frühgeburten etwas häufiger auftreten.« Über den letzten Satz, kann man nach den vorangestellten Beruhigungen leicht hinweglesen. Dass hier ein offener Widerspruch besteht und der erste

Satz schlichtweg unrichtig ist, wird nicht jeder Leserin auffallen. Eindeutigere Informationen würden ja vielleicht abschreckend wirken.

Über viele medizinische Risiken weiß man heute noch nicht gut genug Bescheid. So fanden bei durch ICSI gezeugten Kindern Bonduelle und Mitarbeiter (2002) ein erhöhtes Risiko für Chromosomenabweichungen. Andere Studien bestätigten das nicht. Der renommierte Wissenschaftsjournalist Hans Schuh schreibt von »Roulette in der Retorte«, da es eben Hinweise gibt, dass seltene genetische Defekte vermehrt nach IVF und ICSI auftreten können. Auch dies müsste erst an großen Zahlen überprüft werden. Die vielen Einflussfaktoren beim komplizierten Vorgang der Befruchtung machen es generell schwierig, Risiken zuverlässig abzuschätzen. Genetische Fehlregulationen, wie z. B. die so genannten Imprinting-Defekte, bei denen das Ein- und Ausschalten der Gene beeinträchtigt ist, die für das embryonale Wachstum verantwortlich sind, könnten durch die In-vitro-Kultur, aufgrund der ersten Reifung des Embryos außerhalb des geschützten Klimas des Mutterleibs entstehen, aber auch aufgrund vorbestehender genetischer Defekte der Eltern (*Die Zeit*, Nr. 25 vom 9. 6. 2004, S. 37). In Tumor- und Krankenregistern wird die Art der Zeugung nicht vermerkt, daher würde eine Verbindung seltener Erkrankungen mit künstlicher Befruchtung auch nicht ersichtlich.

Wie geht es den Kindern?

> Unsere westliche (...) Gesellschaft verurteilt jeweils rasch – und zu Recht – die barbarischen Sitten bestimmter Gemeinschaften, welche die Würde des Menschen nicht achten; sie ist jedoch unfähig, diejenige des Kindes in Betracht zu ziehen, außer wenn dies den Erwachsenen nützlich erscheint.
>
> *Suzette Sandoz, Rechtsprofessorin und ehem. Schweizer Nationalrätin*

Elternschaft, Abstammung und Identität

Wenn bei einem Partygespräch in London eine Schwangere zu verstehen gibt, der Geburtstermin sei voraussichtlich in acht Wochen und hinzufügt:»Meine Frau hat ein drei Monate altes Baby«, werden wir nach dem ersten Stutzen und einiger Überlegung darauf kommen, dass es sich um ein lesbisches Paar handelt. Für Kinder, die zur Entwicklung eines konsistenten Welt- und Selbstbildes auf die Grundkategorien wie Kind-Erwachsener, weiblich-männlich angewiesen sind und unter Grenzüberschreitungen der Generationenschranke wie der Geschlechter mit Verwirrung und Identitätsschwierigkeiten reagieren, dürfte das weit schwieriger sein.

Kinder brauchen – für eine Weile in ihrer Entwicklung – klare Kategorien, um sich zu orientieren. Sechsjährige haben z. B. recht klischeehafte Vorstellungen von männlich und weiblich, in einem Alter, in dem die geheime Phantasie, vielleicht doch beides, männlich *und* weiblich, Junge und Mädchen gleichzeitig, sein zu können, aufgegeben werden muss. Als Reaktion werden sie dann eine Weile »extra« weiblich oder männlich und finden das andere Geschlecht vielleicht »doof« oder »uncool«. Im Gespräch mit einer knapp Dreijährigen gab diese mir bedrückt zu verstehen, die Ursache ihrer Ängste sei, dass sie glaube, ihr Vater und ihre Mutter liebten sich nicht, weil sie nicht verheiratet seien. Ich erklärte ihr im Beisein der Eltern, dass viele Paare ohne Heirat und Trauschein zusammenleben. Es sei gerade ein Zeichen, dass sie sich lieben. Die Kleine schüttelte traurig den Kopf:»Aber nicht so wie richtig verheiratet.«

Wenn nun einem Kind, das bei einem lesbischen oder schwulen Paar aufwächst, gesagt wird, dies seien seine Eltern, dann kann das Kind zwar »lernen«, dass es gleichgeschlechtliche Eltern hat. Der äußere Zusammenhang mit dem Vater bzw. der Mutter ist aufgelöst. Subjektiv auf der Ebene der innerseelischen Prozesse gilt dies aber nicht. Das Kind wird zudem bald spüren, dass dies einer Verleugnung der Fakten gleichkommt, denn jedes Kind hat einen biologischen Vater und eine biologische Mutter. Wohl kann es eine lesbische Mutter mit einer Partnerin geben, die als sozialer Ersatzvater oder zweite Mutter für das Kind fungiert. Aber »gleichgeschlechtliche Elternschaft« gibt es nicht. Es ist bislang nicht zu leugnen, dass es zwei Geschlechter gibt und dass diese an der Entstehung des Kindes als Person beteiligt sind.

Who's baby is it? Die Aufklärung der Kinder

Das Recht des Kindes auf Kenntnis seiner Eltern ist vor allem bei Ei- und Samenspende schwer durchsetzbar. Die Angst vor Unterhaltsklagen lässt viele »Spender und Spenderinnen« anonym bleiben. Margarete Berger spricht hier von einem technologisch bedingten Identitätsvakuum. »Gespendet« wird in den USA, wo der Handel blüht, übrigens in aller Regel nichts. Da zwar Organhandel, nicht aber der Verkauf eigener Samen- oder Eizellen verboten ist, wird dort für teures Geld verkauft und gekauft.

Auch nach IVF- oder ICSI-Behandlungen klären viele Eltern die Kinder nicht über ihren Ursprung auf. Besonders schwierig scheint die Aufklärung des Kindes für die Eltern zu sein, wenn der Vater infertil ist.

In ihrer Studie von 2002 fanden Colpin und Soenen, dass nur 25 Prozent der Eltern ihre IVF Kinder im Alter von acht bis neun Jahren über die Art ihrer Zeugung aufgeklärt hatten. Diese Eltern berichteten über mehr Verhaltensprobleme ihrer Kinder als die Eltern nicht informierter Kinder. Wie der Befund zu interpretieren ist, muss vorerst offen bleiben. Es ist jedoch anzunehmen, dass – ähnlich wie bei der Adoption – auch die Aufklärung zu Problemen führen kann. Die Frage ist ja, wie eine dem Kind entsprechende Aufklärung aussehen kann. Denn das Kind muss auf der Ebene der Beziehungserfahrungen und psychisch den Sachverhalt verarbeiten können. Die offengelegte Abstammung kann zwar Verwirrung und Mystifikationen vermindern. Von Adoptionen ist aber bekannt, dass die Abstammung trotz der Aufklärungspflicht konfliktträchtig bleibt und dass das Wissen darum, weggegeben worden zu sein, mit dem Phantasma des Ausgestoßen-Seins mit der andauernden Gefahr der Wiederholung verbunden bleibt. Über die Phantasmen der Kinder aus Fertilitätsbehandlungen wissen wir wenig, ihre Auswirkungen auf Selbsterleben und Verhalten können durchaus gravierend sein. Ich erinnere mich an einen Jungen aus homologer Insemination: Er inszenierte sich in selbstgefährdender Weise als »Trittbrettfahrer« auf der Stoßstange des Autos seiner Mutter.

»Die Spermien meines Vaters waren zu schwach«

Wie ergeht es den In-vitro- und ICSI-Kindern? Es gibt zahlreiche Untersuchungen, die belegen, dass die Kinder, die gesund und ohne Frühgeburtsschäden nach künstlicher Befruchtung geboren werden, auch weiterhin körperlich, kognitiv und psychomotorisch so unauffällig sind wie andere Kinder auch (vgl. Strauß, 2004, S. 54ff.). Aus psychomotorischen Befunden allein kann jedoch nicht generell auf die langfristige psychische Entwicklung geschlossen werden. Dieses unproblematische Bild kann einer genaueren Exploration möglicherweise nicht standhalten.

In der psychotherapeutischen Praxis sehen wir nicht selten schwer beeinträchtigte psychische Entwicklungen von Kindern nach IVF oder ICSI, so dass vorerst noch Zweifel an der verbreiteten Auffassung angebracht sind, dass sich diese Kinder, da sie besonders herbeigewünscht und geliebt würden, auch besonders gut entwickeln müssten. Für die kindliche Entwicklung ist die Art der Eltern-Kind-Beziehung maßgeblich, und die ist geprägt durch bewusste und unbewusste Motive für den Kinderwunsch. Wir haben gesehen, wie vielfältig und vielschichtig – und auch wie problematisch – diese Motive sein können.

> Ein siebenjähriger Junge mit einer schweren Störung der Persönlichkeitsentwicklung und destruktivem Verhalten hat mich während seiner Psychotherapie scheinbar ganz lässig aufgeklärt über die Art seiner Zeugung und die Gründe: »Die Spermien meines Vaters waren zu schwach«, meinte er so nebenbei, während er sich ein Spielzeug nahm. Wenig später wurde deutlich, dass sich hinter der vermeintlichen Leich-

tigkeit unheimliche und zerstörerische Phantasien von Massenvernichtung verbargen.

Der Patient war der Überzeugung, dass die Spermien seines Vaters aktiv von der Mutter angegriffen worden waren, und brachte dies in zutiefst erschreckender Weise mit der Vergasung der Juden in Verbindung.

Auswirkungen auf die Persönlichkeit, die Identität und die eigene Beziehungsfähigkeit des Kindes können sich nur zeigen, wenn vertiefte Untersuchungen stattgefunden haben. Sie sollten von dritter Seite (unabhängig von den Fertilitätszentren) erhoben werden, über Fragebögen hinausgehen, in denen aus dem verständlichen Wunsch nach Normalität tendenziell die sozial erwünschten Antworten gegeben werden, unabhängige Beobachtungen der Kinder und der Eltern-Kind-Beziehungen von Forscherseite einbeziehen sowie über einen längeren Zeitraum als bisher erfolgen, da sich die Auswirkungen erst später zeigen können.

Wie es sein wird, wenn zahlreiche Kinder aus künstlicher Befruchtung selbst Eltern werden, ist ebenfalls noch nicht vorhersehbar. Psychische Folgen von Ereignissen bleiben oft zunächst unbewusst und zeigen sich erst in der zweiten und dritten Generation – von den Fruchtbarkeitsstörungen selbst, die sich vererben können, einmal ganz abgesehen.

Design-Baby – Retterbaby?

Die Präimplantationsdiagnostik (PID) ermöglicht es, dass vor dem Einpflanzen in die Gebärmutter die Embryos genetisch – z. B. auf Erbkrankheiten – untersucht werden. Eine Geschlechtsbestimmung ist bereits über diesen Weg möglich. Die Befürchtung, dass vorgeburtliche Selektion zu barbarischen Praktiken führen könnte, ist keineswegs irrational. Der Begriff des Baby-Designs macht die manipulative Absicht und die Missbrauchsgefahr deutlich. Die Widerstände gegen die Zulassung der künstlichen Befruchtung hat man in der Schweiz damit entkräftet, dass die PID verboten wurde. Vier Jahre später wurden Genuntersuchungen auf schwere, unheilbare Krankheiten erlaubt. Und nun folgen Forderungen, dass gezielt auch Spender von Gewebe erzeugt und mit PID ausgesucht werden dürfen, um kranke Angehörige damit behandeln zu können. So wurde Anfang 2006 in Zürich ein sechsjähriger Knabe mit einer erblichen Immunschwächeerkrankung mit einer Knochenmarkspende seiner einjährigen Schwester behandelt. Das Mädchen war in Belgien in vitro gezeugt und für diesen Zweck als passend ausgewählt worden (aus wie vielen, die anschliessend abstarben, zu Forschungszwecken verwendet oder eingefroren wurden?). Für Eltern ist es eine schwere Entscheidung, ob sie Kinder bekommen sollen, obwohl sie möglicherweise eine lebensbedrohliche Erbkrankheit weitergeben. Wenn diese Entscheidung für ein Kind in Zukunft getroffen wird im Bewusstsein, dass mit künstlicher Befruchtung und PID ein Geschwisterkind als Heilmittel gezeugt werden kann, dann ist dies folgenschwer, denn es impliziert einen Missbrauch des mit einer bestimmten Absicht oder zu einem bestimmten Zweck gezeugten Kindes. Selbst wenn man davon ausgeht, dass die Eltern in erster Linie ein weiteres Kind wünschten, stellt dies für das noch ungeborene Kind eine Funktionalisierung dar. »Design-Baby hilft Bruder«, war in der *Neuen Zürcher Zeitung* zu lesen. Das klingt anrührend, beschönigt aber den Sachverhalt, denn das Baby bzw. die einjährige Knochenmark-Spenderin haben nicht selbst aus freien Stücken entschieden – sie sind nicht einmal gefragt worden. Das »Design-Baby« hilft nicht, es wird zur Hilfe benutzt. Selbst die Organentnahme von einem toten Körper ist zustimmungspflichtig und nur mit Spenderverfügung erlaubt. Einen neuen Menschen darf man aber zu lebensrettenden Zwecken zeugen?

Wenn über diese Kinder dann als »Retterbabys« gesprochen und geschrieben wird, kommt das einer Verdrehung der Tatsachen gleich. Sie haben keine Wahl, sie *müssen* hilfreich sein, schlimmstenfalls wäre das ihr Lebenszweck. Eher sind es »Opferbabys«, deren Bedürfnisse, z. B. das Grundbedürfnis, um seiner selbst willen geliebt und akzeptiert zu werden, zugunsten höherer Ziele, der Interessen der Erwachsenen bzw. der Familie, geopfert werden.

Eltern mit einem solchen schwerkranken Kind kommen in ein unlösbares ethisches Dilemma, wenn sie – wie das gefordert wird – selbst entscheiden sollen: Die PID anwenden, ein Kind letztlich zu Heilungszwecken zeugen oder eben nicht – also das ungeborene Kind vor Missbrauch schützen, damit aber auch dem kranken Kind die Hilfe verweigern.

Verbote sind nicht nur unbequeme Einschränkungen, sie können auch ein Schutz vor individueller Überforderung sein.

Mehrlingsschwangerschaften

> Es ist paradox, aber für ein neues Beatmungsgerät bekommen wir problemlos Geld. Aber wenn wir uns mit den Folgen der Technik befassen wollen, beissen wir auf Granit.
>
> *Hans Ulrich Bucher, Präsident der Schweizer Gesellschaft für Neonatologie (Neugeborenenmedizin) in BAZ, 16. 2. 2005, S. 17*

Etwa ein Viertel aller IVF-Behandlungen in Europa führen zu einer Mehrlingsschwangerschaft (Zwillinge und mehr). In den USA, abhängig von der höheren Anzahl übertragener Embryonen, sogar 53 Prozent. Bei Spontanschwangerschaften gibt es nur knapp zwei Prozent Mehrlinge. In Deutschland kommen bei 2,4 Prozent aller Entbindungen nach einer IVF Drillinge zur Welt. Drillinge werden in der Regel um die 32. Schwangerschaftswoche geboren und sind fast zwei Monate auf der Intensivstation. Bereits die »einfache« Hormonbehandlung der Frau zur Ovulationsinduktion (OI) erhöht das Mehrlingsrisiko. Eine amerikanische Studie von 1994 kam zu dem Schluss, dass IVF und OI etwa zu gleichen Teilen zur Mehrlingsproblematik beitragen (Lüthi, 2006). Das größte und offensichtlichste Risiko für das Kind bei der Fertilitätsbehandlung sind Mehrlingsschwangerschaften und damit verbunden Frühgeburten. Die medizinischen Risiken sind unbestritten. Blutungen während der Schwangerschaft, eine Risiko- bzw. Notfallgeburt, geringeres Geburtsgewicht des Kindes wie auch die perinatale Sterblichkeit sind bei Mehrlingsschwangerschaften häufiger. Trotzdem werden Mehrlingsschwangerschaften an vielen Fertilitätszentren in Kauf genommen.

Die Raten für Mehrlingsschwangerschaften nach IVF und ICSI in 25 europäischen Ländern liegen dem Datenmaterial aus den nationalen Registern von 2002 zufolge insgesamt bei 26,3 Prozent. Die Anzahl der eingepflanzten Embryos war folgende: In 13,7 Prozent der Fälle wurde ein einzelner Embryo in die Gebärmutter eingepflanzt, zwei Embryos waren es in 54,8 Prozent der Fälle, drei Embryos wurden in 26,9 Prozent der Fälle in die Gebärmutter transferiert. Bei immerhin 4,7 Prozent wurden sogar vier und mehr Embryos implantiert (Andersen et al., 2006).

Im Rahmen eines Forschungsschwerpunkts »Fertilitätsstörungen« des Bundeministeriums für Forschung, Bildung und Technologie hat eine Arbeitsgruppe von Spezialisten einen Leitfaden für Frauenärzte verfasst, in dem zu lesen ist:

> Mehrlinge und Frühgeburten sind eines der größten Probleme der Fertilitätsmedizin. Man kann sich darüber streiten, ob Drillinge ein Behandlungserfolg oder -misserfolg sind. Wir sollten aber in Hinblick auf das erhöhte Risiko von Frühgeburten bei durch reproduktionsmedizinische Behandlungen herbeigeführten Schwangerschaften bedenken, dass Schwangerschaften unter 32 Wochen – auch heute noch unter den Bedingungen einer intensiven Neonatalmedizin – eine hohe Rate an Behinderungen haben. Etwa 28 % aller Kinder, die vor Beendigung der 32. Schwangerschaftswoche geboren werden, sind entweder blind, taub, haben schwere frühfetale Schäden oder einen IQ unter 70. (Kentenich, 2000, S. 233)

Hinzugefügt werden muss, dass auch die intensivmedizinische Behandlung selbst sowie ihre Begleitumstände eine enorme psychophysische Belastung für die »Frühchen« und die Eltern-Kind-Beziehung mit sich bringen.

Die gesundheitlichen, sozialen und familiären Belastungen sind auch später bei Eltern und Geschwistern von Mehrlingen erheblich. Häufige Beeinträchtigungen der psychischen Entwicklung bei Mehrlingsgeschwistern sind frühe Beziehungsdefizite mit z. T. lang anhaltenden Folgen, Identitätsprobleme, tiefe und dabei meist unbewusste Schuldgefühle gegenüber einem Zwillings- oder Drillingsgeschwister, das es weniger gut getroffen hat im Leben u. a. m. Diese Auswirkungen sind weniger leicht zu erfassen als die direkt messbaren; sie sind jedoch bereits in Einzelfallstudien gut belegbar.

Über die emotionalen Folgen eines *Fetozids* (ein Abtöten eines oder mehrerer Feten) zum Schutz der Gesundheit der Mutter und zur Erhöhung der Entwicklungschancen der übrigen Mehrlinge ist wenig bekannt. Angesichts der schwerwiegenden Effekte auf die Mutter und das gesamte Familiensystem, die bereits spontane Fehlgeburten haben können, ist freilich nicht anzunehmen, dass diese willentlichen Vorgänge für die Betroffenen unproblematisch sind. Wir wissen kaum etwas darüber, welche emotionalen Folgen das Absterben eines Ungeborenen im Mutterleib für die Mutter und je nach Stadium auch für den überlebenden Zwilling oder Drilling hat. Aus Psychoanalysen von Patienten ist bekannt, dass sich Zwillingsschwangerschaften, auch wenn die Patienten nie etwas davon erfahren haben, im Erleben des überlebenden Zwillings einprägen und Spuren hinterlassen können. Die Auswirkungen von Entwicklungsbeeinträchtigungen und Behinderungen bei überlebenden Mehrlingen auf die Paarbeziehung und insbesondere auf die Geschwisterkinder können dramatisch sein, wie sich an zahlreichen Einzelfällen belegen lässt. Sie wurden m. W. bisher noch nicht systematisch untersucht.

Mehrlingseltern sind enormen ökonomischen, körperlichen und sozialen Beanspruchungen ausgesetzt. Darüber hinaus haben sie oft mit Schuldgefühlen und Verlusterleben zu kämpfen, weil sie sich dem einzelnen Baby nicht so widmen konnten, wie sie es gewollt hätten. Interessant ist auch, dass sich IVF-Zwillingseltern stressbelasteter empfinden als die Eltern nach spontanen Zwillingsschwangerschaften (Strauß, 2004, S. 56).

Diese sozialen, emotionalen und psychischen Folgen kommen kaum in den Blick, wo das Hauptaugenmerk auf die »erfolgreiche« Befruchtung gerichtet ist. Oft wünschen die Eltern sogar ausdrücklich Mehrlingsschwangerschaften trotz der Aufklärung über Schwangerschaftskomplikationen und Frühgeburtlichkeit.

Die medizinischen Gefahren der Mehrlingsschwangerschaften führen zwar in vielen seriösen Kliniken zum Bestreben, möglichst wenig Embryos einzusetzen. Dies leistet aber wieder dem Druck auf die Öffentlichkeit Vorschub, doch eine Vorselektion der »besten Embryonen« zuzulassen, weil so die Chance für eine Schwangerschaft auch bei nur einem oder zwei eingepflanzten Embryos größer sei.

Auswahl für das irdische Paradies?

> Wenn wir alles zulassen, was medizinisch-technisch möglich ist, sind barbarische Dinge möglich.
>
> *S. Schürch, Geschäftsleiterin der nationalen Ethikkommission für Humanmedizin, Schweiz*

Fertilitätsmediziner und Befürworter der Präimplantationsdiagnostik (PID) wenden sich zu Recht gegen den Begriff »Design-Baby«, der in der Debatte benutzt wird, um manipulierende vorgeburtliche Eingriffe, welche Einfluss auf die genetische Ausstattung und Eigenschaften des Embryos haben, zu kritisieren.

Bei der PID handelt es sich um die genetische Untersuchung einer Zelle des Embryos, bevor er in die Gebärmutter eingepflanzt wird. Es ist also eine Früherkennungsuntersuchung am Embryo vor seinem Einsetzen in die Gebärmutter, bei der gezielt nach Abweichungen gesucht wird. Es wäre heute schon möglich, bei dieser Untersuchung z. T. auch das Geschlecht zu wählen. Wenn diese genetischen Untersuchungsverfahren häufig gemacht werden, wir uns daran gewöhnt haben und sie sich verfeinern, dann ist die Versuchung zum »Baby-Design« keineswegs ausgeschlossen. Dass nicht geschieht, was möglich und erlaubt ist, also freiwillige Selbstbeschränkung geübt würde, ist langfristig unwahrscheinlich.

Oft wird zugunsten der PID argumentiert, die viel grausamere Abtreibung sei bei schweren Erkrankungen des viel älteren Embryos im Uterus in gewissen Grenzen gesetzlich zugelassen, die genetische Vorauswahl eines Embryos noch vor dem Implantieren in die Gebärmutter dagegen nicht. Nur wenn man die Selektion und die Abtreibung als rein mechanisches Geschehen betrachtet, gibt es hier keinen Unterschied. Es ist aber bekannt, dass die Frauen Abtreibungen in aller Regel nicht als etwas normales betrachten, sondern sich intensiv damit auseinandersetzen, wie es wäre, dieses Kind zu bekommen. In aller Regel gibt es schwerwiegende Gründe und einen Schwangerschaftskonflikt. Diese Auseinandersetzung anlässlich eines Konflikts in einer personalen Beziehung der werdenden Mutter mit dem werdenden Kind ist nicht gleichzusetzen mit der technologischen routinemässigen Auslese der gesündesten Embryos durch einen letztlich unbeteiligten Dritten.

Gegenwärtig wird zwar versichert, niemand beabsichtige, mittels PID Augen- oder Haarfarbe auszuwählen. Den Betreffenden gehe es einzig darum, ein gesundes Kind zu bekommen, egal wie es aussieht. Wenn aber wie in den USA die Eizell-Spenderinnen nach Aussehen, Augenfarbe, Körpergröße, Hobbys, ethnischer Herkunft, Schulbildung etc. ausgesucht werden, ist der Wunsch nach einem Kind mit Merkmalen wie aus dem Katalog schon mit Händen zu greifen. Wenig spricht leider gegen die Annahme, dass auch auf andere Merkmale als lediglich Erbkrankheiten oder Chromosomenschäden hin vorselektioniert werden wird, wenn sich das Auswählen erst einmal als Selbstverständlichkeit etabliert hat. Was dies an

Diskriminierung für behindert geborene Menschen bedeuten könnte, ist vorab nur zu ahnen.

Auch ohne den betreffenden Ärzten heute zu unterstellen, sie hätten dies vor, zeigt doch z. B. die Geschichte der Plastischen Chirurgie, welch dramatische und auch missbräuchliche Ausweitung ein Verfahren erleben kann, das ursprünglich nur dazu erfunden wurde, bei schlimmen Erkrankungen und Verunstaltungen Abhilfe zu schaffen. Der Design-Body, das Design-Gesicht auf Wunsch ist längst Alltag geworden. Auch wenn sich immer noch viele Ärzte nicht dafür hergeben würden, gibt es doch immer auch Ärzte, die es tun, weil »der Bedarf« da ist.

Erinnert sei auch daran, dass die Möglichkeit der vorgeburtlichen Geschlechtsbestimmung in Indien die gezielte Abtreibung von weiblichen Embryos zur Folge hatte. Heute fehlen dort ca. zehn Millionen Frauen, weil Mädchen für die *einzelnen* Familien ungünstiger sind.

Im individuellen, oftmals dramatischen Einzelfall finden sich häufig gute Argumente für die Nutzung einer neuen Technik, aber welcher gesellschaftlichen Entwicklung leisten wir Vorschub, wenn wir den dramatischen Einzelfall zur alltäglichen Praxis werden lassen?

In Fachkreisen wird bereits diskutiert, ob es sinnvoll ist, die Wahl des Geschlechts zu verbieten oder nicht. Fertilitätstechnologen (z. B. K. Dawson und A. Trounson in: *Human Reproduction*, 1996, S. 2577-2578) drehen argumentativ den Spieß um: Es sei unvernünftig, Paare zu zwingen (sic!) mehrere Schwangerschaften zu haben, um das gewünschte Geschlecht zu erhalten. Sie plädieren dafür, das Verbot aufzuheben, weil kein Nachweis erbracht sei, dass dem Kind, den Eltern oder der Gesellschaft ein Schaden zugefügt werde. Der Nachweis eines Schadens ist allerdings erst möglich, wenn er schon eingetreten ist.

Bei IVF- und ICSI-Behandlung werden auch Embryonen erzeugt, die nicht eingepflanzt werden und die man später absterben lässt (so genannte »überzählige« Embryonen). Dieser Vorgang gab bisher unter Forschern und Wissenschaftlern erstaunlich wenig ethisches Konfliktpotential ab. Dass nun – nach 20 Jahren einer solchen Praxis – plötzlich argumentiert wird, es sei besser, diese »überzähligen« Embryonen einer Verwendung zuzuführen und Genforschung mit ihnen zu betreiben statt sie »wegzuwerfen«, macht die Sache ethisch nicht überzeugender.

Das irdische Paradies ist der Titel eines Romans von Konstantin Mereschkowski. Der Biologe veröffentlichte das Buch bereits 1903. Es beinhaltet quasi hellseherisch das Arsenal der Nazi-Eugenik. Im diesseitigen Paradies ohne Krankheit, Alter und Arbeit kontrolliert eine kleine Elite die Fortpflanzung. Samenspender und Mütter werden sorgfältig ausgesucht, »fehlerhafte«, z. B. nicht Norm entsprechend aussehende Menschen dürfen sich nicht fortpflanzen.

Es ist notwendig, zwischen irrealen Phantasien zur Menschenzüchtung und den ungeheueren, aber tatsächlich in der Vergangenheit schon verwirklichten Maßnahmen zur Eugenik zu unterscheiden und dabei einen Weg zu finden für eine ethische Betrachtung, die das Implizite zu explizieren sucht. Dabei geht es um den Status des Embryos: Sind Embryonen Material, das ge- und verbraucht werden kann? Es geht um die Folgen der vorgeburtlichen Diagnostik. Diagnosen können falsch positiv sein. Dann liegt die betreffende Krankheit gar nicht vor. Diagnosen bei Embryos können Folgen für andere Familienmitglieder haben, die nicht zu überschauen sind. Nicht zuletzt geht es um den Schutz der zukünftigen Kinder vor der Instrumentalisierung. In einer narzisstischen Gesellschaft, die den individuellen Nutzen vor das Gemeinwohl stellt, wird ein respektvoller und entwicklungsfördernder Umgang mit Kindern immer seltener, der narzisstische und sexuelle Missbrauch von Kindern dagegen immer alltäglicher.

Brauchen wir liberalere Gesetze?

Im Gegenzug zu einer eher paternalistischen Einstellung in der Medizin wird seit den 1970er Jahren die Autonomie der Patienten hochgehalten. Dass dies oft zu Auswüchsen führt, wenn z. B. einem Patienten nach der Diagnose einer tödlichen Erkrankung abverlangt wird, er solle nun entscheiden, ob seine Daten oder seine Blutprobe zu Forschungszwecken benutzt werden dürfen und seitenweise Fragebögen auszufüllen sind, steht auf einem anderen Blatt. Respekt vor der Autonomie der Patientin sollte jedenfalls nicht als Vorwand dienen, schwierige ärztliche Entscheidungen abzuwälzen und ethische Diskussionen zu vermeiden.

Niemandem Vorschriften machen zu wollen, kann ja doch nicht bedeuten, das kritische Nachdenken zu vermeiden. In unserer permissiven Gesellschaft scheint es aber von einer liberalen Ethik der Selbstbestimmung bis hin zur Beliebigkeit kein allzu weiter Weg zu sein.

Delaisi de Parseval fordert immerhin, dass es ein genaues medizinisches Protokoll gibt, dass die Paare gut ausgewählt werden, dass die Kinder über die Art ihrer Zeugung aufgeklärt werden und dass den Elternpaaren vorgeschlagen wird, eine »minimale Symbolisationsarbeit« zu leisten, d. h. wohl zu versuchen, die Bedeutung dessen, was da pragmatisch auf der Körperebene unternommen wurde, seelisch und kognitiv (in einer psychologisch-psychotherapeutischen Arbeit) nachzuvollziehen.

Über Auswüchse der Reproduktionstechnologie wird oft sehr unkritisch berichtet. Der zunehmende Fertilitätstourismus in (östliche) Länder, in denen die Embryos nach »Qualität« vorselektioniert oder mehrere Embryos eingepflanzt werden dürfen, was die Aussicht erhöht, dass einer oder mehrere sich einnisten, wird so selbstverständlich dargestellt, als bleibe den Menschen keine andere Wahl. Frau kommt dann schwanger, mit »Baby on Board«, wie eine Schweizer Fertilitätstouristin zitiert wird (*Weltwoche*, Febr. 2006), aus dem Urlaub zurück und plant schon, sich das nächste Kind dann später auf die gleiche Weise »zu holen«.

Welches Gesicht gibt sich eine Gesellschaft, die mit diesem Thema so umgeht, als könne es nur darum gehen, den maximal höchsten Freiheitsgrad herzustellen und als wären Restriktionen lediglich reaktionäre Schikane, und nicht auch ein Schutz?

In der Schweiz wurde die IVF 2001 gesetzlich zugelassen mit dem ausdrücklichen Verbot der Präimplantationsdiagnostik. 2005 wurde dann bereits die PID erlaubt – als anonyme Qualitätsselektion, im Gegensatz zu intrauterinen Untersuchungen, die zwar eine gewisse Gefahr für den Embryo, immerhin aber auch einen Gewissensentscheid der betroffenen Eltern beinhalten.

Deutschland und die Schweiz haben eine weniger liberale Gesetzgebung als die meisten anderen europäischen Länder. In den USA herrschen hauptsächlich die Gesetze des Marktes. Die Journalistin Andrea Böhm hat in Amerika recherchiert:

> Wenn es um Unfruchtbarkeit geht, ist in den USA fast alles erlaubt. Die Serras [Namen geändert] sind nach vier künstlichen Inseminationen, acht Versuchen mit In-vitro-Fertilisation (IVF), einem Cytoplasma-Transfer und der Inanspruchnahme einer Eizellspenderin weiterhin kin-

derlos – und rund 250 000 Dollar ärmer. Aber sie haben neun Embryonen produziert, die derzeit im Tiefkühltank eines Labors lagern. Für diese auf Eis gelegte Elternschaft zahlen sie jährlich 500 Dollar ›Miete‹. Was nun mit den Embryonen passieren soll, ist derzeit Gegenstand heftiger ehelicher Diskussionen.
Michaela Serra ist [wie ihr Ehemann] 48 Jahre alt. (...)
Seit über zwölf Jahren hoffen die beiden auf ein Kind. Leiblicher Nachwuchs soll es sein. Gefragt, ob sie nicht auch kinderlos alt und glücklich werden könnten, erzählt Michaela Serra von der ›Sucht‹, die sie gepackt hat. Mit jedem Versuch wuchs der Druck, noch mehr zu riskieren. Nach jeder erfolglosen künstlichen Befruchtung verhieß die Reproduktionsindustrie mit einer neuen Methode das lang ersehnte Baby. Inzwischen sind die Serras fast nur noch von Freunden umgeben, die ebenfalls gegen die biologische Uhr ›anrennen‹. Eine ›Leihmutter‹ soll nun doch noch zum gewünschten Nachwuchs verhelfen. (Geo, 8/2003. S. 136)

Interessanterweise ist die Kinderlosigkeit gerade unter demographisch-ökonomischen Aspekten wieder zum Thema geworden. Dabei sind Soziologen wie Karl Otto Hondrich überzeugt, dass es die höhere Geburtenrate gar nicht braucht. Es scheint jedenfalls, dass die Plädoyers für eine liberale Handhabung der Fertilitätstechnologie besonders dann einen Aufschwung nehmen, wenn die Beseitigung sozialer Hemmnisse für ein lebens- und erstrebenswertes Familienleben am beschämend geringen Einsatz von Energie und materiellen Mitteln scheitert.

Das statistische Bundesamt zählte für Deutschland im Jahr 2004 immerhin 129.600 gemeldete Abtreibungen, de facto waren es also sicher mehr. Im Verhältnis zu den Geburten – Tendenz deutlich fallend (712.000 im Jahr 2004 und für 2005 geschätzte 680.000) – blieben die Abtreibungen seit Einführung der Fristenregelung konstant. Die Hälfte sind Abtreibungen innerhalb einer Ehe, 38 Prozent dieser Ehepaare haben noch kein Kind.

Wenn die Elternschaft aus ökonomischen Gründen schwieriger wird, wenn Ausbildung und Beruf für Frauen immer stärkere Priorität gewonnen haben und der Drang nach Unabhängigkeit in den letzten Jahren immer größer geworden ist, wie die Shell-Studie 2000 in der Auswertung biografischer Interviews feststellt, dann kann die Konsequenz daraus nicht der forcierte Zugang und Ausbau fertilitätstechnologischer Leistungen für Paare im fortgeschrittenen Alter sein, sondern ein Ausbau der sozialen und politischen

Grundlagen für die Vereinbarkeit von Ausbildung, Beruf und Elternschaft. Die Arbeitsmarktsituation dürfte darauf mehr Einfluss haben, als uns lieb ist.

Die Tendenz des Menschen zu tun, was er tun kann, scheint unabänderlich.

Wissenschaftler betonen oft, über die Anwendung der Verfahren entschieden nicht sie, sondern die Gesellschaft. Umso bedeutender ist es, dass Kritik geübt wird, dass unterschieden, verglichen, diskutiert wird. Eine gesellschaftliche Diskussion der Reproduktionsmedizin ist um so wichtiger, als der »soziale Nutzen« gegenwärtig eindeutig bei mehr Geburten zu liegen scheint und es angesichts der Angst vor Rentenkürzungen in den Hintergrund tritt, wie die Geburten zustande kommen.

Wo für breite Schichten die sozialen und finanziellen Voraussetzungen für das Kinderkriegen schlecht sind, werden die medizinischen Anstrengungen für einzelne Paare unter großen seelischen und körperlichen Belastungen und hohen materiellen Kosten intensiviert.

Im Feld der Fruchtbarkeitsbehandlungen gibt es keine einfache Kosten-Nutzen-Analyse. Es muss jedoch möglich sein, eine Diskussion zu führen.

Eine ethische Diskussion kann zwar niemandem die Urteilsbildung und die Verantwortung für das eigene Handeln abnehmen. Sie liefert keine Handlungsanweisungen und moralische Grundregeln, wie das Religionen tun können. Aber sie kann sensibel machen für ethische Fragen. Sie kann implizite Wertungen explizit machen, Begründungen für menschliches Handeln untersuchen und prüfen. Sie kann abwägen zwischen verschiedenen Gütern und Rangordnungen aufstellen. Absichten, Ziele, aber auch die Mittel und Wege müssen vertretbar sein und die Folgen absehbar und verantwortbar.

Wir kommen nicht umhin, uns zu fragen, was eine Gesetzesänderung jeweils in Gang setzt und in welche Richtung sich unsere Gesellschaft durch diese Entwicklung verändert: Wohin werden wir später einmal kommen, wenn wir das jetzt tun?

KLEINE CHECKLISTE
FÜR EIN LEBEN OHNE KINDER:
17 VORURTEILE

Alle haben Kinder, nur wir nicht.
Rund 20 Prozent aller Ehen sind bei uns kinderlos. Nähme man die nicht-ehelichen Lebensgemeinschaften mit hinzu, läge der Anteil kinderloser Paare noch beträchtlich höher. Ein Viertel aller Frauen bleibt ohne Kinder, unter Hochschulabsolventinnen sind es sogar ca. 40 Prozent.

Kinderkriegen ist normal.
Es gibt keine abstrakte allgemeine Norm, die festlegen könnte, was normal oder natürlich ist. Wer normal sein will, schaut am besten, was zu ihm und zu seiner Vorgeschichte und Paargeschichte am besten passt. Kinderkriegen kann im Einzelfall sogar ein Krankheitssymptom sein für eine kranke Seele in einem gesunden Körper.

Ungewollt kinderlose Frauen sind infantil.
Ein Vorurteil. Sozialpsychologische Untersuchungen zeigen keine Unterschiede.

Ein Mann, der kein Kind zeugen kann, ist kein richtiger Mann.
Atavistischer Überrest aus der patriarchalen Frühzeit.

Eine kinderlose Frau ist unweiblich.
Ableger von: Mutterschaft ist die Bestimmung der Frau. Ausdruck männlicher Dominanz- und Distanzierungswünsche (»Ab ins Kinderzimmer!«). Findet sich auch gelegentlich als Ausdruck weiblichen Neides auf unabhängige Geschlechtsgenossinnen und soll die Mühen der Mutterschaft glorifizieren.

Kinderlosigkeit macht sexuell unzufrieden.
Was das Paar nicht bringt, bringt die Familie erst recht nicht. Paare ohne Kinder sind allgemein sexuell zufriedener als Paare mit Kindern. Kinder und die Belastungen durch sie stören oft beim Sex. Ihr

Ausbleiben stört nur dann, wenn der Zweck der Sexualität im Kinderzeugen gesehen wird oder wenn sich die Partner unter seelischen Druck setzen durch ungewollte Kinderlosigkeit.

Kinder bringen soziale Wertschätzung und Achtung.
Kinderbetreuung gehört leider zu den am wenigsten geachteten Tätigkeiten in unserer Gesellschaft. Andere Quellen der Selbstbestätigung wie berufliche Tätigkeit, kreative Entfaltung oder soziales Eingebundensein leiden oft durch Kinder.

Wer Kinder hat, ist nicht allein.
Mit Kindern leben heißt *für* Kinder leben. Das kann ausfüllen, ist aber kein Ersatz für eigene Lebensziele und Beziehungen zu Erwachsenen. Die notwendigen Abstriche an den Möglichkeiten, die Paarbeziehung, Freundschaften und eigene Interessen zu pflegen, führen besonders bei Frauen mit kleinen Kindern häufig in die soziale Isolierung.

Kinderlose führen schlechte Ehen.
Irrtum. Wer die seelischen Belastungen verarbeitet und sich nicht wegen der Kinderlosigkeit scheiden lässt, hat Chancen auf eine bessere Ehe als die meisten Paare mit Kindern. Kinderlose Paare beurteilen sich im Durchschnitt als zufriedener, als das Paare mit Kindern tun.

Je mehr ich ein Kind wünsche, desto eher kommt es.
Genauso falsch wie die Ansicht, wer kein Kind will, kriegt keins. Zu viel Kinderwunsch ist tatsächlich eher hinderlich. Stress wirkt sich negativ auf die Sexualität und die Empfängnisbereitschaft aus.

Menschen ohne Kinder sind Egoisten.
Wie sozial jemand ist, misst sich an seiner Lebensführung, nicht an seiner Kinderzahl. Es gibt auch unglaublich egoistische Eltern.

Wer Kinder liebt, kriegt selber welche.
Gehen Sie in ein Kinderheim und machen Sie die Gegenprobe.

Kinder machen glücklich.
Der Satz hieße besser: Kinder brauchen glückliche Eltern. Sprechen Sie mit Eltern älterer Kinder und fragen Sie, ob sie's noch mal tun würden. »Ich möchte sie nicht missen, *aber*...« ist die häufigste und ehrlichste Antwort. Wenn Sie das nicht heilt, sprechen Sie mit al-

leinerziehenden Müttern, deren Partnerschaft nach der Geburt des Kindes zerbrach. Die Sehnsucht nach einem Mann kann ebenso groß sein wie die nach einem Kind.

Kinder verhelfen zu seelischem Wachstum und zu seelischer Reife.
Und sie behindern es! Kinder binden seelische Ressourcen, viel Eigenes muss unterdrückt werden. Oft kommt es dadurch zu einem Flaschenhalsgefühl und später dann zur »Pubertätskrise der Eltern«.

Kinder stabilisieren die Paarbeziehung.
Das Gegenteil ist richtig. Kinder sind eine beständige Herausforderung, ein permanenter Thrill. Nur für leidenschaftliche Hochseilartisten.

Kinder geben Zärtlichkeit und Nähe.
Erst mal wird umgekehrt ein Schuh draus: Kinder brauchen viel, und nicht immer das, was man gerade geben möchte. Lieber sehen, wo's direkt zu kriegen ist, der Umweg über Kinder kann Liebesdurstige geradewegs in die Wüste führen.

Sexualität ist nicht so wichtig, ein Kind schon.
Vorsicht! Das eine kommt in jeder Hinsicht vor dem anderen! Pflege der Paarbeziehung kommt vor dem Kind. Für die Lebenszufriedenheit von Paaren spielt die gegenseitige Zärtlichkeit eine größere Rolle als Kinder.

Zum Abschluss noch ein kleiner Hinweis:
Nach allem, was wir wissen, hat das Paradies ohne Kinder stattgefunden. Es besteht also kein Grund zu der Annahme, das Leben ohne eigenen Nachwuchs sei die Hölle.

Glossar

Assisted Reproduction Technologies ART – medizintechnische Methoden bei Fruchtbarkeitsstörungen.

Assisted Hatching (»Schlüpfhilfe«) – Damit der Embryo die Eihülle vor dem Einnisten in die Gebärmutter leichter abstreifen kann, wird diese mit einem Laser angeritzt (v. a. bei Embryos älterer Frauen oder nach Kryokonservierung).

Basaltemperatur-Kurve – Eintrag aller morgendlichen Körpertemperaturwerte der Frau auf einem Monatsblatt. Die Messwerte ergeben eine zweiphasige Kurve, die Hinweise auf die Eierstockfunktion, z. B. den Zeitpunkt des Eisprungs ergibt.

Coelioskopie – In diesem Erfahrungsbericht (S.87) wird der Begriff benutzt für eine Bauchspiegelung, bei welcher Eizellen für eine künstliche Befruchtung entnommen werden (eigentlich: Laparoskopie).

Couvade-Symptome – Das »Männerkindbett« (Couvade) bezeichnet die Gebräuche mancher Kulturen, bei denen der Mann in ritualisierten Handlungen in die Rolle der Wöchnerin schlüpft (französisch couver = ausbrüten). Manche vorübergehenden Körperbeschwerden des Mannes während der Schwangerschaft seiner Frau und um die Geburt herum, wie Rückenschmerzen, Kopfschmerzen, Nierenbeschwerden, funktionelle Bauchschmerzen können als psychosomatische Couvade-Symptome begriffen werden, in denen sich der Mann unbewusst mit der gebärenden Frau identifiziert und teilweise ihre Rolle übernimmt.

Endometriose – Versprengte Schleimhautzellen der Gebärmutter (des Endometriums) siedeln sich außerhalb der Gebärmutter an mit vielfältigen, teilweise sehr schmerzhaften Folgen und Organstörungen. Die E. kann aber auch unbemerkt bleiben. Sie ist eine häufige körperliche Ursache für ungewollte Kinderlosigkeit.

Embryotransfer – Ausgewählte Embryonen im Frühstadium aus künstlicher Befruchtung im Reagenzglas werden in die Gebärmutter der Frau gespült, damit sie sich dort einnisten. Die Gebärmutter wird durch die Gabe von Hormonen entsprechend vorbereitet.

Fetozid – Abtötung eines Ungeborenen (Fetus) im Mutterleib durch eine Injektion oder die Unterbindung versorgender Gefäße bei Erkrankungen bzw. Behinderungen oder um die Entwicklungschancen der übrigen Mehrlinge zu erhöhen.

Follikel – Eibläschen. Es ist mit Flüssigkeit gefüllt und enthält die Eizelle.

heterologe Insemination – Der Samen eines fremden anonymen Spenders wird durch den Arzt/die Ärztin in Gebärmutterhals, Gebärmutter oder Eileiter der Frau gebracht.

homologe Insemination – Der Samen des Partners der Frau wird durch den Arzt/die Ärztin in Gebärmutterhals, Gebärmutter oder Eileiter der Frau gebracht.

hormonelle Eierstockstimulation – Anregung der Eireifung bei der Frau durch Gabe künstlicher Hormone.

Hypophyse – Hirnanhangdrüse. Produziert Hormone und steuert mit diesen andere Hormondrüsen im Körper.

Hypothalamus – Teil des Zwischenhirns. Zentrales Regulationsorgan vegetativer Funktionen, auch der Sexualität.

intracytoplasmatische Spermieninjektion ICSI – Variante der In-vitro-Fertilisation, bei der ein einzelnes Spermium durch die Eihülle direkt in das Innere der Eizelle eingebracht wird.

idiopathische Sterilität – ungewollte Kinderlosigkeit ohne medizinisch oder psychologisch erkennbare Ursache (manchmal ungenau als Synonym für seelisch bedingte Kinderlosigkeit gebraucht).

Imprinting-Defekt – Störung in der genetischen Ausstattung und Entwicklung des menschlichen Embryos. Gene werden in einem überaus komplexen Zusammenspiel (zwischen verschiedenen genetischen Faktoren sowie zwischen Genen und Umwelt) ein- und ausgeschaltet. Sie steuern dabei das Wachstum und die Entwicklung des Embryos. Seltene Erkrankungen nach Anwendung der ICSI werden darauf zurückgeführt, dass bei der Spermieninjektion und der anfänglichen Reifung ausserhalb des geschützten Klimas des Mutterleibs dieses genetische Zusammenspiel beeinträchtigt werden kann.

Infertilität – Unvermögen, eine Schwangerschaft bis zur Geburt auszutragen. Oft verwendet für Unfruchtbarkeit (Sterilität).

intratubarer Gametentransfer – Künstliche Befruchtung innerhalb des Körpers. Bei einer Bauchspiegelung (Laparoskopie) werden Eizellen aus dem Eierstock der Frau entnommen und zusammen mit Samenzellen aus dem Sperma des Mannes in den Eileiter der Frau gebracht.

In-vitro-Maturation – Form der In-vitro-Fertilisation. Der Frau werden noch unreife Eizellen entnommen. Diese reifen zunächst in einer Nährlösung im Reagenzglas nach, bevor die künstliche Befruchtung erfolgen kann.

In-vitro-Fertilisation IVF – Künstliche Befruchtung; statt im Körper der Frau werden die Eizellen in der Reagenzschale befruchtet und nach 48 Stunden in die Gebärmutter übertragen (Embryotransfer).

Katamnesestudie – wissenschaftliche Studie über den Verlauf einer Erkrankung und den Behandlungserfolg nach Abschluss der Behandlung.

Kryokonservierung – Lagerung von Spermien oder (evtl. befruchteten) Eizellen bei hohen Minustemperaturen in flüssigem Stickstoff.

Östradiolspiegel – Menge des wichtigsten weiblichen Geschlechtshormons (Östrogen) im Blut.

Ovar – Eierstock der Frau.

Ovulationsinduktion OI – Hormongabe zur Stimulierung der Eierstöcke, Eireifung und Ausstoßung der reifen Eizelle (Eisprung, Ovulation). Bei starker Überstimulation (Überstimulationssyndrom) können gelegentlich bis zu lebensgefährliche Nebenwirkungen auftreten.

Präimplantationsdiagnostik PID – Zellentnahme und Untersuchung des Embryos auf genetische Eigenschaften (z.B. Erbkrankheiten und das Geschlecht) vor der Übertragung in die Gebärmutter.

postpartale Depression – Depression der Mutter nach der Niederkunft (»Babyblues«), Wochenbettdepression in verschieden starken Ausprägungen mit entsprechend schwer wiegenden Auswirkungen auf die Eltern-Kind-Beziehung. Aber auch die Väter von Babys im ersten Lebensjahr sind häufig von Depressionen betroffen.

Spermiogramm – Untersuchung der durch Masturbation gewonnenen männlichen Samenflüssigkeit (Ejakulat) auf Anzahl, Gestalt, Beweglichkeit und Vitalität der Spermien, auf Antikörper, Entzündungsfaktoren u. a. m.

Sterilität – Unfruchtbarkeit.

Subfertilität – beeinträchtigte Fruchtbarkeit des Mannes, der über eine bestimmte Zeitdauer nicht spontan zeugungsfähig ist. Absolute Unfruchtbarkeit, bei der zu keinem Zeitpunkt auch nur ein Spermium gebildet wird, kann nur selten angenommen werden.

Tubenspasmen – krampfartige Verengung eines oder beider Eileiter der Frau, was die Durchlässigkeit für die Eizellen und die Möglichkeiten einer Schwangerschaft beeinträchtigt.

Xenoöstrogene – Fremdstoffe mit östrogener Wirkung in Lebensmitteln und Umwelt (»Umweltöstrogene«), welche in die hormonell gesteuerten Körperprozesse eingreifen.

Zervixfunktion – funktionelle Faktoren am Gebärmutterhals wie die Erweiterung des Muttermunds vor der Monatsblutung oder die zyklusabhängige Veränderungen des Schleims am Muttermund. Dieser sollte z. B. kurz vor dem Eisprung maximal durchlässig sein, stattdessen wirkt er aber manchmal wie eine Barriere für die Spermien.

Literatur

Adoption und Kinderlosigkeit. (Themenheft) Familiendynamik 18, Heft 4, 1993.

Andersen, A. N.; Gianaroli, L. et al. (2006): »Assisted reproductive technology in Europe, 2002. Results generated from European registers by ESHRE. The European IVF-monitoring programme (EIM) for the European Society of Human Reproduction and Embryology (ESHRE)«. In: *Human Reproduction* 21, S. 1680-1697.

Auchter, Th. (1994): »Aggression als Zeichen von Hoffnung – oder: der entgleiste Dialog«. In: *Wege zum Menschen* 46, S. 53-72.

Bäumer, F.-J. (1990): »Wenn der Kinderwunsch unerfüllt bleibt«. In: Flothkötter H., Orthmanns, N. (Hrsg.): *Ungewollte Kinderlosigkeit.* Düsseldorf (Butzon & Bercker/ Klens), S. 97-115.

Bauriedl, Th. (1994): *Auch ohne Couch. Psychoanalyse als Beziehungstheorie und ihre Anwendungen.* Stuttgart (Verlag Internationale Psychoanalyse).

Bonduelle, M.; Liebaers, I. et al. (2002): »Neonatal data on a cohort of 2889 infants born after ICSI (1991-1999) and of 2995 infants born after IVF (1983-1999)«. In: *Human Reproduction* 17, S. 671-694.

Brähler, E.; Felder, H.; Strauß, B. (Hrsg.) (2000): *Fruchtbarkeitsstörungen.* Jahrbuch der Medizinischen Psychologie 17, Göttingen (Hogrefe).

Bürgin, D. (1993): »Eltern werden... Anmerkungen zu einer normativen Entwicklungskrise«. In: *Kinderanalyse* 1, S. 273-302.

Busch, H.-J. (2003): »Symbol, Intersubjektivität, innere Natur. Zu Alfred Lorenzers Verknüpfung von Psychoanalyse und kritischer Gesellschaftstheorie«. In: Busch, H.-J.; Leuzinger-Bohleber, M.; Prokop, U. (Hrsg.): *Sprache Sinn und Unbewusstes. Zum 80. Geburtstag von Alfred Lorenzer.* Tübingen (edition discord), S. 39-60.

Colpin, H.; Soenen, S. (2002): »Parenting and psychosocial development of IVF children: A follow-up study«. In: *Human Reproduction* 17, S. 1116-1123.

Däßler, U.; Häberlein, U. et al (1995): *Untersuchungen zur Infertilität und Subfekundität*. Deutscher Beitrag zur EG-Studie, Institut für Gesundheitswissenschaften, Rostock.

Daniluk, J. (1993): »The Meaning and Experience of Female Sexuality. A Phenomenological Analysis«. In: *Psychology of Women Quarterly* 17, S. 53-69.

Das kinderlose Land. ZEIT-Dokument 1. 2005.

De Geyter, C.; De Geyter, M. et al. (2006): »Comparative birth weights of singletons born after assisted reproduction and antural conception in previously infertile women«. In: *Human Reproduction* 21, S. 705-712.

Engstler, H. (1997): *Die Familie im Spiegel der amtlichen Statistik*. Hrsg. vom Bundesministerium für Familie, Senioren, Frauen und Jugend, Bonn.

Erikson, E. H. (1973): *Identität und Lebenszyklus*. Frankfurt a. M. (Suhrkamp STW 16).

Felder, H.; Goldschmidt, S.; Brähler, E. (2002): »Prognostische Kriterien für das Eintreten von Schwangerschaften bei ungewollt kinderlosen Paaren«. In: *Reproduktionsmedizin* 18, S. 15-24.

»Fortpflanzungsmedizin. Die Babymacher«. In: *GEO. Das neue Bild der Erde*, August 2003, S. 130-155.

Gambaroff, M. (1984): »Das emotionale Erleben von Generativität«. In: *Praxis der Psychotherapie und Psychosomatik* 29, S. 51-60.

Grange, D. (1985): *L'enfant derrière la vitre*. Paris (Encre).

Hochschild, A. (1989): Der 48-Stunden-Tag. Wege aus dem Dilemma berufstätiger Eltern. Wien/Darmstadt (Paul Szolnay).

Hölzle, C.; Lütkenhaus, R.; Wirtz, M. (2000): »Psychologisch-prognostische Kriterien für den Verlauf medizinischer Sterilitätsbehandlungen«. In: Brähler, E.; Felder, H.; Strauß, B. (Hrsg.): *Fruchtbarkeitsstörungen*. Jahrbuch der Medizinischen Psychologie 17, Göttingen (Hogrefe), S. 177-205.

Hurst, K. M.; Dye, L. (2000): »Stress und männliche Subfertilität«. In: Brähler, E.; Felder, H.; Strauß, B. (Hrsg.): *Fruchtbarkeitsstörungen*. Jahrbuch der Medizinischen Psychologie 17, Göttingen (Hogrefe), S. 27-42.

Kentenich, H. et al. (1992): »Schwangerschaft, Geburt und Partnerschaft in einer Familie mit ›Retortenbaby‹«. In: *Psychotherapie, Psychosomatik*. Medizinische Psychologie 42, S. 228-235.

Kentenich, H. et al. (2000): »Praktische Therapie bei Fertilitätsstörungen. Manual für Frauenärztinnen und Frauenärzte aus psychosomatischer Sicht«. In: Strauß, B. (Hrsg.): *Ungewollte Kinderlosigkeit. Diagnostik, Beratung und Therapie.* Göttingen (Hogrefe), S. 225-240.

Köhn, F.-M.; Schill, W.-B. (2000): »Moderne Techniken der Reproduktionsmedizin«. In: Brähler, E.; Felder, H.; Strauß, B. (Hrsg.) (2000): *Fruchtbarkeitsstörungen.* Jahrbuch der Medizinischen Psychologie 17, Göttingen (Hogrefe), S. 11-26.

Küchenhoff, J.; Könnecke, R. (2000): »Der (unerfüllte) männliche Kinderwunsch und seine Bedingungen«. In: Brähler, E.; Felder, H.; Strauß, B. (Hrsg.): *Fruchtbarkeitsstörungen.* Jahrbuch der Medizinischen Psychologie 17, Göttingen (Hogrefe), S. 124-145.

Land, J. A.; Courtar, D. A.; Evers, J. L. H. (1997): »Patient dropout in an assisted reproductive technology program: Implications for pregnancy rates«. In: *Fertility and Sterility* 68, S. 278-281.

Langer, M. (1988): *Mutterschaft und Sexus – Körper und Psyche der Frau.* Freiburg (Kore).

Lüthi, T. (2006): »Das Problem der Mehrlingsschwangerschaften«. In: *Schweizerische Ärztezeitung* 87. 21, S. 943-947.

Mertens, W. (1992, 1994): *Entwicklung der Psychosexualität und der Geschlechtsidentität.* Bd. 1, 2. Stuttgart/Berlin (Kohlhammer).

Molinski, H. (1981): »Psychologische Aspekte der Sterilität«. In: Kaiser, R.; Schumacher, G. (Hrsg.): *Menschliche Fortpflanzung.* Stuttgart (Thieme), S. 279-286.

Pasini, W. (1980): *Psychosomatik in Sexualität und Gynäkologie.* Stuttgart (Hippokrates).

Pöhler, K.; Weiland, G. (1998): »Die Bedeutung sozialen Kompetenzerlebens und emotionaler Bindung für die Bewältigung von Fruchtbarkeitsstörungen«. In: Brähler, E.; Goldschmidt, S. (Hrsg.): *Psychosoziale Aspekte von Fruchtbarkeitsstörungen.* Bern (Hans Huber), S. 125-139.

Sichtermann, B. (1980): »Ein Stück neuer Weltlichkeit: der Kinderwunsch«. In: *Freibeuter* 5, S. 37-46.

Sies, C.; Nestler, V. (1992): »Die psychische Realität der wechseljährigen Frau zwischen Illusion und Wirklichkeit«. In: *Psyche* 46, S. 366-387.

Snowden, R. (1985): *Artifizielle Reproduktion.* Stuttgart (Ferdinand Enke).

Stauber, M. (1994): »Psychosoziale Aspekte der ungewollten Kinderlosigkeit«. In: Krebs, D.; Schneider, H. P. G. (Hrsg.): *Klinik der Frauenheilkunde und Geburtshilfe*, Bd. 3: *Endokrinologie und Reproduktionsmedizin*, 3.: *Reproduktion, Infertilität und Sterilität*. München/Wien(Urban & Schwarzenberg), S. 93-101.

Strauß, B.; Brähler, E.; Kentenich, H. (2004): Fertilitätsstörungen – psychosomatisch orientierte Diagnostik und Therapie. Stuttgart (Schattauer)

Ulrich, D.; Gagel, D. E. et al. (2000): »Partnerschaft und Schwangerschaft nach durch IVF erfülltem Kinderwunsch: eine ganz normale Sache?« In: Brähler, E.; Felder, H.; Strauß, B.: *Fruchtbarkeitsstörungen*. Jahrbuch der Medizinischen Psychologie 17, Göttingen (Hogrefe), S. 146-164.

Winkhaus, I. (1981): »Mono- und multifaktorielle Partnersterilität - Häufigkeitsverteilung und Behandlungsergebnisse«. In: Kaiser, R.; Schumacher, G. F. B.: *Menschliche Fortpflanzung*. Stuttgart (Thieme), S.287-297.

Wyatt, F. (1967): »Clinical Notes on the Motives of Reproduction«. In: *Journal of Social Issues* 23, S. 29-56.

Zeller-Steinbrich, G. (1989): »Sexualität«. In: Gebhardt, U.; Johannsen, F. (Hrsg.): *Glaubst du eigentlich an Gott?* Gütersloh (Gerd Mohn), S. 220-225.

Zeller-Steinbrich, G. (2001): »Schwangerschaft und Schwangerschaftsphantasie: Körperagieren, psychische Verarbeitung oder Entwicklungsstillstand«. In: *Analytische Kinder- und Jugendlichen-Psychotherapie. Zeitschrift für Theorie und Praxis der Kinder- und Jugendlichen-Psychoanalyse* 32, S. 90-111.

C. Carda-Döring/R. Manso Arias/T. Misof/
M. Repp/U. Schießle/H. Schultz

berührt –
Alltagsgeschichten von Familien mit behinderten Kindern

Nachwort von Ute Rüster

Und wenn man beim Lesen schon »mitten drin ist«, merkt man, wie man sich über Behinderung und das Leben mit einem behinderten Kind Gedanken macht. Die Autorinnen nehmen dem Leser seine Befangenheit, lassen ihn nahe heran und teilhaben – eine bessere Voraussetzung, um für Verständnis und Akzeptanz zu werben, gibt es nicht. (C. Burkhardt-Mußmann, AKJP)

Paperback
200 S., € 15,90/sFr 27,50
ISBN-10 3-86099-829-3
ISBN-13 978-3-86099-829-8

Das Neue und Einzigartige an diesem Buch ist, dass es den Autorinnen gelungen ist, behinderten Kindern Sprache und Ausdruck zu verleihen. Authentisch und ehrlich beschreiben die Frauen auf höchst einfühlsame Weise die Entwicklung ihrer Kinder von der Geburt bis zur Einschulung.

Sieglinde Eva Tömmel

Wer hat Angst vor Sigmund Freud?

Wie und warum die Psychoanalyse heilt

Die moderne Psychoanalyse ist auch zum 150. Geburtstag ihres Begründers Sigmund Freud im Jahre eine Psychoanalyse, die auf seinen Grundgedanken von der Existenz eines dynamischen Unbewussten beruht.

Wie und warum die Psychoanalyse heilt, wird somit zu einer spannenden Reise in unsere Innenwelt und in unsere Kultur psychischen Verstehens.

Paperback
160 S., € 14,90/sFr 25,90
ISBN-10: 3-86099-827-7
ISBN-13: 978-3-86099-827-4

Elke Fietzek

Ungeheuer Trauma

Psychoanalytische Therapie mit seelisch schwer verletzten Menschen

Sexueller Missbrauch, Gewalterfahrungen, Vernachlässigung oder Todesfälle hinterlassen tiefe Spuren in der Psyche.
Fietzek schreibt, was es heißt, eine psychoanalytische Therapie aufzunehmen und sich dem Trauma zu stellen, um freier leben zu können.

Paperback
208 S., Pb., € 15,90/sFr 27,50
ISBN-10 3-86099-856-0
iSBN-13 978-3-86099-856-4

Fordern Sie auch unser Gesamtverzeichnis und die Prospekte *Psychoanalyse, Selbstpsychologie* und *Analytische Kinder- und Jugendlichen-Psychotherapie* an.
Brandes & Apsel Verlag · Scheidswaldstr. 22 · 60385 Frankfurt am Main
Fax 069/272 995 17-10 · E-Mail: info@brandes-apsel-verlag.de